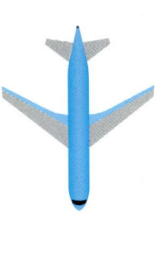

나만의 여행을 찾다보면 빛나는 순간을 발견한다.

잠깐 시간을 좀 멈춰봐.
잠깐 일상을 떠나 인생의 추억을 남겨보자.
후회없는 여행이 되도록
순간이 영원하도록
Dreams come true.

Right here.
세상 저 끝까지 가보게

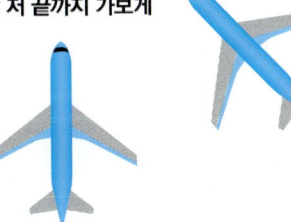

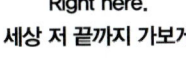

Contents

INFO | 16

알프스 사계절 | 18

ABOUT 알프스 | 22
알프스 5개국 여행 밑그림 그리기
알프스

알프즈 자동차 여행 | 54
달라도 너무 다른 알프스 자동차 여행
알프스 자동차 여행을 계획하는 방법
안전한 여행을 위한 주의사항
알프스 자동차 여행을 해야 하는 이유
알프스 자동차 운전 방법
유럽의 통행료
알고 떠나자! 비네트

—
프랑스

한눈에 보는 프랑스

안시 | 86

한눈에 안시 파악하기
안시의 매력
안시 둘러보기
안시의 또 다른 이름, 알프스의 베니스

샤모니 | 94

샤모니? 몽블랑?
볼거리
샤모니 / 몽블랑 / 에귀 디 미디 전망대 / 르 브레방 / 얼음의 바다

스위스

한눈에 보는 스위스
스위스 역사

루체른 | *112*

About 루체른
한눈에 루체른 파악하기
볼거리
카펠 교 / 빈사의 사자상 / 빙하공원 / 호프교회 / 슈프로이어 교 / 무제크 성벽
루체른에서 떠나는 당일치기 여행지

취리히 | *132*

About 취리히
취리히 핵심 도보 여행
볼거리
취리히 호수 / 반호프 거리 / 린덴 호프 / 장크트 페터 성당
성모교회 / 그로스뮌스터 대성당 / 취리히 미술관

인터라켄 | *154*

인터라켄에 머무는 이유
인터라켄에서 엑티비티 즐기기
인터라켄 여행 이해하기
인터라켄 여행 계획 세우는 방법
인터라켄 IN
한눈에 융프라우요흐 여정 파악하기
볼거리
툰 호수 / 브리엔츠 호수 / 그린델발트 / 피르스트 / 쉴트호른

베른 | *184*

도시 이름이 지어진 이유?
간략한 베른의 역사
스위스의 수도는 베른인가?
베른에서 볼 수 있는 12개의 재미있는 분수
볼거리
아케이드 / 시계탑 / 곰 공원 / 피르스트 / 쉴트호른
세인트 빈센트의 베른 대성당 / 베른 역사박물관
레만 호의 유명한 작은 마을들

몽트뢰 | *203*

볼거리
호수 산책로 / 몽트뢰 재즈 축제

쉬용성 | *206*

브붸 | *208*

제네바 | *210*

About 제네바
간략한 제네바 역사
한눈에 제네바 살펴보기
볼거리
생 피에르 성당 / 제토 분수 / 부르 드 푸르 광장 / 종교개혁 기념
국제연합 유럽본부 / 영국 공원 / 국제 적십자 박물관 / 제네바 미술 역사박물관

바젤 | 230

About 바젤
볼거리
바젤 미술관 / 대성당 / 마르크트 광장 / 시청사 /팔츠 / 미틀레레 다리

체르마트 | 242

스키 리조트 / 청정 마을 / 빙하 특급
체르마트 마을
볼거리
고르너그라트 전망대 / 마테호른 글래시어 파라다이스 / 베르너 오버란트

독일

한눈에 보는 독일
독일 역사
독일 여행 전 알고 떠나자!
독일 도로와 운전의 특징
독일 도로사정
독일 고속도로

퓌센 | *272*

퓌센 IN
퓌센의 핵심 도보 여행
볼거리
노이슈반슈타인 성 / 호엔슈방가우 성

오버아머가우 | *286*

간략한 오버아머가우 역사

베르히테스가덴 | *292*

간략히 베르히테스가덴 파악하기
볼거리
켈슈타인 하우스 / 쾨니히 호수 / 소금 광산

이탈리아

한눈에 보는 이탈리아

볼차노 | *304*

한눈에 볼차노 파악하기
볼거리
볼차노 대성당 / 발터 광장 / 승전 기념비 / 남 티롤 고고학 박물관

돌로미티 | *314*

이탈리아 알프스, 돌로미티에 가야 하는 이유
돌로미티 여행
볼차노 / 카레자 호수 / 카나제이 / 오르티세이 / 세체다 / 알페 디 시우시
사소룽고 / 파소 가르데나 / 치암 피노이 / 아라바 / 산 펠레그리노 / 마르몰라다
파소 팔자레고 / 라가주오이 산장 /친퀘토리 /파소 지아우 / 코르티나 담페초
미주리나 호수 / 트레치메 디 라바레도 / 아우론조 산장 / 브라이에스 호수

코모 | *346*

코모 즐기기
볼거리
코모 호수 / 트레메조

밀라노 | *356*

여행 계획 짜기
About 밀라노
볼거리
두오모 / 스칼라 극장 / 산타 마리아 델레 그라치에 성당 / 브레라 미술관
카스텔로 스포르체스코 / 레오나르도 다빈치 국립 과학 기술 박물관

오스트리아

한눈에 보는 오스트리아
오스트리아에 1년 내내 관광객에게 인기가 있는 이유
간단한 오스트리아 역사

잘츠부르크 | *394*

About 잘츠부르크
잘츠부르크여행 전 알면 좋은 상식, 사운드 오브 뮤직
모차르트의 발자취를 찾아서
한눈에 잘츠부르크 파악하기
잘츠부르크 핵심 도보 여행
볼거리
미라벨 정원 / 잘자흐 강 / 잘츠부르크 성당 / 게트라이데 거리
호헨 잘츠부르크 성 / 레지던스 / 레지던스 광장 / 모차르트 광장 / 축제 극장
묀히스베르크 현대미술관 / 잘츠부르크 박물관 / 헬부른 궁전
카푸지너베르크 산

인부르크 | *426*

인스부르크 IN
간략한 역사 파악하기
한눈에 인스부르크 파악하기
집중탐구, 티롤
볼거리
인 강 / 마리아 테레지아 거리 / 개선문 / 시의 탑 / 황금 지붕 / 왕궁
궁정 교회 / 암브라스 성

오스트리아 북부

린츠 | *444*

볼거리
도나우 공원 / 성 마르틴 교회 / 주립 극장 / 렌토스 현대 미술관

잘츠캄머구트 | *448*

사운드 오브 뮤직 투어 / 잘츠캄머구트 & 호수투어
추천 코스
한눈에 잘츠캄머구트 파악하기

할슈타트 | *456*

할슈타트 IN
소금광산 투어
볼거리
마르크트 광장 / 할슈타트 호수 / 할슈타트 박물관 / 가톨릭 교회
개신 교회 / 다흐슈타인
할슈타트 즐기는 방법

바트 이슐 | *471*

지리적 & 역사적 의미

장크트 볼프강 | *473*

장크트 길겐 | *476*

볼거리
츠뵐퍼호른 케이블카 / 모차르트 광장 & 기념관 / 몬드제

Intro

2022년 코로나 바이러스에서 벗어나는 시기부터 알프스를 본격적으로 여행하기 시작했다. 사실 작은 국토의 스위스가 알프스 산맥의 중앙에 위치해 관광의 인기가 오르는 상황에 대해 의아하게 생각했다. 다른 나라들도 분명히 알프스 산맥에 있는데, 왜 굳이 '스위스'라는 고정관념에 사로잡힐까? 동의를 하기 힘들었다. 이탈리아 알프스인 돌로미티를 여행하고 이탈리아 알프스에 빠지면서 다른 알프스에 접해 있는 나라를 여행하자고 마음먹었다.

2022년부터 4회에 걸쳐 알프스의 국가들을 여행하면서 우리가 알던 유럽과는 다른 알프스의 자연에서 걷고, 날고, 스키를 타는 나는 자연에 동화가 되는 경험을 하는 여행이 좋았다. 그래서인가 더욱 알프스의 여행에 빠져 들었다. 여행지에서 사람들과 함께 생각을 공유하고 삶을 생각하면서 나의 세상도 넓어졌다. 알프스의 어디든 아름답고 사람들과 공감하는 여행은 나를 동화와 같은 느낌의 여행지에서 즐기게 만들었다.

그렇게 단순한 알프스 여행자로 여행하면서 이제는 스위스의 깊숙한 부분까지 여행하며 알프스 5개국 가이드북에까지 이르렀다. 내가 원해서 된 것은 아니었지만 자연스럽게 넘어간 측면이 크다. 역시 인생은 모른다.

유럽여행의 스타일로 많이 바뀌었다. 인생에서 유럽여행이 한 번으로 끝난다고 생각하던 시절이었기 때문에 유럽여행도 예전에는 한 번에 유럽의 많은 나라들을 훑는 여행이 대세였다. 유럽여행을 다녀오면 나의 주위 친구들에게 자랑하기 바쁘기도 했던 시절이었다. 2010년대를 거치면서 사람들에게 유럽여행은 1번으로 끝나는 먼 나라 여행이 아니게 되었다. 자연스럽게 유럽여행도 2~4개의 나라를 자세하게 보는 여행으로 바뀌었다. 코로나 바이러스로 답답한 생활을 하던 대한민국 사람들에게 알프스를 여행하는 자연과 함께하는 여행을 사람들은 좋아하게 되었다. 한마디로 자연을 돌아보며 자신도 돌아보는 여행이 좋다는 것이다.

예전에는 서유럽여행을 하면서 잘사는 서유럽을 모방하고 배워야 한다는 생각도 강했다. 여행이 단순한 여행이 아니고 뭔가를 배워 와야 하는 여행이었던 것이다. 이제는 단순한 유럽여행보다 본인이 좋아하는 부분에서 유럽도 여행지를 선택한다. 그렇다면 알프스는 굉장히 올바른 선택이다. 아름다움을 뛰어넘어 놀라움을 보여주는 알프스 산맥은 새로운 분위기를 자신에게 줄 수 있을 것이다.

알프스 사계절

알프스 산맥은 프랑스, 스위스, 독일, 이탈리아, 오스트리아에 걸쳐 있지만 알프스의 계절은 나라에 상관없이 거의 비슷하다. 알프스의 계절을 알면 어느 나라에서 알프스 여행을 하든 상관없이 이해하기가 쉬울 것이다.

봄 Spring

지역에 따라 봄을 알리는 소식이 조금은 일찍 아니면 늦게 찾아온다. 일반적으로 산악 지대에서는 봄을 알리는 소식이 늦은 편인데, 이는 4월 초까지도 눈이 내리거나 아침과 밤에 쌀쌀할 기온을 갖춘 곳이 많기 때문이다. 알프스 산악에서 봄기운을 느끼려면 5월은 되어야 느낄 수 있다.

4월 중순 이후부터 봄을 알리는 야생화가 피기 시작하며 5월에 만발하고 봉우기에 눈이 아직 남아 있는 산의 모습을 볼 수 있다. 높은 산의 봉우리는 여름에도 녹지 않는 곳도 많다. 대부분은 눈이 깊이 쌓였던 곳에서의 하이킹이 조금씩 가능해지는 시기이기도 하다.

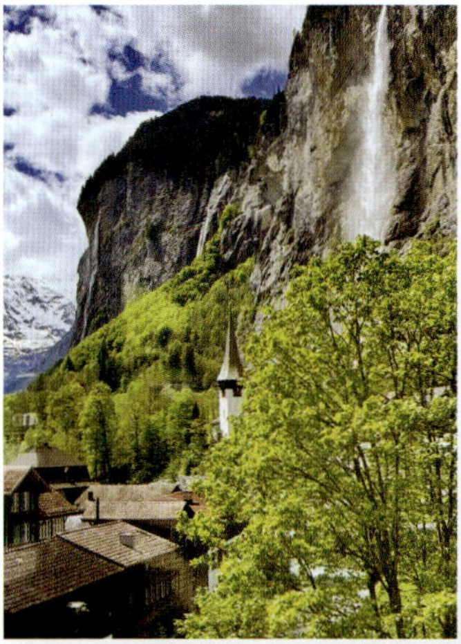

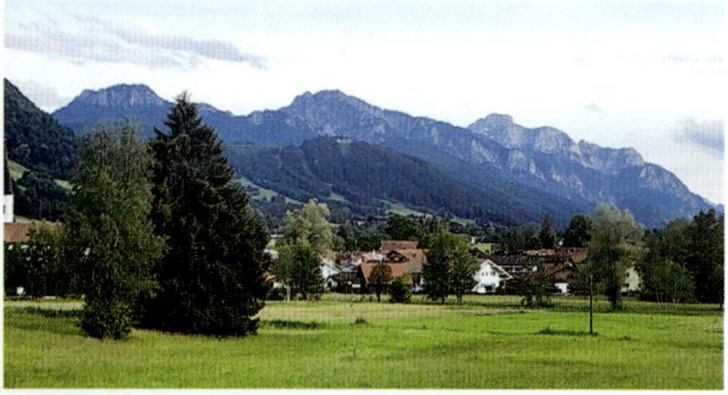

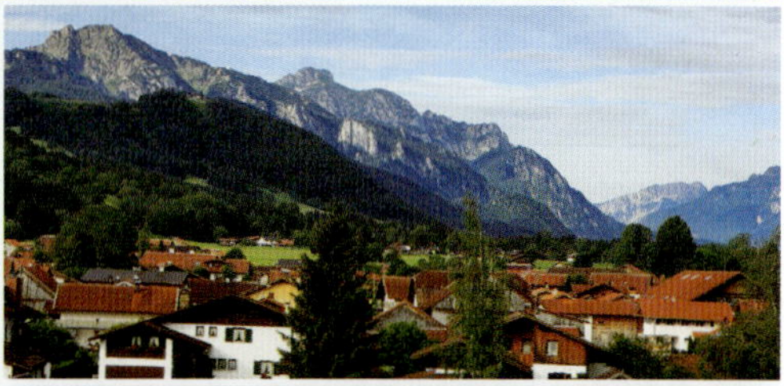

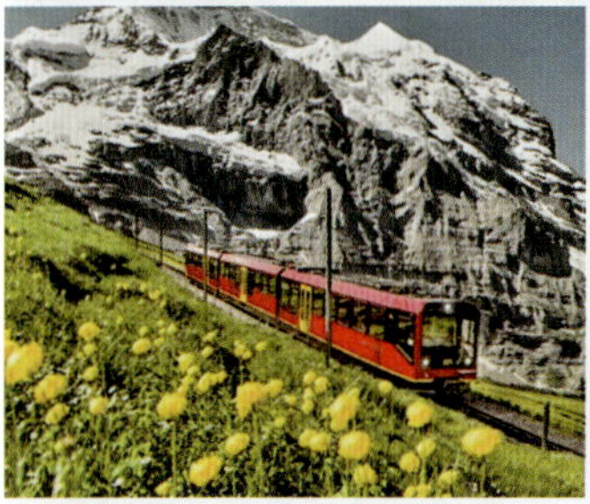

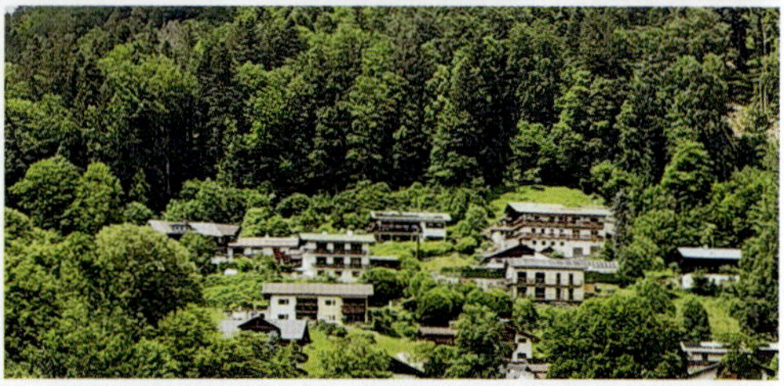

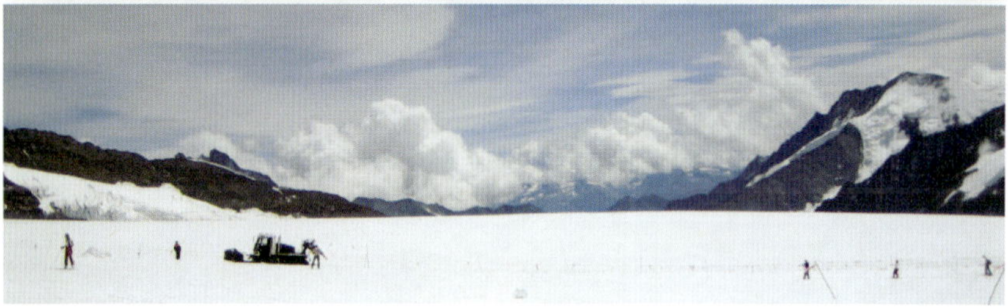

여름 Summer

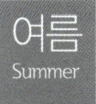

여름철 알프스 산맥은 알프스의 자연을 보기 위해 가장 많은 방문객이 몰리기는 관광 시즌이다. 트레킹, 래프팅, 카야킹, 패러글라이딩 등 각종 야외 스포츠를 즐기기에 좋은 시기이다. 높은 고산지대에 있는 알프스의 특성상 날씨가 좋은 여름에는 다른 유럽지역에 비해 덥지 않고 시원해 다양한 지역에서 다양한 축제가 열린다.

가을
Autumn

대한민국에만 단풍이 이쁜 것은 아니다. 특히 알프스 중간 지역에 붉게 물든 단풍을 볼 수 있는 곳이 있다. 떨어지는 낙엽을 보며 가을 정취를 느끼며 알프스의 대자연을 감상하는 것은 알프스 여행의 또 다른 즐거움이다. 가을은 수확의 계절이다. 수확의 기쁨을 사람들을 축제를 통해 서로 축하한다.

겨울
Winter

알프스의 겨울은 매우 춥고 눈도 많이 오기 때문에 살기 힘들었다. 하지만 지금은 겨울 스포츠를 즐기면서 크리스마스를 축하하며 한 해를 마무리한다. 알프스의 크리스마스 분위기는 11월 말부터 시작하는데, 이때가 알프스의 본격적인 겨울 시즌 시작과 같다. 유럽의 동계 올림픽 도시는 대부분 알프스 산맥에 걸쳐 있는 작은 도시들이 많다. 그 만큼 스키나 소노보드 같은 겨울 스포츠는 알프스 산맥의 겨울을 활동적으로 만드는 장소이다.

ABOUT
알프스

■ 독특한 생태계

빙하의 알프스에는 지구의 겨울이었던 옛날 빙하기의 모습을 담은 산이 많다. 빙하지대 특유의 다양한 지형이 있고 알프스의 독특한 생태계가 살아 있는 곳이라서 과학적인 연구 가치도 높다.

▰ 두꺼운 빙하

눈과 얼음으로 덮인 이 지역은 4억 년~4억 5천만 년 전에 변성암과 화강암의 지층 작용으로 만들어졌다. 빙하가 가장 두꺼운 곳은 두께가 890m나 된다. 또한 알프스 산맥에서 가장 긴 알레치 빙하는 길이가 무려 24km에 이른다. 그런데 최근에는 환경오염으로 지구의 대기 기온이 올라가면서 빙하가 녹고 있다.

🟥 자연이 잘 보존

등산 철도나 케이블카를 이용해 4000m가 넘는 몽블랑, 융프라우, 체르마트 등에 올라가면 아름답게 펼쳐진 자연을 볼 수 있다. 알프스는 자연을 지키기 위해 지난 세월 동안 노력해 왔다. 그래서 많은 종류의 동식물이 살고 있다. 여우, 다람쥐처럼 생긴 마멋, 수릿과의 맷과의 사나운 새들, 유럽 시라소니, 야생 염소 등을 흔히 볼 수 있다. 무고소나무, 개버즘 단풍나무, 너도밤나무도 많이 자라고 있다.

🟥 케이블카, 기차를 타고 올라가는 알프스

이탈리아 돌로미티 알프스와 프랑스의 몽블랑은 케이블카를 이용하고 융프라우 산에는 세계에서 가장 높은 기차역이 있다. 위의 높이는 3,000m가 넘는 높이에 있다. 케이블카나 기차를 타고 올라가면서 알프스의 아름다운 풍경을 감상할 수 있다.

알프스 5개국 여행 밑그림 그리기

우리는 여행으로 새로운 준비를 하거나 일탈을 꿈꾸기도 한다. 여행이 일반화되기도 했지만 아직도 여행을 두려워하는 분들이 많다. 알프스 5개국 여행은 누구나 평생에 한 번은 원하는 여행지이다. 파리, 로마, 밀라노 등의 주요 도시는 많이 여행하였지만 몇 년 전부터 관광객이 늘어난 알프스 5개국의 소도시 위주로 여행을 할 수 밖에 없다. 그러나 어떻게 여행을 해야 할지부터 걱정을 하게 된다. 또한 자동차로 여행하기에 아직 정확한 자료가 부족하다. 지금부터 알프스 5개국 여행을 쉽게 한눈에 정리하는 방법을 알아보자. 알프스 5개국 여행준비는 절대 어렵지 않다. 단지 귀찮아 하지만 않으면 된다. 평소에 원하는 알프스 5개국 여행을 가기로 결정했다면, 준비를 꼼꼼하게 하는 것이 중요하다.

일단 관심이 있는 도시를 먼저 파악하여 확인하고 일정을 짜야 한다. 처음 해외여행을 떠난다면 알프스 산맥의 소도시 여행이나 자동차 여행은 어떻게 준비할지 몰라 당황하게 된다. 먼저 어떻게 여행을 할지부터 결정해야 한다. 아무것도 모르겠고 준비를 하기 싫다면 패키지여행으로 가는 것이 좋다. 해외여행이라고 이것저것 많은 것을 보려고 하는 데 힘만 들고 남는 게 없는 여행이 될 수도 있으니 욕심을 버리고 준비하는 게 좋다. 여행은 보는 것도 중요하지만 같이 가는 여행의 일원과 같이 잊지 못할 추억을 만드는 것이 더 중요하다.

다음을 보고 전체적인 여행의 밑그림을 그려보자.

1	패키지여행? 자유여행? (여행의 형태 결정)		7	얼마나 쓸까? 리스트 작성! (여행경비 산출하기)
2	나의 가능한 여행기간, 비용은? (여행 기간 & 예산 짜기)		8	독일어, 프랑스어, 이탈리아어를 알면 편리한데? (간단한 영어 익히기)
3	알프스 5개국 여행? 항공권부터 알아보자. (항공권티켓 /성수기여행은 빨리 구입)		9	유로? 달러는 사용불가능? (환전하기)
4	성수기 숙소가 부족한 알프스 5개국 숙박부터 알아보자! (숙소의 예약가능 확인)		10	왜 이리 필요한 게 많지? (여행가방싸기)
5	보고 싶고 먹고 싶은 게 많아요? (여행지 정보 수집)		11	11. 인천공항으로 이동
6	자동차로 이동하는 소도시 여행은 도시간 이동의 꼼꼼한 확인은 필수! (여행 일정 짜기)		12	12. 드디어 여행지로 출발!

결정을 했으면 일단 항공권을 구하는 것이 가장 중요하다. 전체 여행경비에서 항공료와 숙박이 차지하는 비중이 가장 크지만 너무 몰라서 낭패를 보는 경우가 많다. 평일이 저렴하고 주말은 비쌀 수밖에 없다. 자동차 여행이라면 항공권 다음으로 중요한 부분이 렌터카 예약이다.

알프스 5개국 여행 일정

10일

■ **독일, 스위스, 오스트리아**

독일 프랑크푸르트(2) → 퓌센 → 오버아머가우 → **오스트리아** 잘츠부르크 → 할슈타트 → 인스부르크 → **스위스** 루체른 → 인터라켄(2) → 몽트뢰 → 바젤 → **독일** 프랑크푸르트

■ 이탈리아, 스위스, 프랑스

이탈리아 밀라노(2) → **스위스** 체르마트(2) → **프랑스** 몽블랑(2) → **스위스** 제네바 → 몽트뢰 → 베른 → 인터라켄(2) → 루체른 → 취리히

이탈리아, 오스트리아, 독일

이탈리아 밀라노(2) → 코르티나 담페쵸(2) → **오스트리아** 할슈타트 → **독일** 베르히데스 가덴 → **오스트리아** 잘츠부르크 → 인스부르크 → 빈

33

■ 스위스, 프랑스

스위스 취리히 → 루체른 → 인터라켄(2) → 제네바 → **프랑스** 몽블랑(2) → **스위스** 체르마트(2) → 취리히

> 2주

🟥 독일, 스위스, 오스트리아

독일 프랑크푸르트(2) → 퓌센 → 오버아머가우 → **오스트리아** 잘츠부르크 → 할슈타트 → 인스부르크 → **스위스** 루체른 → 인터라켄(2) → 몽트뢰 → 바젤 → **독일** 프랑크푸르트

■ 이탈리아, 스위스, 프랑스

이탈리아 밀라노(2) → **스위스** 체르마트(2) → **프랑스** 몽블랑(2) → **스위스** 제네바 → 몽트뢰 → 베른 → 인터라켄(2) → 루체른 → 취리히

이탈리아, 오스트리아, 독일, 스위스

이탈리아 밀라노 → 볼차노 → 코르티나 담페쵸(2) → **오스트리아** 할슈타트 → **독일** 베르히데스 가덴 → **오스트리아** 인스부르크 → **스위스** 취리히 → 체르마트(2) → 루체른 → 인터라켄(2) → 취리히

스위스, 프랑스

스위스 취리히 → 루체른 → 인터라켄(2) → 몽트뢰 → 로잔 → 제네바 → **프랑스** 샤모니 → 몽블랑(2) → **스위스** 체르마트 → 취리히(2)

> 3주

■ 독일, 스위스, 오스트리아, 프랑스

독일 프랑크푸르트(2) → 퓌센 → 오버아머가우 → **오스트리아** 잘츠부르크 → 할슈타트 → 인스부르크(2) → **스위스** 루체른 → 인터라켄(2) → 몽트뢰 → 로잔 → 제네바 → **프랑스** 샤모니 → 몽블랑(2) → **스위스** 체르마트(2) → 베른 → 취리히

이탈리아, 오스트리아, 스위스, 프랑스, 독일

이탈리아 밀라노(2) → **스위스** 체르마트(2) → **프랑스** 샤모니 → 몽블랑(2) → **스위스** 제네바 → 로잔 → 몽트뢰 → 베른 → 인터라켄(2) → 루체른 → 취리히 → 인스부르크 → 할슈타트 → 잘츠부르크 → **독일** 베르히데스 가덴 → 퓌센 → 프랑크푸르트

이탈리아, 오스트리아, 스위스, 프랑스

이탈리아 베네치아(2) → 코르티나 담페쵸(2) → 볼차노 → **스위스** 체르마트(2) → **프랑스** 샤모니 → 몽블랑(2) → **스위스** 제네바 → 로잔 → 몽트뢰 → 베른 → 인터라켄(2) → 루체른 → 취리히 – **오스트리아** 인스부르크 → 할슈타트 → 빈

알프스
the Alps

스위스도 아름답지만, 오스트리아 티롤 지역도 뛰어난 경관을 자랑하며 이탈리아 코르티나 담페쵸Cortina d'Ampezzo의 돌로미티Dolomiti는 특별한 백운암 지대로, 다른 곳에서 경험할 수 없는 색다른 아름다움과 경험을 즐길 수 있다.

돌로미티Dolomiti로 불리는 이탈리아 북부 중심지는 알프스 중에서도 독특한 자연경관으로 소문난 곳이다. 다른 지역에서 볼 수 없는 '백운암'이란 특별한 암석으로 이루어져 산세가 웅장하고 경관이 빼어나다. 볼차노와 코르티나 담페쵸가 돌로미티의 대표 도시이다.

여행하기 좋은 시기

최근 유럽의 이상고온으로 20도 정도를 유지하는 5~6월 중순이 가장 여행하기에 좋다. 6~7월은 비교적 무더위이며, 8월~9월은 시원하다. 대한민국의 여행자들은 7월 20일~8월 20일 사이에 주로 여행을 하기에 이 시기에 국제선항공료가 높다.
온도는 높은 상태이기 때문에 반팔이 필요하다. 하지만 해가 지면 추울 수 있으므로 반드시 긴 팔과 보온 대책이 필요하다. 유럽인들의 휴가철은 8월이기 때문에 8월에는 항상 북적이는 곳이 이탈리아 알프스, 돌로미티 지역이다.

지형의 특징

돌로미티Dolomiti 산맥은 침식, 지각 변동, 빙하 작용으로 만들어진 지형으로, 백운암(돌로마이트,白雲岩)과 석회암으로 되어 있는 거대한 바위 암봉군이 가는 곳마다 경이로운 풍경을 보여준다. 돌로마이트란 백운암석 이름의 시초가 된 곳인 만큼 세계적으로 유례없는 특별한 지형으로 깎아지른 듯한 기암괴석과 화려한 풍광이 끝없이 펼쳐진다.

암봉의 아래와 사이에는 마치 눈이 내려 쌓여 있는 듯한 부서러진 흰 백운석회암 지형을 볼 수 있다.
돌로미테의 마르몰라다산 Mount Marmolada (해발 3,250m)은 최고높이로 년 중 눈에 쌓여 있으며 그 외 3,000m가 넘는 봉우리가 18개나 된다. 그

래서 스키와 트레킹 암벽등반 등 액티비티에 특화되었다 할 만큼 다양한 경험을 즐길 수 있다.

에메랄드빛 산중 호수의 장엄함과 말 그대로 하늘을 찌르는 듯한 날카로운 뽀족한 산봉우리에 호수와 숲의 녹음과 하늘의 푸르름은 평생 기억에 남을 것이다. 신이 빚었다 말 할 수 밖에 없게 만드는 장관이 펼쳐진다.

야생동물

산악 공원지에는 조류만 100종이 넘는 약 160종 야생동물이 공생하는데, 이중 가장 쉽게 눈에 띄는 동물은 마멋, 산염소, 여우, 다람쥐들이 공생하는 반면, 접근하기 쉽지 않는 위험한 고지대 지형에 숨어사는 카퍼카일리, 흰자고새, 독수리 올빼미, 어민족제비 등도 살고 있다.

야생식물

희귀한 특종의 꽃, 나무를 포함하여 약 1000여종의 다양한 종류의 식물을 볼 수 있는 이 곳은 사이프리페이움 칼체로우스 cypripedium calceolus, 난초, 셈페르비붐 sempervivum 등이 자라며 셈페르비붐은 돌로미티 공원을 대표하는 마스코트 꽃이기도 하다.

알프스 개념잡기

알프스 산맥은 7개국에 걸쳐있지만 알프스의 대부분은 스위스·프랑스·이탈리아·오스트리아에 걸쳐 있다. 독일어로 알펜Alpen, 프랑스어로는 알프Alps, 이탈리아어로는 알피Alpi라고 부른다. 산을 뜻하는 켈트어 'alb', 'alp' 또는 백색을 뜻하는 라틴어가 어원이며, '하얗고 높은 산'이라는 의미에서 사용되었다고 전해진다.

알프스의 평균해발고도는 2,500m로 스위스에 가장 높은 산들이 몰려있다고 생각하는 사람들이 있지만 알프스 최고봉은 몽블랑(4,807m)이다. 정상부에는 빙하가 발달해 있어 알레치빙하(길이 16.5㎞), 메르드글라스 빙하, 고르너 빙하 등이 있다. 빙식을 당한 침봉군(針峰群), 삼림한계 위에 있는 초원(alp), 호수 등과 함께 아름다운 고산 풍경을 이루어 등산·관광객이 많이 모여든다. 유럽의 큰 하천인 라인 강·론·도나우 강·포 강 등은 알프스에서 발원한다.

알프스는 유럽의 남부와 중부 지역에 장벽처럼 솟아 있어 지중해성 기후와 유럽 대륙성 기후를 구분 짓는다. 높은 알프스 산맥으로 인해 기후적으로 구분지었지만 그 속에서 생활하는 사람들의 문화적인 생활자체로 구분 지어져 살게 되었다. 이탈리아 알프스가 있는 지중해 연안에서는 강수량이 적은 지중해성 기후의 생성요인 구실을 한다. 알프스 산맥이 만들어 놓은 문화적·민족적인 구분으로 유럽의 중부와 남부의 교류를 방해해 왔는데, 지금은 도로와 철도가 많이 뚫려 교류가 늘었다.

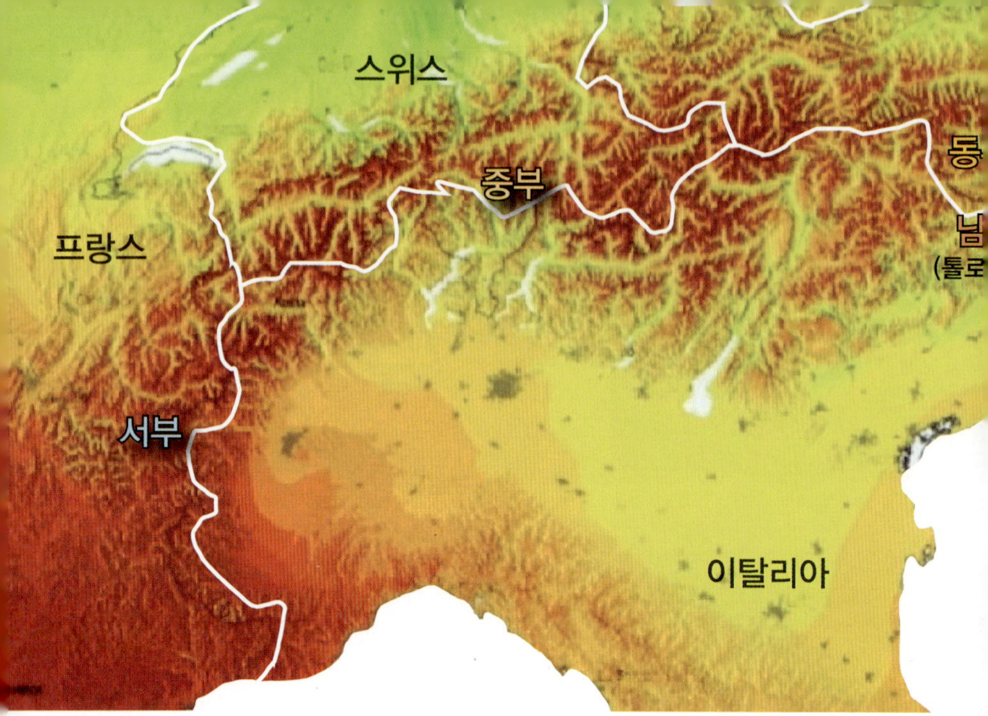

서부 알프스

지중해에 가까운 해안 알프스로부터 몽블랑 산맥으로 이어지는 부분으로, 흔히 프랑스 알프스라고 한다. 산맥은 주로 남북으로 뻗어 있는 비교적 낮은 산지이지만, 북부의 몽블랑 산군에는 알프스의 최고봉 몽블랑과 에귀베르트(4,127m) 등 화강암질의 침봉군이 있으며, 몽블랑 기슭의 샤모니는 등산 관광의 기지로 알려져 있다.

중부 알프스

주로 스위스에 속해있으며, 알프스 산맥은 스위스부터 동서쪽으로 방향이 바뀌고 크게 둘로 갈라지는데, 북쪽이 베르너 오벌란트 산괴(베르너고지)이고 남쪽이 발리스 알프스이다. 발리스알프스에 있는 계곡의 체르마트가 관광지로 유명하다. 알프스 제2의 고봉 몬테로사(4,634m), 리스캄(4,538m), 마터호른(프랑스어로 Mont Cervn 4,478m), 미샤벨 산괴의 돔(4,555m), 바이스호른(4,505m) 등 높이 4,500m급의 산들이 많다. 베르너오벌란트는 유명한 그린델발트 마을을 중심으로 핀스터아어호른(4,275m)을 비롯하여 융프라우(4,158m)·묀히(4,105m)·아이거(3,970m)·베터호른(3,708m) 등 유명한 산들이 많다.

동부 알프스

오스트리아를 중심으로 한 부분으로 알프스산맥이 더 많이 갈라져 남북으로 퍼져 나가고 고도가 낮아진다.
북쪽의 일부는 독일에 들어가 있으며, 독일의 최고봉 추크슈피체(2,963m)가 유일한 고봉이라 빙하가 없으며, 이 지역이 티롤 알프스이다.

남부 알프스

남쪽은 이탈리아와의 국경을 동쪽으로 뻗어 있는 외츠탈 알프스 Ötztaler Alpen이며, 높이 3,700m급의 산과 빙하가 있다. 이탈리아 북동부를 차지하는 브레너 고개 남쪽에 돌로미티의 암봉군(岩峰群)이 있다.

알프스 트레킹

프랑스, 독일, 오스트리아, 이탈리아 북부, 스위스 알프스는 장엄한 풍경을 트레킹으로 마주할 수 있어서 알프스에 한 번 더 반할 것이다. 알프스의 넓게 펼쳐진 산맥들과 산 중턱의 아기자기한 마을을 직접 발로 걸으면 오래 머물러도 질리지 않는다. 만년설이 녹아 만들어진 호수까지 마음의 안정이 나에게 다가온다.

알프스 산맥은 매우 거대해 8개국에 걸쳐있다. 그러니 알프스의 풍경은 다양한 얼굴을 보여준다. 영화 속의 풍경을 생각나게 하는 알프스를 트레킹으로 다가가는 것은 알프스를 직접 느낄 수 있는 좋은 방법이다. 무엇보다 걸어서 다가가는 알프스의 풍경은 평생의 기억으로 자리할 것이다. 알프스는 트레킹 코스만 해도 수백 개에 이른다.

언제 트레킹 하기 좋을까?

알프스에 봄이 지나고 여름이 찾아오는 5~6월에는 쌓여있던 눈이 녹아 트레킹을 하기 좋다. 고산지대로 지상의 여느 도시보다 10-15도 가량 시원해 더위를 피해 피서를 오기에도 좋은 곳으로 전 세계인들의 사랑을 받고 있다. 알프스에서 아름다운 암벽들 사이사이를 트레킹하고, 아름다운 풍경을 보며 여유롭게 사색에 젖는 것도 좋을 것이다.

알프스가 걸쳐있는 5개국은 3,000m가 넘는 봉우리들이 많다. 거대한 암봉들이 압도적 풍광을 선사하는 풍경을 볼 수 있는 방법은 트레킹이다. 거대한 돌산에서 암봉 사이를 걸으며 만나는 풍경들은 압도적이다.

트레킹의 하루

해가 뜨면 걷기 시작해 다음 산장까지 걷다가 경치 좋은 곳에 자리를 깔고 간식이나 도시락을 먹는다. 풍경이 아름다우니 어떤 것을 먹어도 맛있다. 오후 3~4시가 되면 다음 산장에 도착해 짐을 풀고 휴식을 취하고 저녁식사를 한다.

준비물

① 일반적인 이탈리아 여행이라면, 우리나라의 여름 복장으로 트레킹을 가을복장으로 저녁에 준비해야 한다. 긴팔로 준비를 하고, 출발할 때에 입은 반팔 복장을 여름복장으로 대체하는 것이 좋다. 비가 올 때를 대비해 날씨는 매일 체크해야 한다. 혹시 모르는 추위에 대비해 경량 패딩을 준비하면 도움이 된다.

② 이탈리아 알프스는 각 트레킹 코스로 이동할 때 차량을 운전하면서 여행하므로 차량 내에서는 춥지 않다. 오히려 운전 중에는 덥지만 밖으로 나오면 바람 때문에 추울 수 있다. 방풍 방수점퍼와 폴리스 자켓 정도를 미리 준비해 비올 때 입어야 한다. 우산은 바람이 강해 필요 없다.

③ 신발은 등산화를 신고 다니는 것이 편안하다. 많은 이탈리아 알프스의 관광명소가 걸어서 이동해야하고 울퉁불퉁하고 거친 길을 가야 한다. 햇빛이 강하니 모자를 준비해야 하는 것도 중요하다.

④ 트레킹을 출발하기 전에 마실 물은 반드시 준비해야 한다. 햇빛이 강하여 마실 물이 없다면 걸어가기가 힘들 수도 있기 때문이다. 초콜릿이나 사탕 같은 것도 있으면 당분 섭취를 하면서 몸의 컨디션을 유지하기에 좋다.

알프스 자동차 여행

달라도 너무 다른 알프스 자동차 여행

최근에 알프스 산맥을 직접 트레킹도 하고 산맥을 따라 자동차로 여행을 하고 싶은 여행자들이 늘어나고 있다. 유럽에서 알프스 산맥이 거쳐 있는 나라는 8개국이다. 그러나 우리에게 가장 관심이 높고 관광객이 많이 찾는 나라는 프랑스, 스위스, 이탈리아, 오스트리아, 독일이다.

자연이 사람을 멈춰 세우는 특별한 분위기를 자아내는 알프스 5개국을 자동차로 여행하는 것을 추천한다. 미세먼지, 황사로 눈 뜨고 다니기 어렵고 숨 쉬는 것조차 조심스러워 외부 출입이 힘들 때면 더욱 알프스의 자연이 눈에 다가온다. 한 여름에도 시원하게 불어오는 바람을 맞을 수 있는, 뜨거운 햇빛이 비춰주는 내가 알고 있는 따분하지 않은 알프스의 풍경이 당신을 기다리고 있다.

우리가 알고 있던 도시를 보러가는 여행과 전혀 다른 느낌을 보고 느낄 수 있는 초록이 뭉게구름과 함께 높은 바위산의 장엄한 자연의 조각이 당신을 행복하게 만든다. 깊은 숨을 쉴 수 있도록 쉴 수 있고 마음대로 여행할 수 있는 알프스 자동차여행을 생각할 것이다.

 관광객은 누구나 알프스의 자연을 보고 싶어할 수 있다. 하지만 알프스 산맥을 대중교통으로만 여행하기에 좋은 편이 아니다. 자동차로 알프스 산맥을 따라 여행하는 것은 최적의 조합이라고 할 수 있다. 더운 여름에도 필요한 준비물은 아침, 저녁으로 긴 팔을 입고 있던 산의 골짜기에서 불어오는 시원한 바람이 나를 감싸는 알프스의 생생한 모습이 눈으로 전해온다.

알프스 자동차 여행을 계획하는 방법

■ 항공편의 In / Out과 주당 편수를 알아보자.

입·출국하는 도시를 고려하여 여행의 시작과 끝을 정해야 한다. 항공사는 매일 취항하지 않는 경우가 많기 때문에 날짜를 무조건 정하면 낭패를 보기 쉽다. 따라서 항공사의 일정에 맞춰 총 여행 기간을 정하고 도시를 맞춰봐야 한다. 가장 쉽게 맞출 수 있는 일정은 1주, 2주로 주 단위로 계획하는 것이다. 여행일정상 이탈리아의 밀라노, 독일의 프랑크푸르트, 스위스의 취리히로 입국하는 것이 여행 동선 상에서 효과적이다.

■ 알프스 5개국 지도를 보고 계획하자.

알프스를 방문하는 여행자들 중 유럽 여행이 처음인 여행자도 있고, 이미 경험한 여행자들도 있을 것이다. 누구라도 생소한 알프스를 처음 간다면 어떻게 여행해야 할지 일정 짜기가 막막할 것이다. 기대를 가지면서도 두려움도 함께 가지고 있다. 일정을 짤 때 가장 먼저 정해야 할 것은 입국할 도시를 결정하는 것이다. 알프스 여행이 처음인 경우에는 알프스가 어디에 걸쳐 있는지 5개국의 지도를 보고 도시들이 어떻게 연결되어 있는지 알아두는 것이 좋다.

> 일정을 직접 계획하기 위해서는 다음의 3가지를 꼭 기억 해두자.
> ① 지도를 보고 도시들의 위치를 파악하자.
> ② 도시 간 이동할 수 있는 도로가 있는지 파악하자.
> ③ 추천 루트를 보고 일정별로 계획된 루트에 자신이 가고 싶은 도시를 끼워 넣자.

■ 가고 싶은 도시를 지도에 형광펜으로 표시하자.

일정을 짤 때 정답은 없다. 제시된 일정이 본인에게는 무의미할 때도 많다. 자동차로 가기 쉬운 도시를 보면서 좀 더 경제적이고 효과적으로 여행할 방법을 생각해 보고, 여행 기간에 맞는 3~4개의 루트를 만들어서 가장 자신에게 맞는 루트를 정하면 된다.

> ① 도시들을 지도 위에 표시한다.
> ② 여러 가지 선으로 이어 가장 효과적인 동선을 직접 생각해본다.

■ '점'이 아니라 '선'을 따라가는 여행이라는 차이를 이해하자.

알프스 자동차 여행 강의나 개인적으로 질문하는 대다수가 여행일정을 어떻게 짜야할지 막막하다는 물음이었다. 해외여행을 몇 번씩 하고 여행에 자신이 있다고 생각한 여행자들이 알프스를 자동차로 여행하면서 자신만만하게 준비하면서 실수를 하는 경우가 많다.

예를 들어 우리가 이탈리아, 밀라노에 도착을 했다면 1~2일 정도 밀라노의 숙소에서 머무르면서 밀라노를 둘러보고 다음 도시로 이동을 한다. 하지만 알프스 자동차 여행은 대부분 도로를 따라 이동하기 때문에 자신이 이동하려는 지점을 정하여 일정을 계획해야 한다. 다시 말해 알프스의 각 도시를 점으로 생각하고 점을 이어서 여행 계획을 만들어야 한다면, 자동차 여행은 도시가 중요하지 않고 이동거리(㎞)를 계산하여 여행계획을 짜야 한다.

> ① 이동하는 지점마다 이동거리를 표시하고
> ② 여행 총 기간을 참고해 자신이 동유럽의 여행 기간이 길면 다른 관광지를 추가하거나 이동거리를 줄여서 여행한다고 생각하여 일정을 만들면 쉽게 여행계획이 만들어진다.

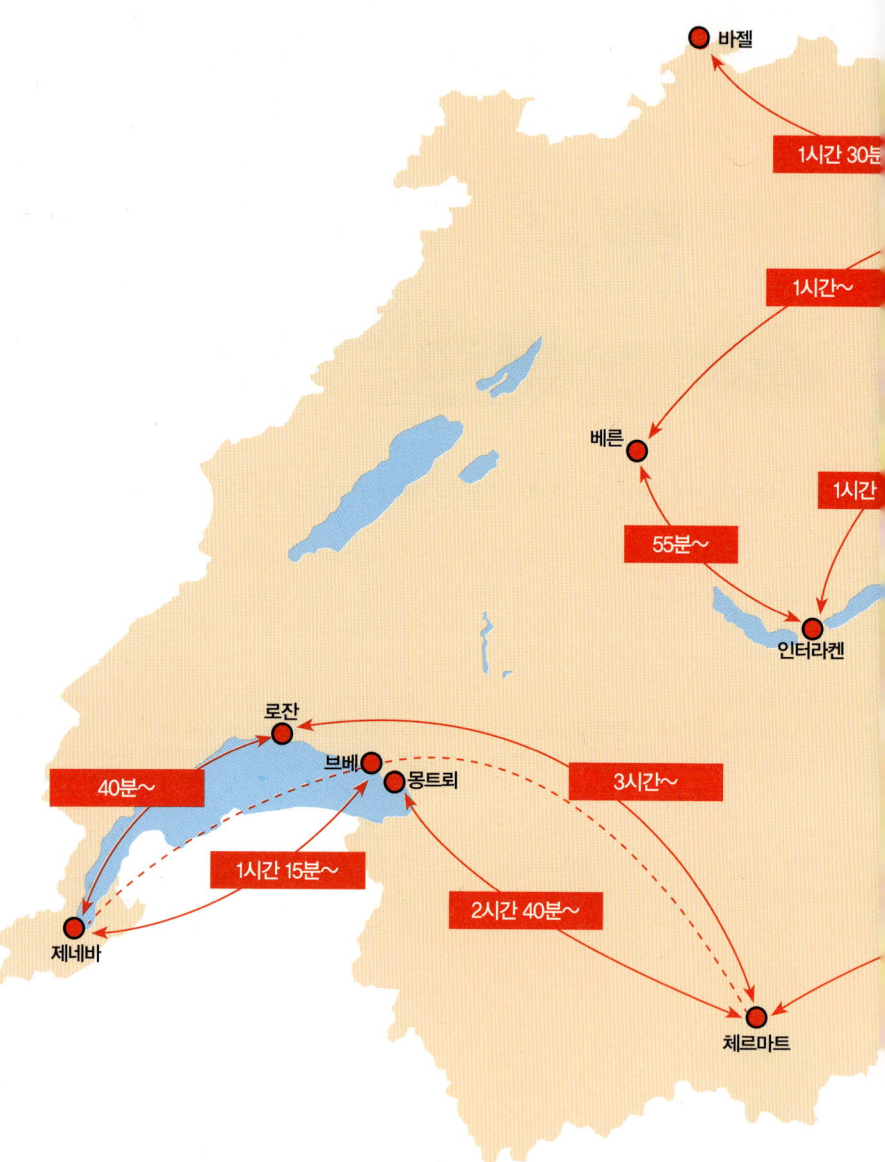

안전한 여행을 위한 주의사항

알프스 여행은 일반적으로 안전하다. 폭력 범죄나 절도도 거의 없고 현지 사람들로부터 위협을 받는 일도 거의 없다. 하지만 좁은 도로나 높은 위치로 이동하는 자동차여행은 자신도 모르게 도로에서 위협에 내몰릴 수도 있으나 크게 걱정할 필요는 없다. 알프스 여행에서 여행자들에게 주로 닥치는 위협은 갑자기 추워지거나 구불구불한 도로에서의 운전이다. 특별히 주의해야 할 것에 대해서 알아보자.

■ 차량 안 좌석에는 비워두자.

자동차로 알프스 여행을 하면서 사고 이외에 차량 문제가 가장 많이 발생하는 것은 차량 안에 있는 가방이나 카메라, 핸드폰을 차량의 유리창을 깨고 가지고 달아나는 것이다. 알프스의 스위스, 오스트리아, 독일은 안전하지만 가끔 프랑스나 이탈리아에서 차량 안의 물품 도난 사고가 날 수 있다. 경찰에 신고를 하고 도둑을 찾으려고 해도 쉬운 일이 아니기

때문에 사전에 조심하는 것이 최고의 방법이다. 되도록 차량 안에는 현금이나 가방, 카메라, 스마트폰을 두지 말고 차량 주차 후에는 트렁크에 귀중품이나 가방을 두는 것이 안전하다.

■ 안 보이도록 트렁크에 놓아야 한다.

자동차로 여행할 때 차량 안에 가방이나 카메라 등의 도둑을 유혹하는 행동을 삼가하고 되도록 숙소의 체크아웃을 한 후에는 트렁크에 넣어서 안 보이도록 하는 것이 중요하다.

■ 호스텔이나 캠핑장에서는 가방보관에 주의해야 한다.

염려가 되면 가방을 라커에 넣어 놓던지 렌터카의 트렁크에 넣어놓아야 한다. 항상 여권이나 현금, 카메라, 핸드폰 등은 소지하거나 차량의 트렁크에 넣어두는 것이 좋다. 호텔이라면 여행용 가방에 넣어서 아무도 모르는 상태에 있어야 소지품을 확실히 지켜줄 수 있다. 보라는 듯이 카메라나 가방, 핸드폰을 보여주는 것은 문제를 일으키기 쉽다. 고가의 카메라나 스마트폰은 어떤 유럽국가에서도 저임금 노동자의 한 달 이상의 생활비와 맞먹는다는 것을 안다면 소매치기나 도둑이 좋아할 물건일 수밖에 없다는 것을 인식할 수 있을 것이다.

■ 모든 고가품은 잠금장치나 지퍼를 해놓는 가방이나 크로스백에 보관하자.

도시의 기차나 버스에서는 잠깐 졸수도 있으므로 가방에 몸에 부착되어 있어야 한다. 몸에서 벗어나는 일이 없도록 하자. 졸 때 누군가 자신을 지속적으로 치고 있다면 소매치기를 하기 위한 사전작업을 하고 있는 것이다.

잠깐 정류장에 서게 되면 조는 사람을 크게 치고 화를 내면서 내린다. 미안하다고 할 때 문이 닫히면 웃으면서 가는 사람을 발견할 수도 있다. 그러면 반드시 가방을 확인해야 한다.

■ 주차 시간은 넉넉하게 확보하는 것이 안전하다.

어느 도시에 도착하여 사원이나 성당 등을 들어가기 위해 주차를 한다면 주차 요금이 아깝다고 생각하기가 쉽다. 그래서 성당을 보는 시간을 줄여서 보고 나와서 이동한다고 생각할 때는 주차요금보다 벌금이 매우 비싸다는 생각을 해야 한다. 주차요금 조금 아끼겠다고 했다가 주차시간이 지나 자동차로 이동했을 때 자동차 바퀴에 자물쇠가 채워져 있는 경우도 상당하다.

주의
프랑스와 이탈리아를 여행할 때 주의를 해야 한다. 경찰들이 관광객이 주차를 하면 시간을 확인했다가 주차 시간이 끝나기 전에 대기를 하고 있다가 주차 시간이 종료되면 딱지를 끊는 경우가 있다.

도시 여행 중

1. 여행 중에 백팩(Backpack)보다는 작은 크로스백을 활용하자.
작은 크로스백은 카메라, 스마트폰 등을 가지고 다니기에 유용하다. 소매치기들은 가방을 주로 노리는데 능숙한 소매치기는 단 몇 초 만에 가방을 열고 안에 있는 귀중품을 꺼내가기도 한다. 지퍼가 있는 크로스백이 쉽게 안에 손을 넣을 수 없기 때문에 좋다. 크로스백은 어깨에 사선으로 메고 다니기 때문에 자신의 시선 안에 있어서 전문 소매치기라도 털기가 쉽지 않다. 백팩은 시선이 분산되는 장소에서 가방 안으로 손을 넣어 물건을 집어갈 수 있다. 혼잡한 곳에서는 백팩을 앞으로 안고 눈을 떼지 말아야 한다.

전대를 차고 다니면 좋겠지만 매일같이 전대를 차고 다니는 것은 고역이다. 항상 가방에 주의를 기울이면 도둑을 방지할 수 있다. 항상 자신의 손에서 벗어나는 일은 주의하는 것이 가방을 잃어버리지 않는 방법이다. 크로스백을 어깨에 메고 있으면 현금이나 귀중품은 안전하게 보호할 수 있다. 백 팩은 등 뒤에 있기 때문에 크로스백보다는 안전하지 않다.

2. 하루의 경비만 현금으로 다니고 다니자.
대부분의 여행자들은 집에서 많은 현금을 들고 다니지 않지만 여행을 가서는 상황이 달라진다. 아무리 많은 현금을 가지고 다녀도 전체 경비의 10~15% 이상은 가지고 다니지 말자. 나머지는 여행용가방에 넣어서 트렁크에 넣어나 숙소에 놓아두는 것이 가장 좋다.

3. 자신의 은행계좌에 연결해 꺼내 쓸 수 있는 체크카드나 현금카드를 따로 가지고 다니자.
현금은 언제나 없어지거나 소매치기를 당할 수 있다. 그래서 현금을 쓰고 싶지 않지만 신용카드도 도난의 대상이 된다. 신용카드는 도난당하면 더 많은 문제를 발생시킬 수 있으므로 통장의 현금이 있는 것만 문제가 발생하는 신용카드 기능이 있는 체크카드나 현금카드를 2개 이상 소지하는 것이 좋다.

4. 여권은 인터넷에 따로 저장해두고 여권용 사진은 보관해두자.
여권 앞의 사진이 나온 면은 복사해두면 좋겠지만 복사물도 없어질 수 있다. 클라우드나 인터넷 사이트에 여권의 앞면을 따로 저장해 두면 여권을 잃어버렸을 때 프린트를 해서 한

국으로 돌아올 때 사용할 단수용 여권을 발급받을 때 사용할 수 있다. 여권용 사진은 사용하기 위해 3~4장을 따로 2곳 정도에 나누어 가지고 있는 것이 좋다. 예전에 여행용 가방을 잃어버리면서 여권과 여권용 사진도 분실한 경우를 보았는데 부부가 각자의 여행용 가방에 동시에 2곳에 보관하여 쉽게 해결할 경우를 보았다.

5. 스마트폰은 고리로 연결해 손에 끼워 다니자.

스마트폰을 들고 다니면서 사진도 찍고 SNS로 실시간으로 한국과 연결할 수 있는 귀중한 도구이지만 스마트폰은 도난이나 소매치기의 표적이 된다. 걸어가면서 손에 있는 스마트폰을 가지고 도망하는 경우도 발생하기 때문에 스마트폰은 고리로 연결해 손에 끼워서 다니는 것이 좋다. 가장 좋은 방법은 크로스백 같은 작은 가방에 넣어두는 경우지만 워낙에 스마트폰의 사용빈도가 높아 가방에만 둘 수는 없다.

6. 여행용 가방 도난

여행용 가방처럼 커다란 가방이 도난당하는 것은 호텔이나 아파트가 아니다. 저렴한 YHA 에서 가방을 두고 나오는 경우와 당일로 다른 도시로 이동하는 경우이다. 자동차로 여행을 하면 좋은 점이 여행용 가방의 도난이 거의 없다는 사실이다. 하지만 공항에서 인수하거나 반납하는 경우가 아니면 여행용 가방의 도난은 발생할 수 있다는 사실을 인지해야 한다. 호텔에서도 체크아웃을 하고 도시를 여행할 때 호텔 안에 가방을 두었을 때 여행용 가방을 잃어버리지 않으려면 자전거 체인으로 기둥에 묶어두는 것이 가장 좋고 YHA에서는 개인 라커에 짐을 넣어두는 것이 좋다.

7. 지나친 호의를 보이는 현지인

유럽 여행의 어느 나라든 여행에서 지나친 호의를 보이면서 다가오는 현지인을 조심해야 한다. 오랜 시간 여행을 하면서 주의력은 떨어지고 친절한 현지인 때문에 여행의 단맛에 취해 있을 때 사건이 발생한다. 영어를 유창하게 잘하는 친절한 사람이 매우 호의적으로 도움을 준다고 다가온다. 그 호의는 거짓으로 호의를 사서 주의력을 떨어뜨리려고 하는 것이다. 화장실에 갈 때 친절하게 가방을 지켜주겠다고 한다면 믿고 가지고 왔을 때 가방과 함께 아무도 없는 경우가 발생한다. 피곤하고 무거운 가방이나 카메라 등이 들기 귀찮아지면 사건이 생기는 경우가 많다.

알프스 자동차 여행을 해야 하는 이유

■ 나만의 환상의 알프스 여행

자동차 여행에서 가장 큰 장점은 나만의 여행을 다닐 수 있다는 것이다. 버스나 기차를 이용해 다니는 일반적인 알프스 기차 여행과 달리 이동 수단의 운행 여부나 시간에 구애 받지 않고 본인이 원하는 시간에 이동이 가능하며, 대중교통으로 이동하기 힘든 알프스의 소도시 위주의 여행을 할 수 있어서 최근에 자동차 여행은 급격하게 늘어나는 추세이다.

■ 짐에서 해방

알프스를 여행하면 울퉁불퉁한 돌들이 있는 거리를 여행용 가방을 들고 이동할 때나 지하철에서 에스컬레이터 없이 계단을 들고 올라올 때 무거워 중간에 쉬면서 이렇게 힘들게 여행을 해야 하는 지를 자신에게 물어보는 여행자가 의외로 많다는 사실을 알았다. 일반적인 알프스 여행과 다르게 자동차 여행을 하면 숙소 앞에 자동차가 이동할 수 있으므로 무거운 짐을 들고 다니는 경우는 손에 꼽게 된다.

■ 줄어드는 숙소 예약의 부담

대부분의 알프스 여행이라면 도시 중심에 숙소를 예약을 해야 하는 부담이 있다. 특히 성수기에 시설도 좋지 않은 숙소를 비싸게 예약할 때 기분이 좋지 않다. 그런데 자동차 여행은 어디든 선택할 수 있으므로 자신이 도착하려는 곳에서 숙소를 예약하면 된다. 또한 내가 어디에서 머무를지 모르기 때문에 미리 숙소를 예약하지 않고 점심시간 이후에 예약을 하기도 한다.

도시 중심에 숙소를 예약하지 않으면 숙소의 비용도 줄어들고 시설이 더 좋은 숙소를 예약할 수 있게 된다. 자동차 여행을 하다보면 여행 일정이 변경되는 경우가 많다. 알프스 소도시에는 성수기에도 당일에 저렴하게 나오는 숙소가 꽤 있기 때문에 숙소를 예약하는 데 부담이 줄어들게 된다.

■ 줄어드는 교통비

알프스 여행을 기차로 하려고 가격을 알아보면 상당히 비싼 기차 비용을 알게 된다. 그러므로 유레일패스를 일찍 예약하면 할인을 받을 수 있다는 사실을 알고 할인 구입을 한다. 하지만 유레일 패스는 상당히 비싼 편이다. 또한 예약비를 추가해야 하므로 상당한 비용이 발생한다. 그래서 유럽인들은 저가항공을 이용하는 경우가 대부분이다.

그런데 자동차 여행을 2인 이상이 한다면 2주 정도의 풀보험 렌터카 예약을 해도 100만 원 정도에 유류비까지 더해도 150만 원 정도면 가능하다. 교통비를 상당히 줄일 수 있다는 사실을 알 수 있다.

■ 줄어든 식비

대형마트에 들러 필요한 음식을 자동차에 실어 다니기 때문에 미리 먹을 것을 준비하여 다니는 식비 절감을 알게 된다. 하루에 점심이나 저녁 한 끼를 레스토랑에서 먹고 한 끼는 숙소에서 간단하게 요리를 해서 다니면 식비 절감에 도움이 된다.

■ 소도시 & 트레킹 여행이 가능

시간이 한정적인 직장인이나 학생, 가족단위의 여행자들은 소도시와 트레킹 여행이 쉽지 않다. 자동차로 소도시 여행은 더욱 쉽다. 도로가 복잡하지 않고 교통체증이 많지 않아 이동하는 피로도가 줄어든다. 그래서 자동차로 트레킹 위치까지 이동해 트레킹을 하는 여행자가 늘어난다. 처음에는 자동차로 운전하는 경우에 사고에 대한 부담이 크지만 점차 운전에 대한 위험부담은 줄어들고 대도시가 아니라 소도시 위주로 여행일정을 변경하기도 한다.

알프스 자동차 여행의 단점

자동차 여행 준비의 부담

처음 자동차 여행을 준비하는 사람에게는 큰 스트레스가 될 수 있다. 일반적인 유럽여행과는 다르게 자동차를 가지고 여행을 하는 것은 다른 여행 스타일이 만들어지기 때문에 출발 전에 부담이 될 수 있다.

운전에 대한 부담

기차로 이동을 하면 이동하는 시간 동안 휴식이나 숙면을 취할 수 있지만 자동차 여행의 경우에는 본인이 운전을 해야 하므로 피로도가 증가할 수 있다. 그래서 자동차 여행을 일정을 빡빡하게 만들어서 모든 것을 다 보고 와야겠다고 생각한다면 스트레스와 함께 다 볼 수 없다는 생각에 실망할 수도 있다.

1인 자동차 여행자의 교통비 부담

혼자서 여행하는 경우에는 기차 여행에 비해 더 많은 교통비가 들 수도 있으며, 동행을 구하기 어렵다. 동행이 생겨 같이 여행해도 렌트 비용에서 추가적으로 고속도로 통행료, 연료비, 주차비 등의 비용이 발생하는 데 서로간의 마찰이 발생하기도 한다.

알프스 자동차 운전 방법

■ 추월은 1차선, 주행은 반드시 2, 3차선(기본적인 운전 방법)

유럽에서 운전을 하는 기본적인 방법은 동일하다. 우측차선에서 주행하는 기본적인 방법이 EU 국가들에서는 법으로 규제하고 있다. 1차선은 추월하는 차선이며, 주행은 반드시 2, 3차선으로만 한다. 1차선에서 일정 구간 이상 주행을 하면 위법이 된다고 하는 데, 실제로 1차선에서 운전하기가 힘들다. 왜냐하면 뒤에서 나타난 차에서 계속 비켜달라고 소리를 내거나 점화등으로 표시를 하기 때문에 차선을 옮겨줘야 한다.

특히 체코나 독일은 속도를 즐기는 운전자들이 상당히 많다. 그러므로 추월을 한다면 후방 1차선에 고속으로 주행하고 있는 자동차가 없는지 꼭 확인해야 한다. 고속도로에서 110km/h이지만 150km/h 이상 주행하는 차들도 많다.

■ 운전 예절

유럽의 고속도로는 편도 2차선(왕복 4차선) 고속도로가 많다. 이때 2차선으로 주행하고 있는데 우측 진입로로 차량이 들어오는 것이 보았다면 추월하는 1차선으로 미리 들어가 진입 차량의 공간을 확보해주는 것도 볼 수 있다. 추월하는 1차선에서 고속으로 주행하고 있는데, 속도가 느린 차량이나 트럭이 추월중이여서 길이 막힐 때, 알아서 비켜줄 때까지 기다려야 한다. 그래도 안 비켜준다면 왼쪽 깜빡이를 켜주어 운전자에게 알려주는 것이 좋다. 안 비켜준다면 그 다음 방법으로 상향등을 켜면 된다. 빠른 속도를 즐기는 운전자들이 많은 동유럽 차들은 잘 비켜주는 편이다.

전조등

나라별로 전조등 사용 기준이 다르다. 서머타임 기간으로 구분하는 나라도 있지만, 도심이나 외곽으로 구분하는 나라도 있다. 다만 운전을 끝내고 주차하면서 전조등이 켜져 있는 지 확인해야 한다. 차량의 밧데리가 방전될 수 있기 때문이다. 필자도 전조등을 켜고 급하게 내리면서 확인을 안 하고 내려서 관광을 한 수 돌아왔다가 밧데리 방전으로 고생을 한 기억이 있다.

1 운전을 한다면 전조등 사용에 고민할 필요가 없다. 대부분의 나라들이 겨울에는 24시간 의무로 전조등을 켜고 다니며, 고속도로에서도 의무적으로 켜야 하는 나라들이 대부분이다.
2 일반 국도나 시내에서 전조등을 켜고 다니는 것이 편리하다. 다만 렌터카를 주차하고 나면 전조등을 껐는 지 확인하는 습관이 필요하다.

■ 국도의 자전거를 조심해야 한다.

고속도로는 아니지만 국도에서 운전을 하면 주말에 특히 자전거를 타는 사람들을 많이 보게 된다. 자전거 전용도로가 있는 것이 아니기 때문에 좁은 도로에서는 조심히 자전거를 타는 사람들을 보호해야 한다.

실제로 운전을 하면서 자전거를 귀찮은 존재로 생각하는 대한민국의 운전자를 보고 상당히 놀란 기억이 있다. 자전거는 도로 위에서 탈 수 있기 때문에 나의 운전을 방해하는 사람들이 아니다. 그들은 보호받을 권리가 있다.

■ 유럽 국가들의 제한속도

대부분 유럽 연합 국가들의
1. 고속도로 제한속도는 110~130Km/h이다.
2. 국도는 90~100Km/h이고 도시나 마을에 진입하면 50Km/h이하로 떨어진다.

해당 국가의 제한속도는 국경을 지나면 커다란 안내판으로 표시를 하고 있다. 왜냐하면 솅겐 조약 국가들끼리는 국경선이 없고 아무 제한 없이 이동이 가능하기 때문에 반드시 표지판을 살펴보는 습관이 필요하다.

> **제한속도 이상으로 주행하는 운전자에게**
>
> 고속도로의 제한 속도가 130km/h이므로 처음에 운전을 하면 빠르게 느껴서 그 이상의 속도로 운전하는 경우가 없지만 점차 속도에 익숙해지면 점점 주행속도가 올라가기 시작한다. 이때 조심해야 한다. 충분한 빠르다고 느끼는 제한속도이므로 과속을 한다면 감시카메라를 잘 살펴봐야 한다.

■ 유럽 연합 고속도로 번호

각각의 고속도로는 고유 번호를 가지고 있다. 유럽 연합 국가들의 고속도로는 "E"로 시작되는 공통된 번호를 가지고 있다. 또한 기존에 사용하던 자국의 고속도로 고유 번호를 함께 사용하므로 지도나 기타 정보를 확인하여야 한다. 예를 들어 오스트리아는 'E60-A1'를 사용하고 헝가리는 'E60-M1'를 동시에 사용한다.

■ 감시카메라

발칸 반도의 국가들을 제외하고 대부분의 유럽 연합 국가들의 감시카메라는 많은 수는 아니지만 고정형으로 설치되어 있다. 정말 아주 가끔 이동형을 볼 수 있다. 고정된 감시카메라는 몇 백 미터 전에 [Radar Control] 이라는 작은 표지판이 중앙분리대에 설치되어 있다.

이동하면서 감시할 수 있는 감시카메라는 미리 확인할 수 있는 방법은 없지만 단속하는 곳은 마을에 진입하여 속도를 줄여야 하는 제한속도 변동 구간에서 단속하게 된다. 특히 주말과 공휴일은 경찰이 사전에 미리 이동형 카메라로 매복을 하고 있다가. 차량들이 많아서 빠르게 이동하고 싶은 운전자들이 많을 때를 노리게 된다. 이럴 때 경찰을 욕하면서 딱지를 떼이지만 운전자 본인이 잘못했다는 사실을 알아야 한다. 제한 속도만으로 운전을 해도 충분히 빠르게 이동이 가능하다는 사실을 인지하자. 또한 이동형 감시카메라가 수시로 준비할 수 있다.

■ 휴게소

유럽 연합 국가들의 주유소는 편의점과 함께 운영하고 있다. 그래서 작은 주유소와 편의점이 휴게소가 된다. 고속도로의 휴게소가 대한민국처럼 크고 시설이 좋지 않고 중간에 주차 구역과 화장실이 있는 작은 간이 휴게소들이 상당히 많다.

■ 주차

운전을 하다보면 다양한 상황에 놓일 가능성이 있다. 주차요금을 아끼겠다고 불법주차를 하는 경우는 절대 삼가야 한다. 주차요금보다 벌금은 상당히 많고 차량의 바퀴에 자물쇠가 채워지면 더욱 상황이 복잡하다. 기다리고 경찰과 이야기를 하고 벌금을 낸 후에야 자물쇠를 풀어준다. 또한 갓길에 주차를 하게 되는 상황이라면 반드시 비상등을 켜고 후방 50m 지점에 삼각대를 설치하고, 야광 조끼를 착용해야 한다. 휴게소에서 주차는 차량이 많지 않기 때문에 주차에 문제가 발생할 상황은 없다.

■ 고속도로 운행 필수품

비상 상황에서 필요한 삼각대와 야광 조끼를 반드시 차내에 비치해야 한다. 야광 조끼는 렌터카 차량의 최대 승차인원만큼 비치를 규정하는 국가들이 많다. 따라서 차량 리스 / 렌트에서 삼각대와 야광 조끼가 있는지 꼭 확인하자. 야광 조끼의 경우 직접 구매해야 하는 경우가 많은데 대형 할인마트에서 저렴하게 구입할 수 있다.

여권, 국제면허증, 차량등록증, 렌트/리스 계약서, 보험확인증 등은 반드시 휴대해야 하며, 오스트리아의 경우 한국 면허증도 함께 휴대해야 한다.

유럽의 통행료

유럽에서 자동차여행을 하면, 국가별로 고속도로 통행료를 내는 방식이 다르다는 사실을 알게 된다. 솅겐조약으로 인해 유럽의 국가들은 국경선을 자유롭게 이동해야 하는 상황에서 각국은 다양한 통행료 징수 방법을 찾아내게 된다.

■ 고속도로 통행료 징수 방법

대한민국과 같은 구간별로 톨게이트Tollgate를 지날 때마다 통행료를 내는 방법과 일정기간 동안 무제한으로 사용할 수 있는 기간별 방법인 비네트 구입을 통행자가 구입하는 방법이 있다.

톨게이트(Tollgate : 대한민국과 동일)

대부분의 유럽 국가들은 톨게이트를 운영하면서 통행료를 징수한다. 가장 쉬운 방법일 수 있지만 운전자는 시간이 지체되는 단점이 있다. 폴란드, 독일 등이다. 해외에서 톨게이트를 지나려면 사전에 동전을 미리 준비해 놓아야 한다. 또한 최근에 무인 톨게이트가 있어서 돈이나 충분한 동전이 없을 경우 유인톨게이트 차선을 찾아 들어가야 한다.

비네트(Vignette)

서유럽과 달리 동유럽은 비네트Vignette를 사용하는 국가들이 많다는 것이다. 동유럽의 오스트리아, 체코, 헝가리가 대표적이며 발칸 반도의 루마니아, 불가리아 등이다.
비네트Vignette는 유럽을 여행하는 여행자에게 유혹을 일으키게 만든다. 그러나 비네트Vignette를 구입하지 않은 경우가 한 번이라도 생겨서 구입하지 않고도 지나쳐서 좋아했다면 분명

히 다음 나라에서 문제가 발생할 수 있다. 벌금은 더욱 많은 비용을 추가로 발생시키므로 주의하자.

비네트(Vignette)

비네트(Vignette)는 1주일(7일), 10일, 30일, 1년 등으로 구분되어 있다. 비네트(Vignette)는 대부분의 주유소에서 구입할 수 있으며, 국경에서는 작은 비네트(Vignette) 구입부스 또는 옆 나라 주유소에서 미리 구입할 수도 있다. 비네트(Vignette)는 차량의 앞면 유리에 부착해야 하며, 구입한 영수증은 꼭 차내에 보관해야 한다.

구입 후 앞 유리창 지정된 위치에 부착해야 한다. 스티커를 사용하지 않고, 운전석 왼쪽 창틀에 그냥 끼워 넣어도 되지만 최근에는 중복 사용을 금지하기 위해 차량번호를 기재하고 부착을 안 하는 주유소도 있다. 이때는 경찰이 비네트(Vignette) 구입 영수증 제시를 요구하는 경우가 있다. 가끔 다른 운전자가 사용하던 비네트(Vignette)를 받는 경우가 있는데, 이때는 영수증을 함께 받는 것이 좋다.

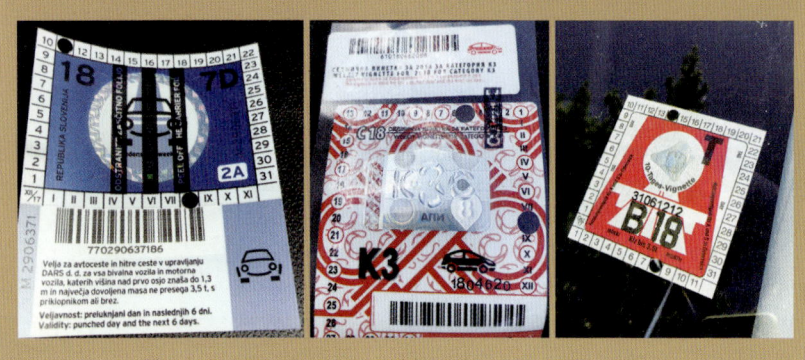

■ 주의사항

비네트Vignette 이용 국가들은 고속도로 진출입로에 톨게이트가 없기 때문에 비네트Vignette 없이도 고속도로 이용이 가능하다. 적발될 경우 과중한 벌금을 내야 하므로 마음 편하게 구입해서 운전하는 것이 좋다. 특히 발칸반도의 루마니아 같은 나라들은 국경선을 통과하면서 국경 검문소를 통과해야 하므로 진출입로에서 비네트 구입을 확인하고 구입을 안 하면 벌금을 내야 한다. 동유럽의 헝가리는 많은 진출입로에서 이동카메라로 원격 검색을 하고 있다는 사실도 알아야 한다. 반드시 사전에 비네트를 구입하여 다니도록 하자.

알고 떠나자! 비네트(Vignette)

우리에게 낯선 통행료 징수방법은 비네트Vignette라는 것이다. 동유럽의 도로를 여행하면서 적절한 장소에서 유리창에 부착하는 '비네트Vignette'또는 스티커를 요구하기 때문에 자동차 운전자가 지불한 경비를 볼 수 있다. 이 스티커는 고속도로에서 탈 수 있는 도로 세금을 납부하였다는 것을 의미한다. 대부분 10일 이내의 비네트를 구입하게 된다. 10일간의 스티커 비용은 국가마다 대부분 다르다.

어디에서 비네트를 살 수 있을까?

비네트는 국경 근처의 휴게소, 주유소에서 구입이 가능하다. 해당 국가에 도착하기 전에 주유소, 담배 가게, 고속도로 휴게소에서 경계 국가의 비네트를 구입할 수 있다. 국경 지대가 있다면 국경 횡단에서 다시 구입할 수 있지만 외부에 있는 운전자가 안전하게 할 수 있는 일은 국경에서 적어도 10㎞에 도달하기 전에 구입하는 것이다.

벌금

국경을 통과하는 진입로에 임박해서 구입하지 못했다는 것을 인지하여 돌아가려고 한다면 비네트를 구입할 수 없으며 벌금을 부과 받게 된다. 만약 통행권을 사지 않고 다닌다면 적발이 안 되면 상관없지만 적발이 되면 벌금이 있으니 유의하고 반드시 해당 국가의 비네트를 구매 후 여행하는 것이 마음이 편하다. '특별 세금'이라고 하는 벌금으로 그 자리에서 지불해야 한다. 그렇지 않으면 특별 절차가 진행되고 벌금이 인상된다.
▶ 각 나라별 통행권 요금 조회 | http://www.dalnicni-znamky.com/en/

부착방법

비네트Vignette 스티커는 제거하거나 다시 부착 할 수 없다. 필요한 기간에 따라 통행권 구입이 가능하고 뒷면의 붙이는 방법과 위치 설명을 잘 읽고, 차 앞쪽 유리에 붙이면 된다. 스티커를 구입하여 앞 유리의 '왼쪽 위'나 앞 '유리 안쪽의 백미러' 장착 지점 아래 중앙에 있는 비네트 뒷면에 지정된 곳에 부착해야 한다. 착색될 경우, 짤막하게 보이는 부분을 착색 부분 아래에 부착해야 명확하게 볼 수 있다.

유럽 고속도로 통행권 가격 / 정보

1. **무료인 국가** : 독일/영국/벨기에/네덜란드/덴마크
2. **우리나라와 동일한 방식의 톨게이트 징수 국가** : 이탈리아/프랑스/스페인/포르투갈
3. **기간에 따른 통행료 비네트(Vignette)을 사용하는 국가** : 스위스/오스트리아/체코/헝가리/슬로베니아/불가리아 등 동유럽 대부분 국가

France

프랑스

Annecy | 안시
Chamonix(Mont-Blanc) | 샤모니(몽블랑)

France

한눈에 보는 프랑스

서유럽에서 국토의 면적이 가장 넓은 나라로 다양한 기후와 자연을 볼 수 있다. 북쪽의 평야지대부터 남쪽의 지중해와 하얀 모래가 펼쳐지는 해변, 중부에는 빙하에 뒤덮인 알프스 산맥도 있다.

- ▶수도 | 파리
- ▶면적 | 5,490만 8,700ha (48위)
- ▶인구 | 6,558만 4,514명 (22위)
- ▶언어 | 프랑스어
- ▶화폐 | 유로(€)
- ▶GDP | 38,625달러
- ▶종교 | 가톨릭, 신교, 유대교, 이슬람교
- ▶시차 | 7시간 느리다.(서머 타임 때는 8시간)

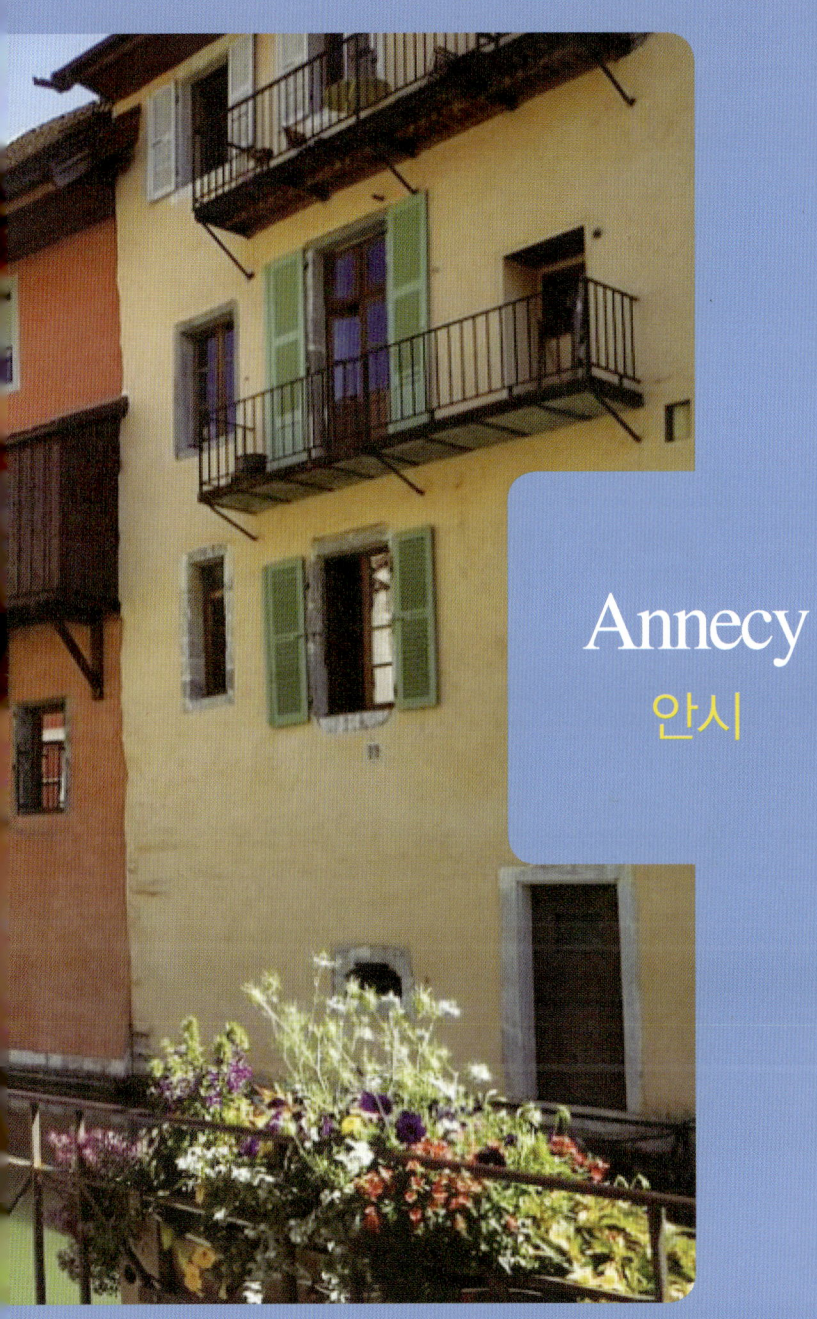

Annecy
안시

안시
ANNECY

인구 5만 명의 안시는 해발 448m에 자리하고 있다. 알프스 계곡의 산자락 아래에 있는 이 작은 도시는 휴가철을 맞아 찾아온 관광객에게 편안함과 안락함을 제공한다. 박물관이나 다른 볼거리가 많지는 않지만 수상 스포츠와 자전거나 하이킹을 많이 즐기고 겨울에는 스키장으로 유명한 도시이다.

천천히 호숫가에 앉아 백조들에게 비스킷을 던져주던지 제라늄으로 메워진 구시가지의 운하 주변을 따라 걸으며 한적한 시간을 보내면 어느새 지친 심신이 모두 풀릴 것이다.

한눈에
안시 파악하기

기차역과 버스터미널은 구시가 북서쪽 500m 거리에 있으며, 신시가지는 중앙 우체국과 복합 건물로 이어져 있다. 호수마을인 안시 레 비에우Annecy Le Vieux는 안시 동쪽에 있다.

13~16세기에 지어진 안시 고성은 올드 타운에 있으며 현재 지역 박물관으로 사용된다. 이 고성에서 내려다본 구시가와 호수 주변의 전경은 황홀할 정도로 눈부시다. 박물관에는 이 지역의 역사와 자연 문화에 대한 자료와 기록이 상세히 전시되고 각종 예술품도 소개해 사부아Savoie 지방의 문화와 역사를 이용하는 데 큰 도움이 된다. 도시 중심부에 자리한 올드 타운은 13세기 이후 변하지 않은 중세 무대를 그대로 간직하고 있다.

안시의 매력

사실 프랑스의 다른 도시에서 안시처럼 호수를 끼고 아름다운 운하가 흐르는 올드 타운을 찾기는 쉽지 않다. 믿을 수 없을 만큼 푸른 호수인 안시 호수^{Lac d' Annecy}는 북쪽에 위치해 있다. 편안하게 휴가를 보낼 수 있는 곳으로 제라늄이 핀 구시가 운하를 따라 여유롭게 산책을 할 수 있다.

안시의 구시가 모양은 노천카페와 레스토랑이 줄지어 선 띠우 운하^{Canel du Thiou}를 따라 형성되어 있다. 고전주의의 부활을 선포라도 하듯 안시의 구시가는 공간과 공간 건물과 건물이 고리 같은 중세의 복잡한 연결 구조로 이루어져 있다.

안시 둘러보기

산책을 하면서 호수와 꽃, 잔디, 고색창연한 건물을 보며 전원의 정취를 흠뻑 느껴보는 것이 안시 Annecy에서 꼭 해야 할 일이다. 레스토랑이 줄지어 있는 운하의 양쪽에는 좁은 길이 구시가로 이어져 있고 현대적인 건물도 있지만 17세기 건물도 많이 볼 수 있다.

안시 중앙의 섬은 이전에는 감옥으로 사용되고 있었던 곳으로 현재는 역사박물관으로 사용되고 있다. 안시 박물관 Musee d'Annecy은 안시를 굽어보고 있는 언덕지대에 16세기 안시 성 Chateau d'Annecy 안에 있다. 현대적인 전시물과 지역 색이 강한 작품들이 전시되어 작품을 감상하는 관광객이 많지 않지만 안시의 전망을 보기 위해서 관광객이 찾는다.
그 아래에는 백조와 오리들이 유영하는 맑은 운하가 흐르며 로맨틱한 풍광을 자아낸다. 안시는 스위스 제네바 Geneva에서 가깝다. 또한 몽블랑 Mont Blanc을 프랑스의 대표적인 스키 리조트 타운인 샤모니 Chamonix에서도 쉽게 방문할 수 있다.

안시의 또 다른 이름
알프스의 베니스

스위스와 국경을 마주하고 이탈리아 북부에서 멀지 않은 프랑스 남동부 론알프$^{Rhône-Alpes}$ 지방에 위치한 안시^{Annecy}는 도시를 둘러싼 웅장한 알프스 산맥 아래 프랑스에서 2번째로 큰 규모의 투명한 에메랄드 빛 호수를 자랑하는 아름다운 호반도시이다.

오랜 역사와 문화를 지닌 안시는 중세시대의 아기자기한 건물들이 보존되어있는 구시가지$^{Vieille\ ville}$를 비롯해 스위스의 여름 휴양지가 생각나는 호수 주변 자연 경관, 도시 전체에 유유히 흐르는 티우^{Thiou}와 바세^{Vassé} 운하 등 프랑스적이면서도 이국적인 풍경을 선사해 '알프스의 베니스$^{Venise\ des\ Alpes}$'라고 불리기도 한다.

더운 여름에는 호수에서 수상 레포츠를, 추운 계절에는 알프스 산맥에서 스키를 즐기기 위해, 안시에는 1년 내내 관광객의 발길이 끊이지 않는다. 알프스의 스키 리조트에서 즐기는 스위스식 치즈, 퐁듀의 맛도 일품이다. 6월에는 세계적인 명성을 자랑하는 국제 애니메이션 페스티벌이 열리는데 1960년 처음으로 개최된 안시 애니메이션 페스티벌에는 매년 5만 명 이상의 방문객이 몰린다.

Chamonix
Mont-Blanc
샤모니 (몽블랑)

샤모니 몽블랑
CHAMONIX-MONT-BLANC

기름진 골짜기에 하늘을 찌를 듯 솟아있는 눈 덮인 봉우리가 있는 프랑스 알프스 지역은 세계에서 가장 멋진 산악 풍경 중 하나이다. 여름에는 하이킹을 할 수 있으며, 다양한 레포츠를 즐길 수 있다. 겨울에는 스키 휴양지들로 전 세계의 스키인들이 몰려온다.

샤모니? 몽블랑?

프랑스 남동부 알프스 산맥 서쪽에 자리한 사부아^{Savoie} 지방의 대표적인 도시, 샤모니-몽블랑$^{Chamonix-Mont-Blanc}$은 이름 그대로 유럽 최고의 높이를 자랑하는 몽블랑$^{Mont-Blanc}$을 오르기 위해 반드시 거쳐 가야 할 도시이다.

프랑스, 스위스 이탈리아까지 이어진 알프스 산맥과 주변 지역은 오래 전 산악고지대의 험난한 기후 때문에 아무도 찾지 않는 곳이었으나 이후 오랜 세월 동안 사부아 지역을 둘러싼 주변 국가들의 영토 싸움이 이어지며 주인이 빈번히 바뀌었다. 1860년 이탈리아의 사르데냐-피에몬테$^{Sardegna\ Piemonte}$ 왕국이 사부아 지역을 나폴레옹 3세에게 할양함으로써 프랑스의 영토가 되었다.

가는 방법
샤모니^{Chamonix}에서 케이블카를 타고 미디 봉$^{Aiguille\ du\ Midi}$로 올라가면 몽블랑의 빙하가 있는 빙원과 그 뒤로 마테호른의 웅장한 모습을 볼 수 있다. 기차를 타고 몽탕베르^{Montenvers}로 올라가면 유럽에서 가장 긴 빙하인 얼음의 바다를 불리는 '메르 드 글라스$^{Mer\ de\ Glace}$'를 볼 수 있다.

치즈 퐁뒤(fondue savoyarde)
알프스 산악지대, 사부아 지방의 가장 유명한 전통 음식으로는 치즈 퐁뒤(fondue savoyarde)를 꼽을 수 있다. 다양한 치즈를 불에 녹여 빵, 감자와 소시지 등을 긴 꼬챙이에 꽂아 녹은 치즈에 찍어 먹는 요리로, 스위스 음식이기도 하지만 추운 날씨에 즐겨먹는 겨울철 프랑스의 대표요리이기도 하다.

샤모니
Chamonix

프랑스 알프스에서 가장 멋진 풍경으로 둘러싸인 샤모니Chamonix는 알프스 북쪽 산자락에 있는 마을로 장대함에 있어서 알프스에서 손에 꼽힌다. 알프스에서 가장 높은 4,807m의 몽블랑Mont Blanc은 얼음에 뒤덮인 뾰족 솟은 봉우리들 사이의 계곡들로 빙하들이 사방에 둘러싸여 있다.

샤모니Chamonix는 프랑스에서 처음 스키장이 생겨난 도시 중 하나로, 1900년대에 들어서며 큰 인기를 끌고 철도와 케이블카 등 다양한 시설을 갖추게 되었다. 1920년에는 샤모니 - 몽블랑Chamonix-Mont-Blanc으로 지역 명칭이 바뀌었는데, 이는 이웃국가인 스위스의 스키장들이 몽블랑의 명성을 이용해 이득을 취하지 못하게 하려 했기 때문이라고 한다.

이후 겨울 스포츠의 중심도시로 급부상한 샤모니 - 몽블랑에서는 1924년, 최초의 동계올림픽이 열리기도 하였다. 오늘날 샤모니 - 몽블랑에서는 겨울 뿐만 아니라 여름에도 등산, 하이킹 등 다양한 활동을 즐길 수 있어 1년 내내 수많은 관광객이 몰린다.

몽블랑
Mont Blanc

샤모니-몽블랑에서 빼놓을 수 없는 것은 뛰어난 자연경관이다. 알프스 산맥의 봉우리마다 전망대가 설치되어 있어 경치를 감상할 수 있다. 몽블랑Mont Blanc 산 주변은 3개의 나라와 6개의 고개가 있다. 알프스 서남부에 위치한 몽블랑Mont Blanc은 서유럽에서 가장 높은 봉우리인 4,808m로 몽블랑 산을 둘러싼 7개의 골짜기들이 이어진 하이킹 루트가 있다. 오래전부터 있었던 하이킹 루트는 프랑스에서 스위스, 이탈리아의 세 나라를 따라 이어져 각자의 언어와 문화를 가지고 발전해왔다.

가장 유명한 봉우리는 에귀드미디Aiguille du Midi로, 몽블랑을 가장 가까이서 감상할 수 있는 곳이기도 하다. 또 다른 봉우리인 르브레방Le Brévent에서는 몽블랑의 가장 멋진 자태를 볼 수 있다고 한다. 만년설로 덮인 산봉우리 외에도 눈이 녹아내린 뒤 얼어붙으며 생겨난 얼음바다 '메르드글라스Mer de glace'의 빙하들과 얼음으로 된 동굴 등을 감상할 수 있다.

샤모니Chamonix에서 시계방향으로 가다가 6개의 고개 중에서 첫 번째 봉우리인 발므 고개Col de Balme를 지나 스위스로 이어진다. 그 다음으로 호숫가 마을인 샹페Champex로 향한다. 2,580m 높이의 그랑 콜 페레Grand Col Ferret를 넘어가면 이탈리아의 아름다운 아오스타 언덕Valle d'Aosta에 들어간다. 다음으로 다시 프랑스로 이어진 세뉴 고개Col de Seigne를 넘는다.

고대에 가축들이 짐을 나르며 지나던 루트를 따라 가기 때문에 하이킹 루트가 형성되어 있다. 침엽수림과 진달래, 자줏빛 이질풀, 짙은 청색의 용담 등이 흩뿌려져 있는 알프스 산지의 초원은 눈을 뗄 수 없게 만든다.
위로 솟은 뾰족한 바위들과 깊고 예리한 크레바스가 있는 빙하까지 서쪽 알프스의 큰 봉우리는 감동하게 만든다. 깊게 이어진 도로를 따라가면 들려오는 소리는 바람소리와 가끔 폭포에서 떨어지는 물소리뿐이다.

BILLETTERIE PIÉTONS	어른	소인	가족
에귀뒤미디(AIGUILLE DU MIDI) – 라 발레 블렁슈(VALLÉE BLANCHE) 3777M			
A/R Chamonix → top 3777m	63,00€	53,60€	195,40€
Aller simple Chamonix → top 3777m	50,00€	42,50€	–
A/R Chamonix → Plan de l'Aiguille 2317m	18,50€	15,70€	–
Aller simple Chamonix → Plan de l'Aiguille 2317m	16,50€	14,00€	–

에귀 디 미디 전망대
Aiguille du Midi

3,842m의 미디 봉Aiguille du Midi은 몽블랑 정상에서 8km 떨어진 한적한 바위산이다. 샤모니에서 미디 봉Aiguille du Midi으로 가는 케이블카는 세계에서 가장 높고 아찔한 구간으로 마지막 구간에는 미디봉까지 거의 수직으로 내려간다. 이곳에서 내려다보는 빙하와 눈 덮인 평원, 바위가 많은 산들은 평생 잊지 못할 절경이다.

르 브레방
Le Brevent

계곡의 서쪽에서 가장 높은 봉우리인 2,525m인 몽블랑의 빼어난 전경을 볼 수 있는 곳이다. 샤모니에서 이곳까지는 곤돌라를 갈아타고 올 수 있다.

얼음의 바다
Mer de Glace

길이 14km, 폭 1,950m, 깊이 400m인 얼음의 바다 Mer de Glace는 1,913m 정상까지 등반열차가 생겨 인기가 있는 관광지가 되었다. 등반 열차와 얼음 동굴로 가는 곤돌라, 동굴 입장료가 있어서 비용은 만만하지 않다.

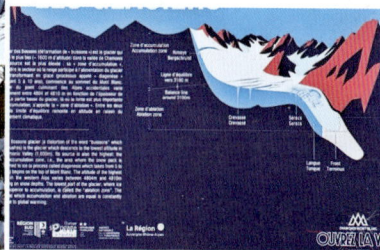

Switzerland
스위스

Luzern | 루체른
Zurich | 취리히
Interlaken | 인터라겐
Bern | 베른
Geneva | 제네바
Basel | 바젤
Zermatt | 체르마트

한눈에 보는 스위스

- ▶ **수도** | 베른
- ▶ **언어** | 독일어, 프랑스어, 이탈리아어
- ▶ **화폐** | 스위스 프랑(CHF)
- ▶ **면적** | 412만 9,070ha
- ▶ **인구** | 885만 1,431명
- ▶ **GDP** | 3만 4,318.35달러
- ▶ **종교** | 가톨릭 38.6%, 개신교 28%, 이슬람교 4.5%
- ▶ **시차** | 8시간 느리다. (서머 타임 기간 동안은 7시간 느리다.)

기후
동서로 뻗은 알프스산맥 남쪽의 티치노 주는 비교적 온난한 지중해성기후의 영향을 받으나, 북쪽은 기온차가 적은 온난다우의 서안해양성기후와, 기온차가 큰 건조한 대륙성기후가 서로 영향을 주고받는 변덕스러운 중간형 기후이다.

지형
서유럽 한 가운데 위치한 스위스는 프랑스, 독일, 리히텐슈타인, 오스트리아, 이탈리아에 둘러싸인 국가이다. 알프스 산맥은 스위스의 중, 남부 지역에 걸쳐 있고, 북동쪽의 주라 산맥은 프랑스의 국경과 접해 있다. 이 2개의 산맥 사이에 자리한 베른의 미텔란트 언덕, 강, 계곡지대에 스위스의 도시들이 몰려있다.

알프스 지역
국토의 60%가 산악지역이며, 25%지역이 숲으로 덮여 있다. 농업은 집약적으로 이루어지고 소들은 여름에 눈이 녹으면 고지대로 올라가 사육된다. 몬테 로사$^{Monte\ Rosa}$의 두포 봉우리^{Dufour}가 4,634m로 최고봉이지만 4,478m의 마테호른봉^{Matterhorn}이 더 유명하다.

식생
다양한 기후대가 나타나므로, 티치노^{Ticino}의 야자수에서 알프스의 북구 식물까지 다양한 식물군이 자라고 있다. 산악지대는 침엽수림이 빽빽하지만 고도가 높아질수록 관목숲과 고지대 초원으로 변한다. 고지대 동물로는 '아이벡스^{Ibacks}'라고 하는 크고 구부러진 뿔을 가진 야생 염소와 영양이 있다. 강력한 환경법이 있는 스위스이지만 지구 온난화로 81종이 현재 멸종위기를 맞고 있다.

스위스 역사

중세까지

켈트 족의 일종인 헬베티아 인들이 처음으로 머물기 시작했다. 로마인들은 기원전 107년 경 세인트버나드 통로를 통해 이곳에 들어오기 시작했지만 험한 지형 때문에 정복 의사를 분명하게 할 수는 없었다. 그들은 5세기부터 점차 게르만계인 알마니아 족에 의해 밀려나버렸다. 부르군트 족과 프랑크족도 같이 정착했고 점차 기독교를 받아들이면서 스위스를 통치하기 시작했다.

11~12세기

1032년 신성로마제국에 의해 하나로 통합되었지만 중앙통제력이 약해 이웃한 귀족들이 영향력을 다투기도 했다. 중부유럽의 가장 막강했던 왕조인 합스부르크 가문의 루돌프 1세에 의해 완전히 바뀌게 된다.

13~14세기

1291년 루돌프가 사망하면서 지방의 권력가들은 스위스 산간 공동체 동맹을 결성했는데 이 상호 조약은 스위스 연방의 원조가 되는 조약이다. 합스부르크 가문에 대한 항거는 '빌헬름 텔'이라는 유명한 전설에 의해 이상적으로 표현되고 있다. 레오폴드 공작은 1315년 강력한 오스트리아 군을 이끌고 이를 응징하려고 했지만 모르가르텐에서 스위스군에게 패하게 된다.

|15세기|연방은 곧 루체른, 취리히, 글라루스와 쥬크, 베른 등의 다른 지역들도 참여하게 되면서 커지게 된다. 이러한 성공에 힘입어 스위스 인들은 점차 영토 확장을 시도하여 합스부르크로부터 영토를 회복하기에 이른다.

버건디 공작인 찰스를 상대로 그랜드와 모렛에서 승리를 거둔 이루 프라이부르크, 조로툰, 바젤, 샤프하우젠, 아펜첼 등이 연방에 흡수되었다. 1499년, 도나크에서의 승리로 막스밀리언 1세의 신성로마제국으로부터 독립을 이룬다.

|16세기의 본격적인 변화|과욕이 심해서일까 1515년에 마리그나노에서 프랑스와 베네치아에 맞서 싸웠지만 패하게 된다. 이 패배로 그들은 국토 확장의 의지는 좌절되었다. 더 이상 강대국들과 경쟁할 수 없음을 깨닫고 확장정책을 포기하고 중립을 선포하게 되었다. 중립국이지만 스위스의 용병들은 이후 오랫동안 다른 나라의 군대에서 싸웠으며 그들의 용맹함은 유명하다.

16세기의 종교개혁은 유럽 전체의 대변혁을 시작하였다. 루터, 츠빙글리, 칼뱅에 의한 새로운 교리는 급속하게 퍼져갔지만 신생국들은 가톨릭을 고수하였다. 이 때문에 수세기 동안 내부적인 갈등이 지속되기는 했지만 국제적 분쟁으로 야기되는 것은 막을 수가 없었다. 1648년 30년 전쟁이 끝난 후 스위스는 베스트팔렌 조약에서 중립국으로 승인되었고 자유롭게 재정과 지식인들의 중심지로 번창하게 되었다.

19세기 중립국의 기초

1798년 프랑스가 침략하면서 헬베틱 공화국을 세우기도 했지만 스위스는 강력한 중앙집권에 저항하면서 나폴레옹이 1803년 이전의 주 연방으로 되돌리게 만들었다. 나폴레옹이 워털루 전투에서 영국과 프러시아에 의해 패하게 되면서 비엔나 의회는 발레, 제네바 노이체텔 주를 추가하면서 스위스의 독립과 영구 중립을 의결했다.

점차 하나의 국가로 체계를 잡아가면서도 각 연방주들은 독자적인 통화와 우편제도를 운영할 정도로 강력한 독립국가 체제를 유지하였다. 1848년 새로운 연방 헌법이 만들어지면서 독립성을 상실되었지만 베른이 수도가 되고 국가적인 문제해결을 위한 연방의회가 설립되고, 각 연방들은 지역 문제 해결을 위한 입법권과 사법권을 가지게 되었다. 정치적인 안정을 찾자 스위스는 경제와 사회적인 문제에 관심을 가지게 되었다.

절대적으로 부족한 자원 때문에 그들은 고도의 기술과 노동집약적 산업을 발전시키게 되었다. 관광업과 이전에는 힘들었던 알프스 지역에 철도망을 건설하여 지금까지 관광업의 근간을 만들었다. 또한 국제 적십자가 앙리 뒤낭에 의해 1863년 제네바에서 창설되었고 무상 의무교육이 도입되었다.

20세기

스위스는 중립을 계속 유지하여 지속적으로 발전할 수 있는 근간이 되었다. 제1차 세계대전에도 적십자 지구 창설을 통해서만 전쟁에 개입했다. 전후 스위스는 어떠한 군사적 분쟁과도 무관한 순수한 재정적, 경제적으로만 국제 연맹에 참여하였다.

제2차 세계대전에도 몇 번의 폭격 이외에는 무사히 넘겼고, 망명 중인 동맹국 전범자들에게 안전한 피난처를 제공해 비난을 받기도 했다. 하지만 다른 유럽 국가들이 전후 국가의 재건에 어려움을 겪은 반면, 스위스는 기존의 상업적, 재정적인 산업 기반을 다질 수가 있었다.

Luzern
루체른

루체른
LUZERN

스위스 속의 스위스라는 별명을 지닌 루체른Luzern은 아름다운 알프스와 호수로 인해 더욱 빛을 발한다. 호수의 도시 루체른은 인터라켄을 가기 위해 자주 찾는 도시이다. 도시는 크지 않지만 로이스 강을 따라 고풍스러운 옛 시가지가 펼쳐져 있다. 유람선을 타고 시내를 조금만 벗어나면 알프스의 장관을 볼 수 있다. 높은 산과 아름다운 호수 사이의 중세 도시, 루체른은 오래된 역사가 주는 매력과 아름다운 자연 경관으로 항상 관광객으로 넘쳐난다.

About
루체른

루체른은 리지 산과 티틀리스 산 사이, 스위스 중앙에 위치한 루체른의 역사는 12세기까지 거슬러 올라간다. 호수주위에 자리 잡고 있는 스위스의 작은 도시인 루체른은 온난한 기후 덕분에 예부터 사람들이 몰려 살기 시작했다. 주민들은 대부분 독일어를 사용한다. 유럽에서 가장 오래된 목조 다리 카펠교가 로이스Reuss강을 가로지르고 있으며, 용맹을 인정받았던 스위스 용병들을 기념한 빈사의 사자상이 인상적이다.

교통의 중심지

스위스의 중앙에 위치하고 있는 루체른은 베른, 취리히, 인터라켄 등 스위스의 주요도시를 연결하는 교통의 중심지이면서 유람선을 이용해 호수여행을 즐길 수 있다. 열차는 베른과 취리히에서 쉽게 올 수 있다. 베른에서는 1시간 20분, 취리히 50분 소요되며, 인터라켄에서는 열차를 이용 2시간 정도면 이를 수 있다. 루체른은 티틀리스, 리기, 필라투스와 같은 아름다운 알프스의 봉우리로 여행하는 시작점이다.

걷는 도시

자갈길을 거닐다 보면 볼 수 있는 오래된 건물들에는 루체른의 유구한 역사를 느낄 수 있다. 루체른은 규모가 아담하여 걸어 다니기에 좋다. 여객선을 타거나 페달식 보트를 대여하여 물 위에서 도시를 감상하는 것도 좋은 경험이다.

호수 도시

루체른 역에서 내리면 루체른 유람선 선착장이 보인다. 역과 선착장은 열차, 유람선 여행의 편리를 위해서 바로 옆에 위치해 놓았다고 한다. 선착장에 정박해 있는 유람선은 루체른 주변의 호반 도시와 리기, 필라투스, 티틀리스로 향하는 관광객들을 실어 나른다. 하지만 시간이 많이 걸릴 수 있으니 유람선 시간표를 확인해야 좋다.

유람선
루체른은 스위스의 어느 도시보다 호수여행을 하기에 적합하다. 피어발트슈테터 호수를 운항하는 유람선 노선은 크게 알프나흐슈타트(Alpnachstadt), 쿠스나흐트(Kussnacht), 피츠나우(Viznau), 프루리엘렌(Fuelen)으로 나누어진다. 행선지별 선창착의 위치가 다르므로 선착장 입구의 안내소에서 확인한 후 유람선에 오르도록 하자.

피어발트슈테터 호수 (Vierwaldstätter See)
루체른 호수라고 불리는 피어발트슈테터 호수(Vierwaldstätter See)는 루체른 기차역을 나오면 정면에 보이는 호수로 면적이 1,14㎢, 수심 210m이다. 역 앞에는 호수를 왕복하는 유람선 선착장이 있으며 이곳에서 피츠나우Vitznau행 유람선을 타면 필라투스 산으로 갈 수 있다.

한눈에
루체른 파악하기

아름다운 도시로 유명한 스위스지만 루체른은 좀 더 특별하다. 로이스 강Reuss River이 레이크루체른Lake Lucerne과 만나는 곳에 위치해 있으며 잘 보존된 구시가지로 명성이 자자하다.

로이스 강의 북쪽 면에서 상징적인 사자상Lion Monument은 프랑스 혁명 때 목숨을 잃은 스위스 군인들을 추모하기 위한 기념물이다. 마크 트웨인은 치명적인 상처를 입은 짐승의 조각상을 "세계에서 가장 애처롭고 뭉클하게 만드는 돌 조각이다"라고 일컬었다.
부르바키 파노라마 루체른Bourbaki Panorama Lucerne이 선보이는 이 둥근 그림은 길이가 112m에 달한다. 에두아르드 카스트레스Edouard Castres가 1881년에 예술품으로 1870~71년 사이에 벌어진 프로이센-프랑스 전쟁의 참혹한 현실을 묘사하고 있다.
예전에 중세 시장이 있었고, 지금은 시청이 자리한 코른마르크트Kornmarkt 거대한 석재 토대로 장식된 넓은 대광장인 바인마르크트Weinmarkt까지 걸어보자.

카펠교Chapel Bridge를 건너지 않고는 루체른을 방문했다고 할 수 없다. 지붕이 덮인 인도교는 한 뼘 정도 비스듬히 로이스 강을 가로지르고 있다. 유럽에서 가장 오래된 목조 다리로 알려져 있으며 도시를 방어하기 위해 1333년에 처음 지어졌다. 다리를 건너는 동안 위를 올려다보면 내부가 루체른의 역사를 묘사한 그림들로 덮여있다.
강의 다른 쪽에는 우뚝 솟은 2개의 뾰족탑이 특징인 생 레오데카르 교회Church of St. Leodegar가 있다. 동굴 같은 실내에는 화려한 공예품, 조각술 유서 깊은 오르간을 볼 수 있다.
시청과 예배당 다리 사이로 흐르는 로이스 강을 따라 뻗어있는 구시가지의 강변 대로에는 독특한 카페와 식당들이 야외 좌석을 갖추고 있어 식사를 하면서 경치를 즐기기에 안성맞춤이다.

카펠 교
Kapellbrücke

1333년에 세워진 루체른의 상징 카펠 교^{Kapellbrücke}는 유럽에서 가장 오래된 목조다리로 지붕이 있는 특이한 형태이다. 로이스 강을 가로지르는 14세기의 카펠 교^{Kapellbrücke}는 루체른의 명물이다.

유럽에서 가장 오래된 지붕 덮인 다리는 유서 깊은 회화 작품들로 장식되어 있다. 천장에는 17세기 루체른의 역사와 수호성인들을 묘사한 110장의 패널화가 걸려 있으며, 다리 끝에는 보물과 기록 보관소 등으로 쓰이는 팔각형의 물의 탑이 세워져 있다. 예배당 다리의 상징인 수탑은 한때 교도소나 고문실로 사용됐다. 다리는 1993년의 화재로 70%가량 소실되었으나, 이후 공들여 복원되었다.

빈사의 사자상
Löwendenkmal

덴마크의 조각가 베르텔 토르발센에 의해 설계된 '루체른의 사자'는 1792년 프랑스 대혁명 당시 루이 16세의 마리앙투아네트가 머물던 튈르리 궁전을 지키다 전사한 600명의 스위스 용병을 기리기 위해 1821년에 만든 조각상이다. 사자는 스위스 용병들을 상징하며, 심장이 찔린 사자가 고통스럽게 최후를 맞이하는 모습을 묘사하였다.

사자의 발아래에는 부르봉 왕가의 문장인 하얀 백합 방패와 스위스를 상징하는 방패가 조각되어 있다. 조각상 위에 새겨져 있는 라틴어 'Helvetiorum fedei ac Virtut'는 '스위스의 충성심과 용맹심에 바쳐'라는 뜻이다. 과거 채석장 부지의 사암면에 조각된 거대한 추모 조각을 보고 마크 트웨인은 '세계에서 가장 슬프고 감동적인 석상'이라고 말하기도 했다.

당시 상황
1792년, 프랑스 대혁명 당시 성난 군중이 튈르리 궁에 들이닥쳤다. 스위스 용병들이 왕실 일가의 수호에 나섰으나, 치열한 전투 중 798명 중에서 600명의 군인들이 목숨을 잃었다. 휴가 중으로 사건 당일 현장에 없었던 어느 루체른 출신 용병이 학살 소식을 접하고는, 쓰러진 전우들을 기리기 위해 고향 땅에 추모비를 건립하였다.

구시가
Old Steert

카펠 교와 수프로이어 교로 이어지는 로이스 강, 북쪽 일대에 펼쳐진 구시가 거리 곳곳에는 고풍스러운 스위스 전통 가옥을 비롯해 분수, 조각상, 벽면 가득히 프레스코화가 그려진 건물들이 늘어서 있다. 구시가 중앙에는 1606년에 세워진 르네상스 양식의 구 시청사를 비롯해 곡물 광장, 와인시장, 목동 광장 등이 있다.

빙하공원
Gletschergarden

한때 루체른 일대가 빙하지대였다는 흔적을 말하는 유적지인 빙하공원은 빈사의 사자상 바로 옆에 위치해 있으며 공원과 박물관 등으로 이용되고 있다. 빙하공원에서는 수만 년 전에 생성된 빙하동굴과 바닥의 사암 등 빙하기의 흔적을 그대로 보존하고 있으며, 빙하에서 녹은 물이 급류를 이루어 바위를 침식시키면서 만들어진 구멍인 포트홀 등을 볼 수 있다. 또한 스페인 그라나다 알함브라 궁전의 안뜰을 모방한 거울의 방도 볼 수 있다.

호프교회
Hofkirche

뾰족 솟은 두 개의 탑이 인상적인 호프교회는 735년 로마네스크 양식으로 처음 세워졌으나 1633년 대화재로 소실된 후 후기 르네상스 양식으로 재건되었다. 1525년에 세워진 두 개의 고딕식 첨탑은 대화재 때 피해를 입지 않아 처음의 모습을 유지하고 있다. 교회 안에는 1640년에 만들어진 스위스 최고의 파이프 오르간이 있으며, 지금도 루체른 국제 음악제가 열릴 때마다 연주되고 있다.

> **예수 교회 (Jesuitenkirche)**
> 17세기에 지어진 바로크 양식의 교회로 내부는 하얀 색과 분홍색의 로코코 양식으로 장식되어 밝고 화려하다. 교회에서는 음악회가 자주 열리고 있으므로 한번 직접 들어보는 것도 좋다.

슈프로이어 교
Spreuebrücke

1408년 도시 요새의 일부로 만들어진 목조다리로 카펠 다리에서 강 아래쪽으로 3번째에 있는 다리이다. 카펠 다리보다 작지만 그에 못지않은 고풍스러운 느낌을 준다. 내부에는 17세기에 창궐했던 전염병을 소재로 한 67개의 패널화인 죽음의 춤Totentanz이 걸려 있다.

무제크 성벽
Museggmauer

14세기에 지어진 성 유적으로 루체른 거리와 호수가 한눈에 내려다보인다. 축조 당시 루체른 마을 전체를 둘러싸고 있었으나 지금은 구시가 북쪽 900m 정도와 9개의 탑만 남아 있다. 9개의 탑 중 쉬머^{Schimer}, 마늘리^{Mannli}, 차이트^{Zeit} 탑은 여름에 공개하고 있다.

루체른에서 떠나는
당일치기 여행지

리기 (Rigi)

아름다운 경관으로 '산들의 여왕'이라고 불리는 리기 산은 해발 1,801m로 알프스의 산 중에서 높은 산은 아니지만 알프스의 해돋이를 바라보는 장소로 유명하며, 여름과 겨울이면 스키나 트레킹을 즐기려는 사람들이 많이 찾는다.

리기 산 정상까지는 유럽 최초의 톱니바퀴 등산 열차가 운행하여 편안하게 알프스의 풍경을 즐길 수 있다. 리기 클룸Rigi Klum에서 리기 칼트바트Rigi Kaltbad까지는 완만한 경사의 하이킹 코스가 있으니 시간에 여유가 있으면 천천히 걸어 올라가면서 알프스의 정취를 느껴보는 것도 추천한다.

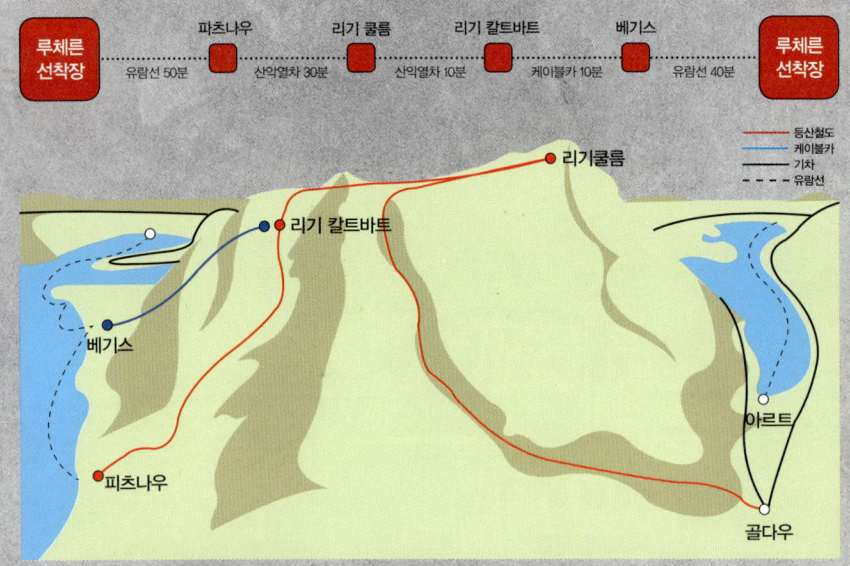

필라투스 (Mt. Pilatus)

해발 2,120m의 필라투스는 예수를 처형한 로마 총독 본디오 빌라도의 악령이 깃든 산이라 하여 악마의 산이라고도 불린다. 전망이 뛰어나 등산애호가들의 사랑을 받는 곳으로 등산 열차를 타고 48도의 급격한 경사를 오르다 보면 산양과 방목 중인 소들을 볼 수 있어 알프스의 정취를 제대로 만끽할 수 있다. 필라투스에서는 눈 위에서 즐기는 스포츠를 비롯해 여름에 눈이 없어도 탈 수 있는 썰매인 터보건 Summer Toboggan, 필라투스 로프파크 Pilatus Rope Park 등의 다양한 레저 스포츠를 즐길 수 있다.

루체른 기차역 옆 버스 정류장에서 크린스 Kriens-Obernau행 1번 버스 탑승 후 크린스 린데 필라투스 Kriens Linde Pilatus에서 내려 크린스 크린세레크와 프레크뮌테크를 경유해 필라투스 클룸역에서 내린다. 알프나흐슈타트를 거쳐 루체른으로 이동하면 된다.

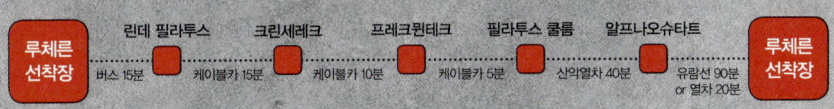

티틀리스 (Mt. Titlis)

루체른에서 남쪽으로 25㎞ 떨어진 곳에 위치한 해발 3,020m의 티틀리스는 중앙 스위스에서 가장 높은 전망대이다. 세계 최초로 만들어진 360도 회전 케이블카를 타고 회전하며 산을 오르기 때문에 사람이 꽉 차더라도 여유롭게 주위를 둘러볼 수 있지만 선명하게 보이지 않아 조금은 아쉽다.

티틀리스 정상에 오르면 눈부신 설경과 운해로 뒤덮인 깎아지른 듯 한 절벽과 찬란한 햇살에 탄성이 절로 난다. 1년 내내 눈과 빙하를 체험할 수 있는 티틀리스 산에서는 연중 어느 때나 스노우 스포츠를 즐길 수 있음은 물론 하이킹과 산악 자전거 등의 레저 활도오가 얼음비행 리프트, 튜브 누썰매, 빙하동굴 등 다양한 활동을 즐길 수 있다.

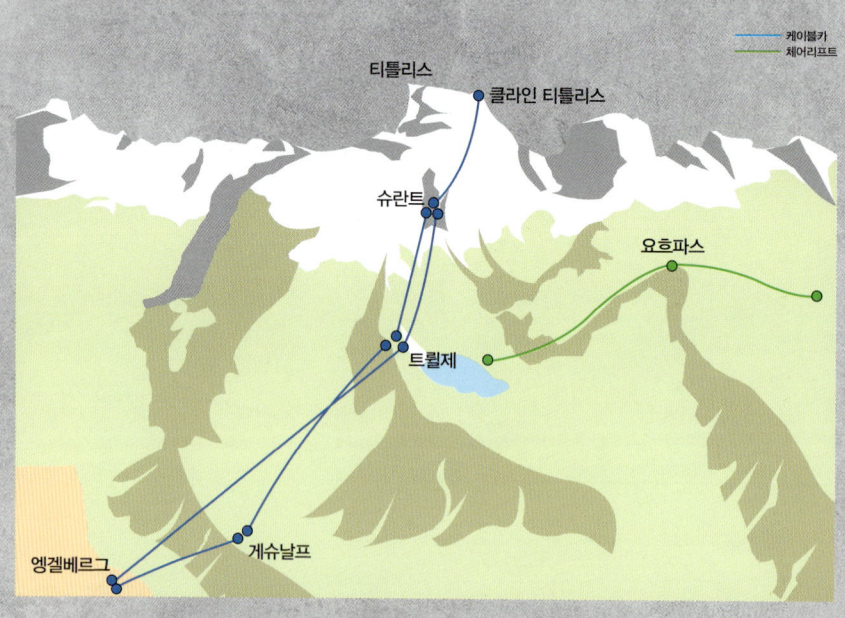

Zürich
취리히

취리히

ZÜRICH

2천 년의 역사를 자랑하는 스위스 제1의 도시로 경제, 문화의 중심지 역할을 하고 있으며, 중세의 건물들과 세련된 도심이 조화를 이루는 매력적인 도시이다. 국제 축제 연맹FIFA의 본부가 취리히에 있는 등 1년 내내 국제적인 행사를 비롯해 다양한 이벤트가 개최되는 도시이다. 취리히의 국제공항과 중앙역은 스위스에서 가장 규모가 큰 도시이며 다른 도시와의 교통 연계가 잘 되어 있다.

About
취리히

기차로 취리히 도착?

취리히는 스위스의 관문으로 유럽 여행 중에 들르는 루체른, 인터라켄 등 대부분의 지역으로 열차가 연결되어 있다. 아니면 프랑스 파리, 독일의 뮌헨, 오스트리아 빈, 암스테르담 등과 같은 대부분의 유럽도시들과 기차로 연결되어 있다. 야간열차를 이용해 파리, 빈, 암스테르담 등지에서 취리히까지 이동이 가능하다.

취리히 중앙역은 지상 1층, 지하 2층으로 이뤄져 규모가 큰 편이다. 플랫폼에서 나와 열차 전광판이 있는 중앙으로 나오면 좌측으로 티켓창구, 여행 안내소가 있다. 대부분의 스위스 열차정보를 얻을 수 있으며, 알프스를 올라가는 산악열차의 예약도 가능하다. 야간열차로 도착했다면 필요한 코인락커, 화장실, 샤워실 등의 편의시설은 지하 1층에 있으며, 지하 2층에는 슈퍼마켓, 상가, 약국 등이 들어서 있어 생활 중심지의 역할을 하고 있다.

트램, 버스

취리히는 걸어서 둘러볼 수 있는 도시이다. 중앙역에서 취리히 호수까지 가려면 도보로 15~20분이 소요된다. 피곤하다면 트램, 버스같은 대중교통을 이용하면 좋다. 정류장에 있는 자동매표기를 이용해 트램, 버스를 같이 사용할 수 있다. 요금은 행선지의 거리에 따라 존Zone으로 나눠 차이를 두고 있다.

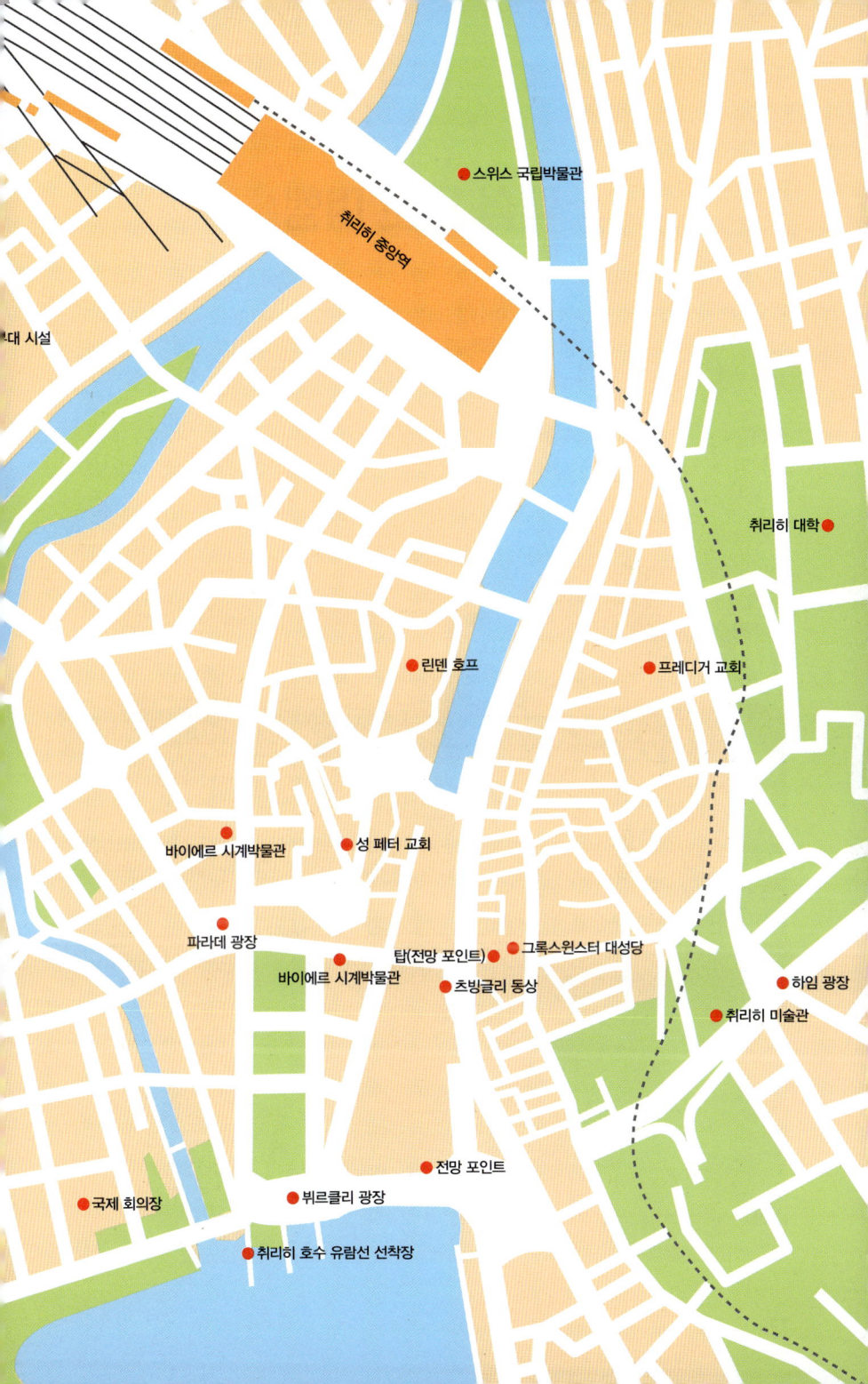

취리히
핵심 도보 여행

스위스의 취리히는 큰 도시이지만 여행을 하는 여행객의 입장에서는 반나절정도면 돌아다닐 수 있는 도시입니다. 그래서 도보로도 여행할 수 있는 정도의 도시라 시내교통을 사용할 필요가 없습니다. 굳이 이용한다면 트램을 타면서 여행의 낭만을 느끼는 것은 권합니다.

일정
중앙역 → 반호프 거리 → 렌베그 거리, 린덴 호프 → 시청 → 그로스 뮌스터 → 바서교회 → 벨뷰 광장 → 취리히 호수

배낭여행으로 취리히를 도착하면 야간 기차로 도착하는 경우가 많아 매우 피곤합니다. 유럽여행에서 아침 일찍, 도시에 도착하면 아침을 먹기도 힘들 때가 많은데 그때에는 맥도날드같은 햄버거집을 찾아서 쉬는 것이 가장 편한 방법인것 같습니다.
취리히도 중앙역을 나오면 왼쪽이나 반호프거리의 페스탈로치 동상옆에 맥도날드가 있으니 아침겸 쉬는 시간을 가져보세요.

중앙역 앞에 있는 큰 광장이 나오면 횡단보도를 건너면 앞에 큰 도로가 반 호프거리입니다. 이 도로의 양옆에 백화점과 기념품 상가들이 많이 있어요. 하지만 아침 일찍이라 횡한 거리만 보게 될 겁니다. 그렇지만 도시를 보고 오시면 분주하게 지나가는 시민들을 보실 수 있는 번화가입니다.

걷다가 왼쪽에 조그만 공원에 동상이 하나 있는데 교육의 아버지라고 불리우는 페스탈로치 동상입니다.
페스탈로치 동상에서 중앙으로 발리매장이 나오면 왼쪽으로 렌베그거리로 들어가세요.

포르투나Fortuna Gasse 골목을 따라 올라가시면 오른쪽에 돌담이 예쁜 조그만 공원이 나옵니다. 아침에는 체조를 즐기는 시민들을 보실 수도 있는데요.

이 곳이 취리히를 대표하는 공원 '린덴호프'입니다. 기원전 107년 로마인이 취리히에 정착한 후 세관을 세우면서 취리히도시가 시작이 된 기원이 되는 공원이니 '호프'라는 단어로만 생각하시면 안됩니다. 그로스 뮌스터, 취리히 호수 시청건물들을 볼 수 있습니다. 밝은 날 아침에 사진을 찍으면 취리히 시내가 잘 나오는 사진을 담을 수 있습니다.

린덴호프 공원을 가로질러 내려가면 좁은 골목을 지나가게 됩니다. 이 골목에 아기자기한 매장이 있는 분위기 있는 카페들이 많이 있으니 아침을 먹으면서 분위기를 내기에도 좋은 골목입니다. 린덴호프부터 프라우뮌스터까지 골목들이 있는 이 곳을 '구시가지'라고 부릅니다. 골목옆에 있는 가게의 작은 물건들이 정말 깜찍한 분위기를 연출합니다.

골목 끝으로 나오면 바인광장이 나오고 강가가 보입니다. 다리가 나오는데 이 다리가 시청 다리인 라트하우스다리입니다. 다리를 지나면 시청사를 볼 수 있고요. 시청사 오른쪽 근처에는 취리히의 상징 "그로스 뮌스터"를 볼 수 있고, 그로스뮌스터 앞의 광장에서 다리 왼쪽의 조그만 교회와 우리 교과서에도 나오는 스위스 종교개혁의 상징인 "츠빙글리" 동상을 만나게 됩니다.

뮌스터 다리를 건너면 앞에 뾰족한 탑을 가진 특이한 프라우 뮌스터를 보게 되죠. 그로스 뮌스터는 로마네스크방식으로 약간 둥글고 높은 탑으로 되어 있고, 프라우뮌스터는 정말 높고 길다란 뾰족하게 나온 첨탑으로 되어 있으니 구별해 주세요. 그로스 뮌스터는 츠빙글리가 종교개혁을 시작한 곳이기 때문에 역사적으로도 중요한 장소입니다.

야간열차로 도착해 오전에 걸어다니다 보면 정말 피곤합니다. 그럴때는 잠시 근처에 있는 상점에서 빵과 커피로 아침을 먹으면서 쉬다보면 분주히 지나가는 시민들을 보고 여행자의 여유를 느낄 수 있으실 거에요. 프라우 뮌스터에서 강을 따라가면 취리히 호수가 나오는데 아침햇살에 비치는 호수의 풍경들은 정말 장관입니다. 여행의 피로를 풀어주는 마법 같은 호수입니다.

돌아오실때에는 그로스 뮌스터쪽으로 가면 시청사가 있죠. 니더도르프 거리를 가시면 10시를 넘어서부터 활기를 띠게 됩니다. 또한 스위스 공과대학을 가면 예쁜 정원들이 있는 대학을 보실 수도 있습니다.

취리히 호수
Lake Zurich

최대 너비 4km, 길이 40km에 달하는 스위스에서 3번째로 큰 취리히 호수는 기원전 8천년의 빙하가 녹아서 형성되었다. 4월에서 10월까지 뷔르클리 광장의 선착장에서 다양한 코스의 유람선이 운영된다. 유레일 패스 소지자는 무료로 탑승할 수 있다.

구시가
Old Town

리마트 강 양 옆으로 구시가지가 몰려 있는데 볼거리와 먹거리가 이곳에 집중되어 있다. 걸어서 돌아다닌다고 해도 3~4시간이면 대부분 볼 수 있다. 유럽 여행 중에 취리히에 도착했다면 취리히 역에 있는 코인라커에 짐을 넣고 저녁에 루체른이나 오스트리아 잘츠부르크로 이동하는 경우가 많다. 아침에 가장 먼저 구시가지에서 식사를 하거나 볼거리를 보는 곳이 구시가지 Old Town이다. 그렇기 때문에 현지인이나 관광객들로 항상 북적인다.

반호프 거리
Bahnhofstrasse

중앙역에서 취리히 호수까지 연결되는 취리히 시내의 메인 거리로 보행자 전용도로여서 천천히 둘러볼 수 있다. 주요대로는 시내 중심을 관통하여 1.4km 거리에 뻗어 있다. 거리 곳곳에는 은행과 백화점, 명품숍 등 고급 상점들이 즐비하다.

명품 의류, 보석, 시계, 향수, 구두 등을 두루 갖춘 반호프 거리Bahnhofstrasse는 쇼퍼홀릭의 천국과도 같은 곳이다. 북쪽의 대표적 기차역인 취리히 중앙역에서 취리히호로 내려오는 이 거리는 트램 전차를 제외하고 차량이 통제되는 보행자 전용 도로이다. 반호프 거리 전체를 걷는 데는 약 2~3시간은 소요된다.

약 90여 개 상점 중에는 티파니, 까르띠에, 몽블랑, 프라다 등 유명 명품 브랜드가 많다. 이곳은 세계에서 가장 호화로운 명품 거리 중 하나로서, 반호프 거리의 남쪽으로 갈수록 더 고급 명품숍이 나온다.

린덴 호프
Lindenhof

언덕 위에 자리한 작은 공원으로 리마트 강과 어우러진 구시가를 한눈에 내려다볼 수 있다. 기원전 15년 로마 시대에 세관이 설치되었다가 이후 요새가 건축되었다. 현재는 그 흔적으로 성벽이 남아 있다.

린덴호프 언덕에서 취리히에서 가장 아름답기로 유명한 경치를 감상할 수 있다. 언덕 꼭대기에 위치한 아담한 녹지 광장은 리마트 강을 굽어보고 있다. 한때 켈트족의 정착지였던 이곳은 4세기에 이르러 도시를 알라만족으로부터 보호하기 위한 로마의 요새로 변모했다. 요새 성벽의 잔해와 취리히를 언급한 최초의 문구가 새겨진 로마의 묘비를 볼 수 있다. 서기 835년, 신성 로마 제국의 황제 샤를마뉴의 손자가 그의 궁전을 건축한 이후로 지역은 평화와 사색의 도시로 알려지게 되었다.

장크트 페터 성당
St. Peterskirche

취리히에서 가장 오래된 성당으로 1534년에 완성되었으며 뾰족한 첨탑에는 유럽에서 가장 큰 시계가 달려 있다. 성당 앞 광장은 17세기 포도주를 비롯한 온갖 물건을 거래하던 와인 시장인 바인플라츠Weinplatz가 있다.

성모교회
Fraumünster

853년 독일의 루드비히^{Ludwig} 2세가 세운 고딕양식의 수녀원을 계승한 건물로 '프라우뮌스터 수도원'으로 불린다. 프라우뮌스터 가까이 다가서면 상징적인 시계탑과 우아한 푸른색 첨탑이 가장 먼저 눈에 들어온다. 12~14세기를 거치면서 증, 개축 되었으며, 하늘을 찌를 듯 높이 솟운 첨탑은 1732년 건립되었다.

내부에는 로마네스크 양식의 성가대석과 취리히에서 가장 오래된 파이프 오르간, 스테인드글라스가 있다. 특히 성서 이야기를 주제로 한 성가대석 근처의 스테인드글라스는 1969년 샤갈^{Chagalldml} 작품으로 유명하다.

> **자세히 알아보자!**
> 교회 안에서는 고딕 풍의 넓은 신도석과 파이프 개수가 5,793개에 달하는 취리히에서 가장 큰 오르간을 구경할 수 있다. 로마네스크 양식의 우아한 성가대석은 높이가 18m에 달하며 익랑(트랜셉트)의 가파른 아치가 특징이다. 익랑 안으로 들어가 자코메티가 만든 유리창에는 4명의 전도사, 신, 8명의 선지자와 그리스도가 묘사되어 있다.

그로스뮌스터 대성당
Groddmünster

11~13세기에 지어진 스위스 최대의 로마네스크 양식의 사원으로 일명 그로스뮌스터 대성당으로 불린다. 우뚝 솟아있는 쌍둥이 탑은 취리히의 상징으로 종탑에 올라 바라보는 취리히의 전경이 매우 아름답다. 날씨가 좋으면 멀리 알프스까지 눈앞에 보인다.

그로스뮌스터 Groddmünster는 1,100년경에 건설되기 시작하여 110년이 지난 후에야 완공되었다. 샤를마뉴 대제가 펠릭스, 레굴라, 엑수페란시오 등의 취리히 순교자들의 무덤을 발견한 곳에 세워진 교회이다. 탑은 한때 목재 첨탑이 꼭대기에 덮여 있었지만 1781년에 화재로 소실되었다. 이후 신고딕 양식의 구조물로 교체되었는데 이는 지금 취리히 스카이라인의 상징적 존재가 되었다.

그로스뮌스터는 스위스 역사에서 중요한 역할을 했다. 16세기 초반에 훌드리히 츠빙글리 목사가 투쟁 끝에 교황의 권한으로부터 교회를 독립시켰는데, 이로 인해 스위스-독일 종교 개혁이 촉발되었다.

취리히 미술관
Kunsthaus Zrich

1787년부터 미술 작품을 수집해온 예술 집단인 쿤스트게젤샤프트에 의해 1910년 설립되었다. 현대적인 미술관으로 19~20세기 스위스를 대표하는 예술가들의 작품을 비롯해 15~19세기 뒤러, 로뎅, 샤갈, 피카소, 달리, 뭉크 등 유명화가의 작품을 많이 소장하고 있다. 특히 전 세계 7곳에 전시되어 있는 로뎅의 지옥의 문$^{Das\ Höllentor}$을 비롯해 뒤러^{Dürer}의 아담과 이브 등이 유명하다.

회화와 조각 컬렉션은 15세기의 후기 고딕 시대까지 거슬러 올라간다. 얀 판 데 카펠과 렘브란트를 포함한 네덜란드 황금시대 작가들의 걸작을 보고 노르웨이 밖에서 그려진 에드바르트 뭉크의 작품의 가장 작품이 유명하다. 요한 하인리히 퓌슬리와 같은 스위스 예술가들의 작품과 마르크 샤갈, 파블로 피카소, 살바도르 달리의 현대 미술 작품 역시 놓치지 말자. 판화 및 회화 컬렉션으로 구성된 95,000여 점의 작품들 중에는 조지프 말로드 윌리엄 터너의 취리히에서의 축제, 이른 아침과 폴 세잔의 바움슈투디어가 있다.

Interlaken
인터라켄

인터라켄
INTERLAKEN

'호수 사이의 마을'이란 이름의 인터라켄은 두 개의 호수를 양 옆에 끼고 있으며 눈 덮인 산들로 둘러싸인 알프스 휴양지이다. 많은 사람들이 인터라켄을 찾는 이유는 도시 주변의 자연환경 때문이다. 툰 호수(Thunersee)와 브리엔츠 호수(Brienzersee)가 인터라켄의 아레(Are) 강으로 연결되고, 인터라켄의 정면에는 융프라우(Jungfrau), 묀히(Monch), 아이거(Eiger)와 같은 알프스의 고봉들을 볼 수 있다.

인터라켄에 머무는 이유

인터라켄을 중심으로 하는 베르너 오버란트 지역에 머무는 이유는 특히 여름철, 아름다운 알프스 자연과 함께 즐길 수 있는 활동이 다양하기 때문이다. 베르너 오버란트 지역은 짧은 스위스에서의 일정을 가장 알차게 보낼 수 있는 곳이다.

베르너 오버란트 (Berner Oberland)
융프라우요흐를 비롯해 라우터브루넨, 그린델발트, 피르스트, 실트호른, 뮈렌, 그로세 샤이데크 등 7개 지역을 모두 포함한 지역을 일컫는다.

인터라켄에서
엑티비티 즐기기

스위스의 알프스 자연에서 스키, 하이킹, 산악자전거를 즐길 수 있다. 스릴을 원한다면 번지점프, 패러글라이딩, 급류타기, 스카이다이빙에 도전하기도 한다. 인터라켄에는 마을에서 가까운 곳에 4개의 겨울 리조트가 있다. 융프라우 스키장은 스위스에서 가장 인기 있는 스키장 중 하나이며 코스를 합친 길이가 200㎞가 넘는다.

인터라켄 여행
이해하기

인터라켄은 스위스의 중심에 위치하고 있어 취리히, 루체른, 베른 등 주요도시에서 열차를 이용해 이동할 수 있다. 인터라켄 주변의 호수를 따라 툰, 슈피츠, 브리엔츠를 통과하는 유람선이 인터라켄 동역과 서역으로 운항하고 있다.

알프스와 호수로 둘러싸인 작은 마을 인터라켄은 이탈리아 로마, 베네치아, 오스트리아 빈, 프랑스 파리와 니스, 스페인 바르셀로나에서 곧바로 연결되는 야간열차는 운행하지 않는다. 유럽의 주요도시와 스위스를 운행하는 대부분의 야간열차는 베른, 취리히, 제네바 등 대도시에 도착하므로 중간 도시에서 열차를 갈아타고 인터라켄으로 이동해야 한다.

인터라켄
여행 계획 세우는 방법

자신이 이용한 야간열차에 따라 도착하는 도시를 여행하고 난 뒤 열차와 유람선 등을 이용해 인터라켄으로 이동한다. 한편 인터라켄에는 서역과 동역, 2곳의 열차 역이 있으며 베른 방향에서 이동할 경우 먼저 인터라켄의 서역을 지나 동역에 도착한다.

루체른 방향에서 이동하는 경우 동역이 종착역이므로 자신의 숙소, 목적지와 가까운 역을 미리 확인해 두어야 한다. 한편 툰과 브리엔츠 호수에서 들어오는 유람선 선착장은 각각 서역과 동역으로 바로 연결되어 있다.

융프라우요흐 왕복 티켓

인터라켄 동역 — 라우터브루넨 (등산열차 20분) — 클라이네 샤이덱 (등산열차 35분) — 융프라우요흐 (등산열차 50분) — 클라이네 샤이덱 (등산열차 50분) — 그린델발트 (등산열차 35분) — 인터라켄 동역 (등산열차 40분)

※반대 방향으로 돌러보아도 무관하다(인터라켄 동역에서 그린델발트를 먼저 올라도 무관)

인터라켄 – 그린델발트 왕복 티켓, 그린델발트 – 피르스트 왕복 티켓

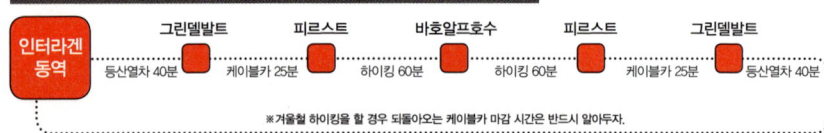

인터라켄 동역 — 그린델발트 (등산열차 40분) — 피르스트 (케이블카 25분) — 바호알프호수 (하이킹 60분) — 피르스트 (하이킹 60분) — 그린델발트 (케이블카 25분) — 인터라켄 동역 (등산열차 40분)

※겨울철 하이킹을 할 경우 되돌아오는 케이블카 마감 시간은 반드시 알아두자.

융프라우요흐 왕복 티켓, 멘리헨 – 그란델벨트 편도 티켓

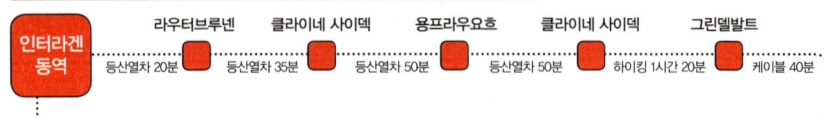

인터라켄 동역 — 라우터브루넨 (등산열차 20분) — 클라이네 샤이덱 (등산열차 35분) — 융프라우요흐 (등산열차 50분) — 클라이네 샤이덱 (등산열차 50분) — 그린델발트 (하이킹 1시간 20분) — 인터라켄 동역 (케이블 40분)

인터라켄 IN

인터라켄 서역과 동역 사이의 거리는 멀지 않다. 걸어서 20~30분이면 도착할 수 있는 거리이다. 동역과 서역에 정차하는 시내버스가 있지만, 인터라켄 주변의 뵈니겐Bonigen과 같은 마을이나 시내와 떨어진 곳에 숙소가 있는 경우를 제외하고 걸어서 여행이 가능하다.
최근에 숙소비가 가파르게 상승하면서 역에서 멀리 떨어진 곳에 숙소를 예약했다면 자전거를 빌려 여행하는 것이 좋다.

인터라켄 서역 (Interlaken West)

인터라켄의 주요 기차역은 서역이다. 인터라켄 역이라고 한다면 대부분 서역으로 이해할 것이다. 서역 주변에는 많은 호텔과 레스토랑, 우체국, 은행, 기념품 상점들이 들어서 있다. 여행자들이 머무는 호텔이 인터라켄에 있을 경우, 상당수가 서역 주변에 위치하고 있으므로 자신의 호텔과 내려야 하는 열차 역을 미리 확인해야 혼동하지 않는다.

한편 인터라켄 서역과 동역 사이의 철도는 아레 강을 따라 연결되어 있으며 걸어서 20분 거리로 회에 거리Hoheweg와 연결되어 있다. 서역을 들어오고 나가는 열차는 모두 1번 플랫폼에 정차한다. 코인 락커가 플랫폼 바로 옆에 설치되어 있으며, 역사 내부는 작은 대합실과 열차매표창구, 환전소, 슈퍼마켓으로 이뤄져 있다. 플랫폼에서 지하로 연결된 통로를 따라서는 툰 호수를 운항하는 유람선 선착장이 있다. 역 근처에는 대형 슈퍼마켓 미그로스Migros가 있어 필요한 물건이 있다면 구입해 두는 것이 좋다.

인터라켄 동역 (Interlaken OST)

인터라켄 동역은 서역에서 열차로 불과 3분 거리에 있다. 서역이 인터라켄 시내와 연결되는 역이라면 이곳은 베르너 오버란트 지역의 산악마을과 전망대로 오르는 등산열차가 출발하는 곳이다.

서역과 달리 플랫폼이 지하도로 연결되어 있으며 역 반대쪽으로 걸어가면 브리엔츠 호수 유람선 선착장으로 갈 수 있다. 역의 바깥쪽에는 화장실, 신문 가판대 키오스크Kiosk와 코인 라커 등이 있다. 역사 안은 작은 대합실과 융프라우, 쉴트 호른 등 전망대의 날씨를 볼 수 있는 실시간 모니터가 설치되어 있다. 역 앞에는 대형 슈퍼마켓 'Coop'이 있다. 레스토랑, 약국 등을 갖춘 복합공간으로 필요한 물품을 구입하면 된다.

유람선

툰 호수Thunersee와 브리엔츠 호수Brienzersee 사이에 있는 인터라켄은 유람선을 이용해서 갈 수 있다. 이 두 개의 호수에는 작은 마을이 형성되어 있는데, 두 곳 모두 기차역이 있으며 인터라켄으로 들어가는 기차가 이곳을 거쳐 간다.

주네브나 베른 방면에서 간다면 툰 호수Thunersee이나 슈피츠Spiez에서 루체른 방면에서 간다면 브리엔츠 호수Brienzersee에서 내려 유람선을 갈아타야 한다. 유레일패스 소지자는 무료로 탑승이 가능하다.

툰 호수
Thunersee

툰 호수는 베른에서 인터라켄으로 들어오는 왼쪽에 위치한 호수이다. 인터라켄 서역 선착장$^{Interlaken\ West\ ThS}$을 출발해 툰^{Thunersee}, 슈피츠^{Spiez}와 같은 호수 마을을 거쳐 다시 인터라켄으로 돌아온다.
왕복을 하기 때문에 처음 탑승한 후에 보는 풍경의 감동이 돌아올 때는 지루할 수 있다. 그래서 인터라켄에서 유람선을 타고자 할 경우엔 열차를 이용해 툰^{Thunersee}이나 슈피츠로 이동하자. 툰에서 인터라켄까지는 유람선을 이용 약 2시간 소요되며, 슈피츠$^{Spiez\ Schiffstation}$에서는 약 50분이 소요된다.

툰 호수 유람선 운항 시간(여름 기준)
- 인터라켄 → 툰 : 첫배 09:08, 마지막배 17:25
- 툰 → 인터라켄 : 첫배 08:33, 마지막배 16:33
*행선지별 유람선은 1~2시간 간격으로 운항

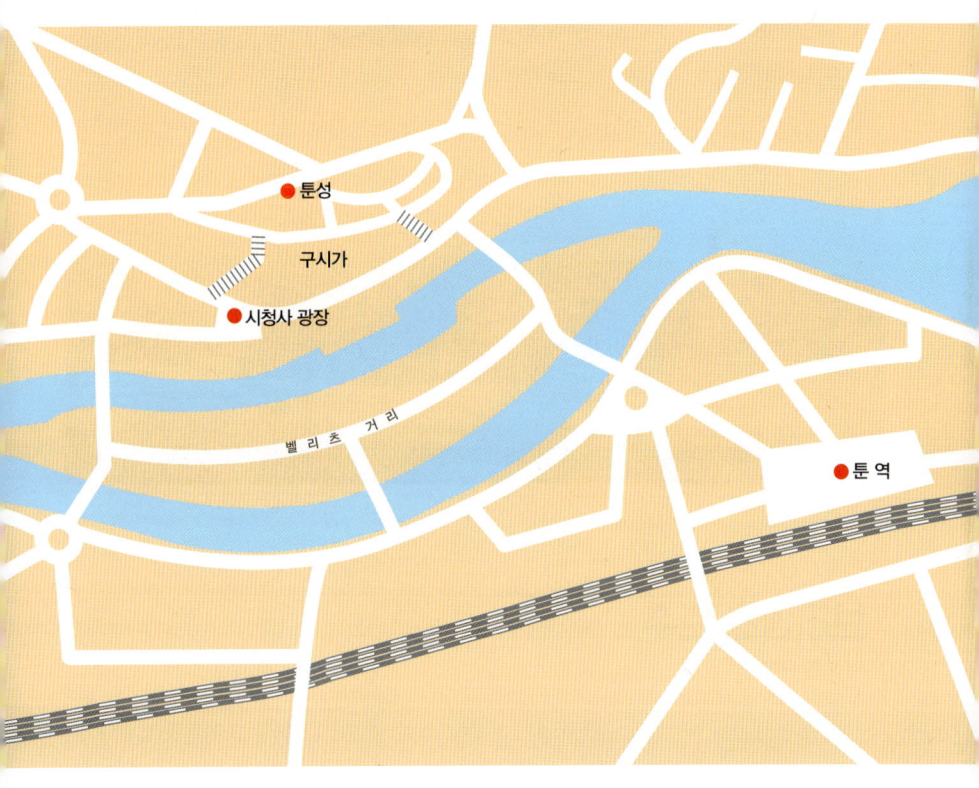

브리엔츠 호수
Brienzersee

인터라켄 동역에서 마이링겐^{Meiringen}이나 루체른행 열차를 타고 브리엔츠 호수로 약 90분 정도면 이동할 수 있다. 브리엔츠 열차역과 유람선 선착장은 선로를 사이로 마주보고 있다. 유람선 선착장은 보트들과 호수 주변에서 물놀이를 즐기고 책을 읽는 등 평화로운 풍경을 만들어 낸다. 푸른 호수, 하얀 백조와 보트들을 배경으로 사진을 찍는 관광객이 많다. 이곳에서 인터라켄 동역 선착장^{Interlaken Ost BrS}행 유람선을 타자.

브리엔츠 호수 유람선 운항 시간(여름 기준)
- 인터라켄 → 브리엔츠 : 첫배 09:10, 마지막배 16:10
- 브리엔츠 → 인터라켄 : 첫배 10:40, 마지막배 18:00
*행선지별 유람선은 2시간 간격으로 운항

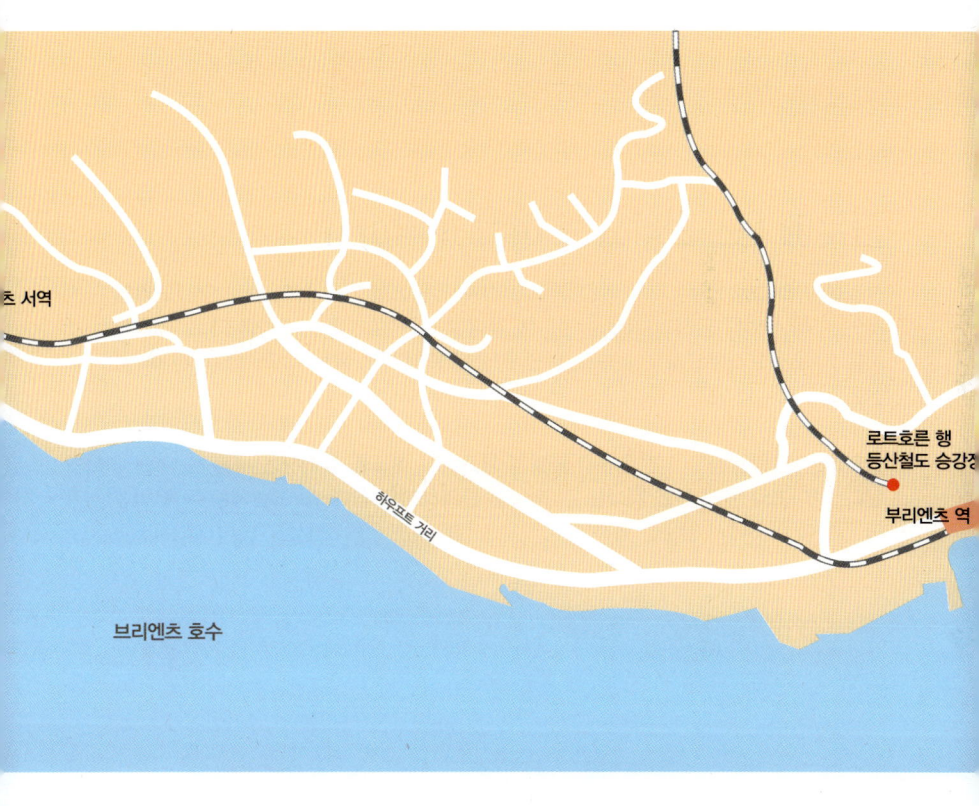

한눈에 융프라우요흐 여정 파악하기

산길을 따라 그림 같은 기차 여행을 하고 나서 유럽에서 가장 높이 위치한 철도역에 도착하면, 이제는 얼음 궁전과 거대한 빙하를 감상할 시간이다. 등산 열차를 타고 거대 빙하 세계를 지나 융프라우요흐의 눈으로 덮인 정상에 도착한다. 유럽 최고로 알려진 이 빙하 노선은 융프라우와 묀히 사이에 3,466m 높이에 자리하고 있다.

인터라켄, 그린델발트나 벵겐에서 출발해 융프라우 철도를 통과하는 구름 위 여행을 하게 된다. 아이거와 묀히 산을 지나는 긴 터널을 통과하기도 한다. 이 노선에는 두 개의 정거장이 있는데 이곳에서 창문을 통해 환상적으로 펼쳐지는 산의 전경을 감상하게 된다.

열차 여행은 해발 3,454m 높이에 위치한 유럽에서 가장 높은, 지하 시설에 마련된 철도역에서 끝이 난다. 이곳에서 엘리베이터를 타고 계속 올라가면 세계에서 가장 높은 전망대인 스핑크스 전망대에 도착한다. 전망대 테라스에서 장엄한 전망을 즐길 수 있다. 120㎢ 규모의 알프스에서 가장 큰 알레치 빙하를 볼 수 있다.

1934년 완성된 다양한 얼음 조각들이 전시되어 있는 얼음 궁전도 빼놓지 말자. 아치형 공간을 통과하며 다양한 얼음 조각상들을 관람할 수 있다. 융프라우요흐 스키 스쿨에서 스키 실력을 뽐내보고, 허스키 개들이 끄는 썰매 타기도 즐겨 보자.

① 하르더 쿨름 전망대
Harder Hulm

해발 1,322m에 위치한 인터라켄을 한눈에 내려다볼 수 있는 전망대이다. 인터라켄 양쪽에 자리한 툰 호수와 브리엔츠 호수를 볼 수 있다. 융프라우, 아이거, 묀히 등 3대 봉우리까지 보인다. 동역 뒤쪽에서 푸니클라를 타고 10분 정도 올라가면 보인다.

② 쉬니게 플라테
Schynige Platte

융프라우, 아이거, 묀히 등 3대 봉우리를 정면에서 감상할 수 있는 곳으로 유명하다. 인터라켄에서 출발하는 열차를 타고 첫 번째 정류장인 빌더스빌Wilderswil역에서 1893년부터 운행한 역사가 있는 빨강색 열차로 갈아타면 된다. 산 정상에 오르면 호텔, 레스토랑이 있으며, 알핀 가든에서 많은 고산 식물을 볼 수 있다.

③ 라우터 브루넨
Lauterbrunnen

인터라켄에서 멀지 않은 해발 796m의 라우터브루넨에는 빙하의 침식으로 인해 형성된 70여 개가 넘는 골짜기와 폭포가 있다. 빙하에서 녹아내린 물이 루치네 강으로 흘러가는 U자형 협곡 사이에 절벽으로 둘러싸여 있다. 라우터브루넨에서 가장 높은 폭포인 슈타우바흐 폭포와 동굴 내의 트뤼멜바흐 폭포를 비롯해 눈 덮인 알프스의 풍경을 보기 위해 많은 관광객들이 찾고 있다.

④ 스타우프바흐 폭포
Staubbach Falle

라우터브루넨에서 어디서나 높이 바라보면 보이는 폭포이다. 초당 2만 리터의 물이 쏟아져 내리는 슈타우프바흐 폭포는 높이가 300m나 된다.

⑤ 벵겐
Wengen

19세기부터 호텔이나 샬레가 들어선 리조트 마을이다. 해발 1,274m에 자리한 조용하고 소박한 알프스의 산골마을이다. 환경 보호를 위해 휘발유 차량 진입이 금지되며 전기자동차만 운행이 가능하다. 클라이네 샤이덱까지는 등산철도로, 인기 전망대인 맨리헨까지는 케이블로 연결되며 쉴트 호른과 융프라우 어디든 이동이 가능하다.

⑥ 투룸멜바흐 폭포
Trummelbach Falle

라우터브루넨 계곡에서 라우터브루넨의 외곽으로 3.2㎞ 거리에 있는 트룸멜바흐 폭포 Trummelbach Falle는 10개의 빙하 폭포수 소리와 아름다운 전경이 매력적이다. 수많은 폭포수 덕분에 72개 폭포수의 계곡이라고 불리기도 한다.

트룸멜바흐 폭포Trummelbach Falle는 산 속에 숨겨진 10개의 폭포수 중 하나로 유럽에서 가장 큰 동굴폭포이다. 10겹의 폭포수는 139.9m 높이에서 시작되며 매초마다 약 20,000리터의 엄청난 양의 물을 떨어뜨린다.

절벽을 가로지르는 엘리베이터를 타고 강력한 자연 경관을 가까이에서 관찰할 수 있다. 가장 높은 폭포수로 이동하면서 길을 따라 산책하거나 계단을 타고 다른 폭포수로 이동할 수 있다. 암석을 가로지르는 창문을 통해 폭포수의 장도도 볼 수 있다. 폭포수의 힘이 강력해 소리는 사자의 포효와 같다고 묘사되기도 한다. 희미한 조명이 있는 동굴과 길을 따라 걸을 때에는 폭포수로 인해 매우 미끄러울 수 있으니 조심해야 한다.

산 속을 통과하며 보이는 암석들은 아이거, 묀히, 융프라우 산에서 떨어진 빙하수 침식의 힘에 의해 수 천 년 동안 형성된 것이다. 슈타웁바흐 폭포는 약 300m 계곡 아래로 떨어지는 높은 폭포수이다. 라우터브루넨에서 트룸멜바흐까지 목초지를 통과해 하이킹을 한다면 폭포수를 지나칠 수 있다.

⑦ 뮈렌
Mürren

200km에 이르는 하이킹 코스가 있는 라우터브루넨 골짜기에 위치한 작은 마을이다. 환경보호를 위해 휘발유 차량 진입이 금지되며 전기 자동차만 운행할 수 있는 리조트 지역이다. 스위스에서 가장 아름다운 마을일 정도로 풍경이 아름답다. 케이블카를 타고 쉴트호른 전망대까지 갈 수 있으며 케이블카 정류장까지는 도보로 15분 정도가 소요된다.

⑧ 클라이네 샤이덱
Kleine Scheidegg

융프라우요흐로 가는 마지막 역으로 알프스의 유명한 3대 봉우리가 눈에 들어온다. 역 주변에는 아름다운 꽃이 피어있는 넓은 목초지가 펼쳐져 있어 하이킹을 하기에도 좋다. 역에서 융프라우요흐 전망대까지는 열차로 약 50분 정도 소요된다.

⑧ 융프라우요흐
Jungfraujoch

산길을 따라 그림 같은 기차 여행을 하고 나서 유럽에서 가장 높이 위치한 철도역에 도착하면, 이제는 얼음 궁전과 거대한 빙하를 감상할 시간이다. '융프라우 아래'라는 뜻의 융프라우요흐는 베르너 오버란트 지역에서 가장 높은 산봉우리 '융프라우^{Jungfrau}'라는 이름에 '아래'라는 뜻의 '요흐^{Joch}'를 결합한 것이다.

등산 열차를 타고 거대 빙하 세계를 지나 융프라우요흐의 눈으로 덮인 정상에 도착한다. 바위를 뚫어 만든 융프라우요흐 역은 아돌프 구에르첼러의 설계로 1896년에 착공하여 1912년에 완성하였다. 유럽 최고로 알려진 이 빙하 노선은 융프라우와 묀히 사이에 3,466m 높이에 자리하고 있고, 융프라우 정상은 4,158m이다.

인터라켄, 그린델발트나 벵겐에서 출발해 융프라우 철도를 통과하는 구름 위 여행을 하게 된다. 아이거와 묀히 산을 지나는 긴 터널을 통과하기도 한다. 이 노선에는 두 개의 정거장이 있는데 이곳에서 창문을 통해 환상적으로 펼쳐지는 산의 전경을 감상하게 된다.

열차 여행은 해발 3,454m 높이에 위치한 유럽에서 가장 높은, 지하 시설에 마련된 철도역에서 끝이 난다. 이곳에서 엘리베이터를 타고 계속 올라가면 세계에서 가장 높은 전망대인 스핑크스 전망대에 도착한다. 전망대 테라스에서 장엄한 전망을 즐길 수 있다. 120㎢ 규모의 알프스에서 가장 큰 알레치Aletsch 빙하를 볼 수 있다.

1934년 완성된 다양한 얼음 조각들이 전시되어 있는 얼음 궁전도 빼놓지 말자. 아치형 공간을 통과하며 다양한 얼음 조각상들을 관람할 수 있다. 융프라우요흐 스키 스쿨에서 스키 실력을 뽐내보고, 허스키 개들이 끄는 썰매 타기도 즐겨 보자.

> **역에는?**
> 눈부신 만년설에 덮인 융프라우 봉우리를 감상할 수 있는 스핑크스 전망대(Sphinx Terrassen)와 알레치 빙하(Aletsch)를 가까이에서 볼 수 있는 플라토 전망대, 얼음세상을 체험할 수 있는 얼음궁전(Elispalast), 스키나 눈썰매 등을 탈 수 있는 스노우펀, 컵라면 등을 판매하는 매점 등이 있다.

그린델발트
Grindelwald

그린델발트Grindelwald는 스위스 알프스의 베르너 오버란트Berner Oberland에서 가장 큰 마을이다. 스키 리조트는 해발 1,034m의 고지대에 위치해 있으며 스위스에서 가장 유명한 융프라우, 리기, 아이거들에 둘러싸여 있다. 스키, 등산, 하이킹을 즐기거나 경치를 감상하며 여유를 만끽할 수 있다.

그린델발트는 융프라우, 뮌히Monch, 쉴트 호른, 베터 호른의 드높은 산봉우리 사이에 자리하고 있음에도 불구하고 아이거 산 북쪽 면을 마주하고 있어 '아이거 빌리지Eiger Village'라는 별명을 가지고 있다. 아이거 산은 등산가들 사이에서 험준하기로 악명 높은 곳이다.

융프라우 지역에서 스키를 즐기고 싶다면 그린델발트 만큼 좋은 곳도 없다. 마을에서는 그린델발트 퍼스트 Grindelwald First, 클라이네 샤이데크 스키리조트로 쉽게 이동할 수 있으며, 스키리조트에서는 45개의 케이블 카, 리프트와 강삭 철도를 타고 약 214km에 달하는 다운힐 트레일을 이동할 수 있다. 그린델발트에는 스키를 타고 마을까지 질주해 내려오고 싶어 하는 숙련자나 입문자를 비롯한 모든 코스가 준비가 되어 있다.

그린델발트의 기가 막힌 경치를 감상하고 싶다면 그린델발트 – 멘리헨 곤돌라 케이블웨이 Grindelwald-Mannlichen Gondola Cableway를 타고 산 정상에 위치한 멘리헨 마을까지 올라가 세계에서 가장 긴 곤돌라 케이블 웨이를 이용하여 알프스 숲 위를 날으면서 밑을 바라볼 수 있다.

> **이동하는 방법**
> 그린델발트(Grindelwald)는 베르너 오버란트에서 가장 가기 쉬운 고산지 마을이다. 취리히나 제네바의 국제공항으로 이동하고 그린델발트 역까지 운행되는 직행 열차를 이용하여 도착할 수 있다. 아니면 고속도로로 잘 연결되어 있고, 산악 도로 역시 잘 정비되어 최근에는 자동차여행자들이 늘어나고 있다.
> 국제 고속 열차를 이용하면 인터라켄으로 갈 수 있다. 인터라켄에 도착한 후에는 현지의 베르너 오버란트 열차(Bernese Oberland Railway)를 타고 그린델발트까지 30분 정도면 도착한다.

피르스트
First

하늘 아래 첫 번째 마을이라는 뜻의 피르스트는 해발 2,168m에 위치한 산악마을로 그린델발트Grindelwald에서 가장 유명한 마을이다. 아이거의 북벽과 묀히, 융프라우를 모두 감상하며 하이킹을 즐길 수 있는 곳으로 그린델발트에서 케이블카를 타고 약 25분 이면 도착할 수 있다.
하이킹 코스를 따라 약 60분 정도 걸어가면 산속의 호수인 바흐알프 호수Bachlapsee가 나오는데 호수에 비친 알프스의 경치가 마치 혼 폭의 그림처럼 아름답다. 겨울에는 하이킹대신 스키를 즐길 수 있다.

쉴트호른
Schiltorn

007 영화의 배경이 되면서 유명해진 쉴트호른Schiltorn은 스키, 하이킹뿐만 아니라 회전식 레스토랑에서 전망을 감상하며 식사를 즐길 수 있다. 해발 2,970m 높이의 쉴트호른은 제피넨 푸르게 패스의 베른 알프스 북쪽 지역 산이다. 뮈렌은 쉴트호른으로 가는 관문이며, 라우터브루넨에서 열차나 케이블카로 이동할 수 있다.

산 아래에 위치한 뮈렌 마을에서 케이블카를 타고 약 30분 정도면 산 정상에 도달할 수 있다. 정상에 도착하면 파노라마 풍경을 감상하며 감탄하게 된다. 베른 알프스 지역, 쥐라 산맥, 블랙 포리스트까지 전망할 수 있다. 티틀리스, 융프라우, 저 멀리에서 보이는 프랑스 지역의 몽블랑까지 환상적인 광경이 당신을 기다린다.

쉴트호른은 베른 알프스의 가장 높은 고도에 위치한 곳으로 보통 봄까지도 눈으로 덮여 있어 스키나 스노우보드 같은 겨울 스포츠를 위한 최상의 장소로 여겨진다.

피츠 글로리아 레스토랑은 회전식으로 한 바퀴를 도는 데 약 45분이 소요된다. 어디에 앉아 있든 아름다운 전망을 감상할 수 있다. 피츠 글로리아는 영화 역사상 특별한 장소로도 유명하다. 1969년 007영화 '여왕폐하 대작전'에서 악당 에른스트 블로펠드가 소유한 연구기관으로 출연했다.

영화 동영상과 원래의 각본, 메이킹 필름 등을 볼 수 있는 제임스 본드 전시관도 있다. 가상으로 헬리콥터도 탑승하고 영화에서 등장했던 봅슬레이 추격전도 간접적으로 체험할 수 있도록 만들어 놓았다.

쉴트호른의 여름에는 알프스 지역을 따라 잘 마련된 하이킹 산책로를 이용할 수 있다. 6월부터 8월까지의 여름에는 스카이라인 전망대에서 보는 여름 특유의 일몰도 아름답다.

Bern
베른

베른
BERN

스위스의 수도인 베른(Bern)은 오랜 역사의 도시를 원형 그대로 보전하고 있어 가치가 있다. 구시가는 1983년에 유네스코 세계유산으로 지정될 정도로 아름답고 역사적 가치가 있다. 비 오는 날에도 우산 없이 편하게 쇼핑을 즐길 수 있는 6km에 이르는 아케이드는 유럽 최장의 길이라고 알려져 있다.

도시 이름이 지어진 이유?

1191년, 베르초롤트 5세Berchrold V에 의해 세워진 베른은 스위스의 수도이자 4번째로 큰 도시이다. 전설에는 베르초롤트 5세가 이지역에서 사냥을 하면서 잡은 첫 번째 동물이름을 따서 도시의 이름을 지었다고 한다. '베른Bern'은 이 지역 말로 곰이라는 뜻이다. 곰은 지금까지도 도시의 상징으로 남아 있다.

간략한
베른의 역사

1191년, 군사 요새로 건설되기 시작한 도시이다. 1220년에는 자유 도시가 되었고 1353년에는 스위스 연방에 가맹하였다. 1848년, 스위스 연방 헌법이 제정되면서 스위스의 수도 역할을 하게 되었다. 중세 시대의 건축물들이 잘 보존되어 있어서 1983년, 도시 전체가 유네스코 세계 문화유산에 등재되었다.

스위스의 수도는
베른인가?

스위스의 사실상 수도라고 부르는 베른이다. 많은 사람들이 스위스의 수도를 취리히로 알고 있지만 스위스의 수도는 '베른Bern'이라고 한다. 스위스 연방 의회와 행정부(연방 평의회)가 위치해 사실상 수도 역할을 하는 인구 13만 명의 도시다.

스위스의 연방 헌법상 명문화된 수도가 없어서 명문화된 수도를 말하라고 한다면 없는 것이나 마찬가지이다. 왜냐하면 연방 대법원은 '로잔'에 있으며, 기타 여러 도시에 정부 기관이 분산되어 있기 때문이다.
그렇다면 스위스는 왜 수도를 만들지 않았을까? 연방을 이루는 각 주Canton의 지위를 헌법상 항구적으로 보장하고 동등하게 대우하는 스위스의 연방 정치 관례상, 어느 한 도시를 수도로 명문화하면, 한 주의 특권이 비대해지는 것을 경계했다고 한다. 대한민국도 수도인 서울이 너무 비대해져 지방의 공동화현상이 나타나는 것을 보면 이해가 될 수 있을 것이다.

189

오랜 전 예스러운 구시가지는 아레Aare 강에 의해 형성되었고, 현재 14곳이 유네스코 세계문화유산 지역 명단에 올라있다. 다양한 매력을 가진 수도인 베른Bern은 베른을 다시 찾게 되는 이유이기도 하다.

6km에 이르는 석회암 건물들과 중세시대의 아케이드, 다채로운 형상을 한 르네상스 양식의 분수, 그리고 그림 같은 지붕 꼭대기로 둘러싸인 아름다운 성당이 있는 이 곳, 베른Bern은 1191년에 건립되었으며, 유럽 중세 시대 건축물의 진정한 보석과도 같은 존재이다.

아케이드
Arcade

6km에 걸쳐 늘어선 상점들 덕에 베른Bern은 유럽에서 가장 긴 지붕이 덮인 상점가가 되었다. 상가는 비 오는 날 뿐 아니라 한여름 시원할 뿐만 아니라 기분 좋은 그늘을 제공하는 장점이 있다. 또한 비 오는 날 우산 없이 쉽게 이동과 쇼핑이 가능하다. 전문 상점, 부티크, 갤러리, 등 다양한 상점들은 윈도우 쇼핑을 즐겁게 해준다. 한편 베른Bern의 박물관들 역시 문화를 사랑하는 사람들에게 영감을 제공한다.

시계탑
Zeiglockentum

마르크트 거리Marktgasse와 크람 거리Kramgasse 도로가 나눠지는 곳에 시계탑이 있는데, 인형들이 나와 시간을 알려준다. 이 장면을 보기 위해 관광객들은 탑 동쪽으로 모여 기다리곤 한다. 원래 이 시계는 1530년에 도시의 관문으로 만들어진 것이다.

곰 공원
Barenpark

아레Aare 강 건너에 곰 공원이 있다. 곰들이 이곳에 사육된 것은 1857년부터이지만 1441년에 시의회가 곰 먹이로 도토리를 구입했다는 기록도 남아 있다. 베른Bern은 도시의 상징인 곰의 복지를 위한 비용을 아끼지 않았다. 유서 깊은 베어 피트를 곰들이 산을 오르고, 물고기를 잡고, 놀고, 겨울잠을 잘 수 있는 현대적 공원으로 바꾸는 데는 막대한 비용이 들었다. 공원의 면적은 약 6,000㎡에 달하며, 구시가지 반대편 베어 피트에서 현재 아레Aare 강 제방까지 확장되었다.

"베어 피트Bear Pit"는 곰들이 마음껏 이용할 수 있도록 아직도 남아 있으며, 국가적으로 중요한 연방 문화 대상 중 하나로 이름을 올렸다. 잘 관리되는 시 차원의 보호구역에 포함되었다. 피트는 터널을 통해 공원과 연결된다. 새로운 곰 공원과 이전의 베어 피트도 관람 가능하며 동굴이 있는 푸른 구릉과 아레Aare 강의 '곰 목욕탕'을 볼 수 있다.

베른에서 볼 수 있는
12개의 재미있는 분수

1 명사수
리플리 분수
Ryffibrunnen

2 가난한 악사
백파이프 연주자 분수
Pfeiferbrunnen

2 베른을 인격화한 여신
베르나 분수
Bernabrunnen

베른병원 설립에 전 재산을 기부한
4 **안나 자일러 분수**
Anna-Seiler

5 베른의 상징, 곰을 사
사격수 분수
Schutzenbrur

아이를 잡
식인귀
Kindifressde
6

베른은 정치의 중심지인데도 느긋하고 조용하며 아담한 정취가 느껴지는 곳이다. 그림 같은 구시가에는 6㎞나 되는 상점가와 역사적으로 유명한 11개의 역사적인 분수가 있다. 감옥탑부터 마르크트 거리 Marktgasse가 시작되는 데 이곳에 2개의 분수가 있다.

12 소식을 전해주는
전령의 분수
Louferbrunnen

10 용맹한
기사의 분수
Vennerbrunnen

11 눈을 가리고 있는
정의의 여신 분수
Gerechtikeitsbrunnen

7 설립자
베른 분수
...erbrunnen

8 사자와 결투 중인
삼손 분수
Samsonbrunnen

9 십계명을 들고 있는
모세 분수
Mosesbrunnen

세인트 빈센트의 베른 대성당
The Bern Münster Cathedral of St. Vincent

베른 시에서 인상적인 후기 고딕 양식을 지닌 건물이며, 스위스의 가장 중요한 중세말기 교회이다. 날개 회랑이 없는 교회당의 성단 전방에 있어서 좌우 외벽에서 밖으로 돌출하여 만들어진 부분인 '트랜셉트transept'없이 3개의 통로가 난 바실리카는 구시가 지붕보다 높이 솟아 있다.

구시가의 지붕들 위로 보이는 베른 대성당Bern Münster은 스위스의 종교 건축물 중 가장 크다. 1421년 짓기 시작해, 대를 이어 이 걸작을 지었으며 1893년에 이르러서야 첨탑만이 완성되었다. 15세기 고딕 양식의 성당은 특히 스테인드글라스와 정교하게 꾸며진 현관으로 유명하다. 언덕 위의 장미 정원은 200여종의 다양한 장미들이 피어있고 도시의 전망을 보기에 좋다.

특징을 가진 정문에는 '최후의 심판'이 묘사되어 있으며 이는 개혁파의 성상파괴 운동으로부터 사라지지 않고 남아있는 이미지이다. 정문 위로 난 344개의 계단을 오르면 전망 지점인 100m 높이의 대성당 타워에 도착한다.

베른 역사박물관
Beenisches Historisches Museum
(아인슈타인 박물관Einstein Museum)

아인슈타인 박물관이자 베른 역사박물관이 맞다. 스위스에서 중요한 문화적 역사적 박물관 중 한 곳이며, 오십만 여 점에 이르는 역사적 오브제를 소장하고 있는 곳인 동시에 아인슈타인 박물관이 있는 곳이다. 아인슈타인이 살았던 곳은 아인슈타인 하우스$^{Einstein\ Haus}$로 다른 장소이다.

베른 역사박물관은 선사, 초기역사에 이르는 역사 분야에서부터 민족학에까지 다양한 시청각적 접근을 통해 가장 중요한 부분을 보여 주고 있다. 전시되어 있는 유물은 석기 시대부터 현재까지, 문화에서부터 모든 대륙을 망라하고 있다. 1,000㎡의 규모에 문화, 역사, 선사 혹은 민족지학 등 주제를 순차적으로 바꿔가며 혁신적인 방법으로 전시하는 공간으로 사용되고 있다.

통합적인 아인슈타인 박물관에는 알버트 아인슈타인$^{Albert\ Einstein}$의 업적과 삶에 비중 있게 선보이고 있다. 애니메이션 영화와 실험들은 그의 천재적인 선구적 이론들을 설명하고 있다. 알베르트 아인슈타인이 이 곳에서 특허청 직원으로 근무하면서, 연구를 계속하여 특수 상대성 이론의 업적들을 남겼다.

레만 호의
유명한 작은 마을들

montreux
몽트뢰

레만 호수에 접해 있는 몽트뢰montreux는 스위스에서 아름다운 호수로 손꼽힌다. 루체른 호수와 레만 호수를 연결하는 골든 패스 라인의 끝자락에 위치한 몽트뢰는 베르너 오버란트 지방과 제네바, 로잔 등 레만 호수 주변 도시들의 연결지점에 위치해 교통의 중심지이기도 했다.

평화로운 래만의 호수마을에는 호수를 바라보면서 천천히 걸어가며 풍경을 감상하는 것이 가장 큰 즐거움이다. 몽트뢰 주변의 로잔, 브베, 시옹과 같은 역사적인 도시들을 방문하기 수월하다.

호수 산책로 (Les quais de Montreux)

몽트뢰의 호수 주위로 만들어진 약 7㎞의 산책로는 다양한 꽃들과 야자수로 꾸며져 천천히 걸어 다니는 즐거움을 맛볼 수 있다. 뒤에는 알프스의 아름다운 풍경까지 있으니 산책로는 항상 붐빈다.

프레디 머큐리(Freddie Mercury)의 동상
호수 산책로 중간에는 시청 광장에 몽트뢰를 사랑한 퀸의 리더였던 프레디 머큐리(Freddie Mercury)의 동상이 사람들을 맞이한다.

몽트뢰 재즈 축제 (Montreux Jazz Boutique)

한 여름 낮의 열기를 식혀주는 밤의 재즈 페스티벌은 유명하다. 7월 초부터 2주간 펼쳐지는 재즈 축제는 1967년부터 시작해 지금은 유명 축제가 되었다. 몽트뢰 카지노 뒤에 마련된 야외무대에서 유명 뮤지션뿐만 아니라 매일 다양한 밴드들의 무대까지 음악에 빠져들게 만든다.

Chateau de Chillon
쉬용성

19세기에 루소, 빅토르 위고, 뒤마 등의 작가들에 의해 소개되면서 사람들에게 알려지기 시작했다. 1160년경에 산과 호수로 둘러싸인 쉬용성은 전략 요충지이자 스위스 남북을 잇는 교통의 중심지로 중요했다.

13~14세기까지 막강한 권력을 가진 사보이 백작이 가장 선호하는 여름 휴가지로 이용하면서 황금기를 구가했다. 1536~1798까지 로잔이 속한 스위스 연방에 속해 있었다. 1798년에 독립을 하면서 다른 스위스 주인 캔톤Canton에 속하게 되었다.

쉬용성을 알린 결정적 인물
시인 바이런이 아내와 함께 이곳을 여행하면서 16세기에 투옥되었던 내용을 소재로 '쉬용의 죄수(The prisoner of Chillon)'를 발표하면서 전 세계적인 인기에 쉬용성은 지금도 관광지로 유명하다.

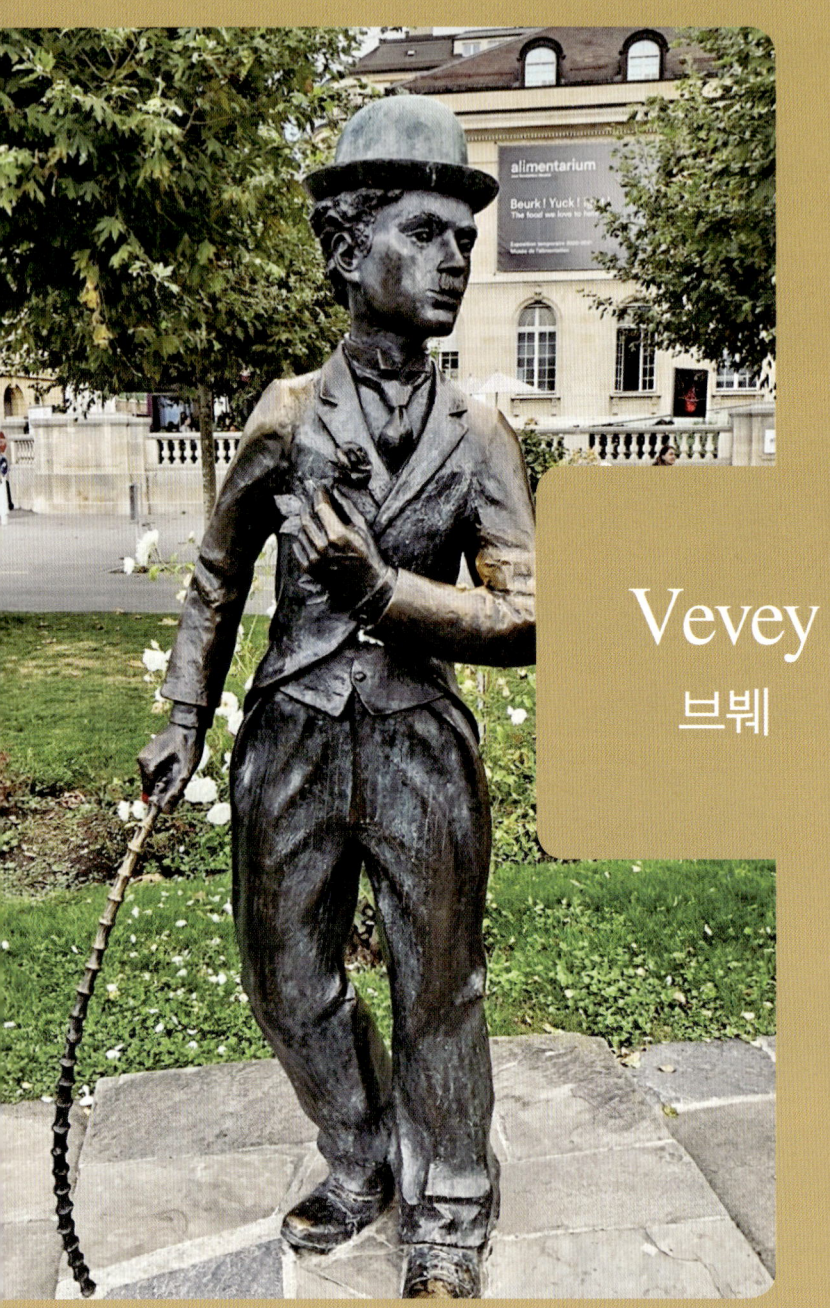

Vevey
브붸

몽트뢰에서 약 8㎞ 떨어진 브베는 버스로 이동하거나 자동차를 이용하여 도착할 수 있다. 몽트뢰와 같은 휴양지로 오래전부터 알려졌다. 찰리 채플린을 비롯해 유명인사들이 별장을 짓고 시간을 보내던 곳으로 유명하다.

스위스의 포도주와 낙농제품, 초콜릿의 본고장이기도 한 브베는 먹거리로도 사람들을 즐겁게 만든다. 스위스의 다국적 기업이 네슬레Nestle가 브베에 설립을 하면서 식품산업으로도 유명세를 떨치고 있다.

Geneva
제네바

제네바

GENEVA

제네바(Geneva)는 스위스에서 2번째로 큰 도시이며 UN과 적십자를 포함한 국제 조직의 본사들이 위치하고 있다. 제네바는 레이크 제네바 남서쪽 끝자락의 론 어귀를 둘러싸는 형태로 건설되었다. 그림 같은 레이크 제네바의 경치에 감탄하며 여러 국제 조직의 본사, 아름다운 박물관과 미술관이 줄 지어 늘어선 거리를 거니는 것도 좋다. 프랑스 알프스 산맥의 경치를 감상해도 좋고 카페에 앉아서 140m가 넘는 높이로 물줄기를 뿜어 올리는 제토 분수를 감상해도 좋다.

About
제네바

레만 호숫가에 자리한 제네바Geneva는 스위스에서 2번째로 큰 도시이다. 스위스 프랑스어 사용권에 속한 곳이기 보다 전 세계를 대상으로 일하는 도시가 맞을 것이다. 핵 확산, 민족 분쟁 등 전 세계 문제에 해결방법을 모색하는 다양한 기구들이 모여 있다.

약 200개 이상의 국제기구

유엔을 포함한 약 200개 이상의 국제기구가 이곳에 본부를 두고 있는 만큼 도시 인구의 30% 이상이 외국인이다. 복잡한 문제를 해결하는 도시이지만 도시 자체는 자연을 만끽할 수 있는 안전한 도시이다. 호숫가를 따라 산책하는 것만으로 제네바의 매력에 빠져들게 될 것이다.

종교개혁

철학자 장 자크 루소의 생가와 생 피에르 교회를 포함하여 오래 전의 건물을 볼 수 있다. 국제 개혁 박물관Musée International de la Reforme에는 프랑스와 스위스의 종교 개혁에 알 수 있는 종교개혁에 지대한 공이 있는 도시이기도 하다.

간략한
제네바 역사

1530년, 사보이 공작으로부터 유예를 받은 제네바는 2년 후에 칼뱅의 가르침을 받아들일 수 있었고, 덕분에 신교도의 로마로 알려지게 되었다. 이 시기에 도시는 경멸의 대상이었지만 다행히 후에 사라졌다. 1798년 프랑스가 제네바를 합병하여 1815년 스위스 연방이 될 때까지 16년 동안 통치를 하기도 했다.

한눈에
제네바 살펴보기

도시는 론 강을 중심으로 남과 북으로 나누어진다. 북쪽에는 중앙역이 있고 남쪽에는 중요한 건물들이 주로 들어서 있다. 시내가 넓지 않으므로 걸어 다니며 둘러볼 수 있는 장점이 있다. 구시기지에는 루소 섬의 동상에서 여행을 시작하자.
오른쪽으로 돌아 론 강의 남쪽을 따라 내려가면 13세기 중세에 도시의 요새로 쓰인 곳을 볼 수 있다. 남쪽으로 난 협소한 자갈길을 따라가면 길 양쪽에 흥미로운 건물을 볼 수 있다. 루소가 태어난 40번지 집이다.
시 중앙에는 로마네스크 고딕 건축물이 많은 데, 고딕스타일의 생 피에르 성당이 보인다. 디곳은 1536년부터 2년 동안 칼뱅이 설교를 했던 곳이다. 이곳의 탑에서 내려다보는 전망이 좋다. 호숫가 중앙의 분수는 분수라고 할 수 없을 정도로 강력한 힘으로 물을 뿜어낸다. 그 높이가 140m에 이르고 약 7톤가량의 물이 공중으로 솟아올라 바람의 영향에 의해 사람들에게 떨어지기도 한다.

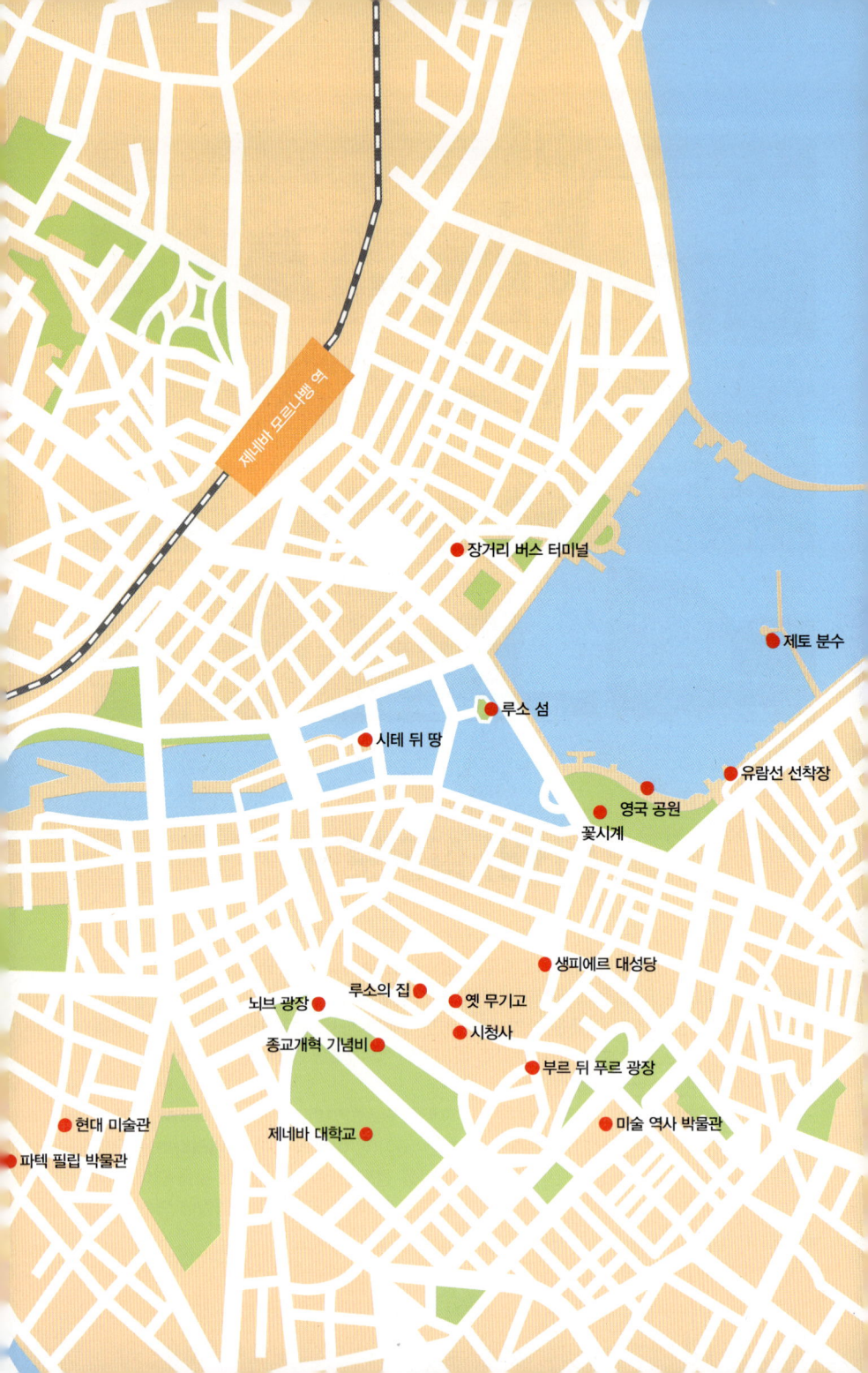

생 피에르 성당
Cathedrale St. Pierre

제네바 구시가지를 굽어보고 있는 성당은 다양한 건축 양식의 조합과 성당 아래의 로마 신전 유적지로 잘 알려져 있다. 종교개혁가 칼뱅이 설교를 한 장소가 있어 더욱 유명해졌다. 12세기 후반 초기 예배당들이 있던 자리에 건축되었으며 16세기의 종교개혁 당시에는 개신교도들의 예배 장소로 거듭났다. 성당은 여러 차례의 재건축을 거치면서 다양한 건축 양식을 갖추게 되었다.

본관 건물은 로마네스크 고딕 양식을 갖춘 반면 외관 기둥은 신 고전 양식을 보여주고 있다. 동쪽에 있는 2개의 정사각형 탑은 성당의 나머지 부분과 너무 다른 나머지 완전히 별개의 건물 중 일부로 보일 정도이다.

- 6/1~9/30 (월~금요일 9시 30분~18시 30분 / 토요일 17시까지 / 일요일 12~18시 30분)
  10/1~다음해 5/31, 월~토요일 10~17시 30분 / 일요일 12시부터)
- 탑 8Chf(16세까지 4Chf)

한때 화려했던 성당 내부는 개신교회로 개조되는 과정에서 대부분 철거되었다. 하지만 신도석에는 우아한 로마네스크 양식의 흔적이 부분적으로 남아 있다. 성당에서 눈 여겨 볼만한 다른 장식물은 목조 조각이 새겨져 있는 15세기의 성가대석이다. 성가대석은 종교개혁 당시 다른 건물 안에 있었기 때문에 철거를 피할 수 있었다. 고딕 양식으로 칠이 되어 있는 마카베 예배당Maccabee Chapel으로 가면 칼뱅이 사용하던 소박한 나무 의자도 중요한 종교개혁 유물이다.

좁은 나선형 계단을 따라 성당 첨탑 꼭대기로 걸어 올라가면 주변의 탁 트인 전경을 감상할 수 있다. 성당 밑으로 내려가면 대부분은 그 역사가 4세기까지 거슬러 올라갈 정도의 발굴지가 나온다. 로마 제국 말기의 모자이크 바닥, 수도승의 방과 알로브로게스족 족장의 묘지를 찾아보자.

제토 분수
Jet d'Eau

제네바 중심의 어디서든 호수 방향을 바라보면 보일 정도로 거대한 분수가 바로 제토 분수 Jet d'Eau이다. 식사를 즐기면서, 공원 주변을 산책하며, 하늘을 향해 물줄기를 뿜어 올리는 환상적인 분수는 의외로 시원하고 탁 트인 감정을 가지게 한다.

사람들에게 인기가 많은 자리 중 하나는 분수에서 조금 떨어진 목욕탕 뱅 데 파퀴Bains de Pâquis이다. 호수의 시원한 물과 함께 화려한 분수를 감상할 수 있지만 분수 근처에 있으려면 바람의 방향이 바뀔 때 순식간에 물에 흠뻑 젖을 수도 있다.

제토 분수는 원래 도시의 장인과 공예가에게 물을 공급하는 수압 시스템의 안전밸브 역할을 했다. 그런데 시간이 지나면서 분수가 아름답다는 소문이 퍼지면서 스위스 연방 탄생을 기념하기 위해 헌정된 현재 위치로 옮겨졌다. 제토 분수는 거의 1년 내내 작동되며 하늘을 향해 시속 200km/h의 속도로 140m 높이까지 물을 뿜는 2개의 펌프가 분수의 심장이다. 분수는 연중 내내 작동하지만 강풍이 불거나 결빙 온도 이하로 떨어지면 작동이 중지될 수 있다.

생 피에르 대성당의 첨탑에 올라가면 화려한 분수의 모습을 위에서 내려다볼 수 있다. 아니면 영국식 정원 공원에서 화려한 물의 향연을 감상하는 것도 좋다. 영국식 정원 공원의 아름다운 정원을 산책하며 제네바의 명물인 꽃시계Horloge Fleurie까지 같이 감상하자.

밤이 되면 분수의 아름다움이 절정에 이른다. 12개의 스포트라이트가 분수를 비추는 광경은 신비롭다. 호숫가 근처의 레스토랑에 들러 음식이나 커피를 즐기면서 무수히 반짝이는 물방울로 수놓아진 환상적인 밤하늘의 아름다움을 즐겨보는 것을 추천한다.

부르 드 푸르 광장
Place du Bourg-de-Four

제네바에서 가장 오래된 광장으로 구시가지 중심에 있으며 아름다운 경치를 구경하며 산책을 즐기거나 카페의 실외 테라스에 앉아 휴식을 취하기 좋은 장소이다. 수백 년에 걸쳐 많은 이들의 사랑을 받으며 만남의 장소로 이용되어 왔다. 부르 드 푸르 광장Place du Bourg-de-Four은 멀게는 로마 시대부터 현지 주민들이 물건을 구입하거나 음식을 사먹거나 어울리기 위한 장소로 이용되어 왔다.

부르 드 푸르 광장은 로마의 포럼(중심 광장)이자 축산 시장으로 시작되었으며 중세에는 도시의 광장으로 이용되었다. 16세기에는 다른 유럽 국가의 종교 탄압을 피해 도망쳐 온 수많은 개신교도들이 이곳에 정착했다.

광장에 도착한 후에는 광장 중앙에 위치한 18세기 대리석 분수대로 걸어가 보자. 동쪽으로

고개를 돌려 1860년부터 시 법원 건물로 이용되어 온 법원^{Palais de Justice}을 찾을 수 있다. 경찰서 맞은편에는 생 피에르 성당^{St. Peter's Cathedral}으로 이어지는 좁은 계단이 있다. 광장을 둘러싸고 있는 중산층 주택들은 대부분 16~18세기에 건축되었다.

근처를 돌아보는 동안 16세기의 뒤 트레이유 산책로^{Promenade de la Treille}로 가 산책로 끝까지 쭉 설치되어 있는 거대한 목조 벤치에 앉아보는 것도 추천한다.

종교개혁 기념
Reformation Wall

거대한 조각상이 서 있는 웅장하고 경이로운 기념 벽은 역사적인 개신교 개혁자들과 종교개혁에서 제네바의 역할을 기념하고 있다. 종교개혁 기념 벽Reformation Wall은 구시가지 바로 남쪽에 위치한 제네바 대학교University of Geneva 부지 안에 있다. 트램을 타고 뇌브 광장Place de Neuve까지 간 후 걸어서 이동하면 된다.

종교개혁 기념 벽Reformation Wall은 16세기 전 유럽을 강타했던 종교 운동의 핵심적인 인물들을 기념하고 있다. 인상적인 조각품은 길이와 높이가 각각 100m, 9m에 달하며 조각상, 저부조와 명문을 갖추고 있다. 종교개혁 기념 벽은 개신교 지도자였던 칼뱅의 탄생 400주년을 기념하기 위한 목적으로 1909~1917년에 건축되었다.

종교개혁 운동으로 가톨릭이 지배했던 유럽을 분열하게 만든 종교적 격동의 시대가 시작되었으며, 이는 16~17세기의 개신교회가 탄생하게 된 계기가 되었다. 격동의 시대에 제네바는 유럽의 다른 지역에서 망명해 온 개신교도들을 위한 안전한 피난처가 되어 주었다.

4.5m 높이의 조각상들은 제네바에서 최초로 종교개혁을 옹호한 인물 중 한 명인 기욤 파렐과 스코틀랜드의 장로교 창시자인 존 녹스를 비롯한 유명 종교 개혁가들을 묘사하고 있다. 기념 벽 상단에는 '어둠 뒤에 빛이 있으라(post tenebras lux)'라는 거대한 문구가 새겨져 있다. 이는 종교개혁의 좌우명이었으며 현재까지도 제네바의 모토로 이용되고 있다.

이곳에는 마틴 루터와 울리히 츠빙글리를 위시한 여러 종교 개혁가들을 묘사한 좀 더 작은 크기의 기념물도 구경할 수 있다. 다른 종교개력 지도자들은 몇 가지 측면에서 칼뱅과 다른 견해를 보였기에 이들의 조각상은 의도적으로 덜 부각되어 있다.

국제연합 유럽본부
Palais des Nations

국제연합 유럽본부를 눈으로 직접 보기 위해 매년 수천 명의 관광객이 방문하고 있다. 세계 2차 대전 직후 전 세계 지도자가 모여 회의를 열기 위해 건축된 역사적인 건물이다. 국제연맹으로 출발하여 현재 국제연합으로 발전한 세계 협력의 역사에 대해 알아볼 수 있다.

회의실과 총회장 팔레 데 나시옹 Palais des Nations은 이곳에서 열띤 토론이 열리고 국제적으로 중요한 조약이 체결되는 장소이다. 국제연합 유럽본부에는 전 세계 복지 향상이나 다양성 존중이라는 목표를 상징하는 각종 예술 작품이 전시되어 있다.

건물을 둘러본 후에는 건물 주변의 아리아나 공원으로 산책을 가자. 46ha의 넓은 면적에 800종의 수목과 공작새 무리가 살고 있다. 1939년에 국제연맹 출범을 기념하기 위해 제작된 천구를 포함하여 각종 기념물을 살펴볼 수 있다.

🏠 8, Av. de la Paix 14　🕙 10~12, 14~16시(4~8월 / 월~토요일 / 나머지는 월~금요일)
💰 14Chf(대학생 10Chf, 학생 7Chf)

영국 공원
Jardin Anglais

1854년에 조성된 녹지 공간은 제네바 최초의 영국식 공원이다. 영국 공원Jardin Anglais은 구시가지와 짧은 비탈길 하나를 사이에 두고 있다. 구불구불한 산책로를 따라 걸으며 제네바의 위대한 화가들을 기념하는 아름다운 청동 분수대와 조각상들을 볼 수 있다. 내셔널 모뉴먼트National Monument 조각상은 서로의 허리를 감싸 안은 두 여성의 모습을 하고 있다. 조각상은 1814년 제네바의 스위스 편입을 기념하고 있다.

영국 공원은 1869년에 제네바와 스위스의 통일을 기념하기 위해 건축된 국립 기념물을 포함하여 중요한 사건을 기리는 각종 기념물의 중심지이기도 하다. 호숫가에 위치한 영국 정원은 영국 코티지 스타일 정원의 매력을 볼 수 있다. 아름다운 꽃 배치가 일품이며, 도시에서 가장 유명한 기념물도 있다.

공원을 돌며 예술적으로 설계되고 다양한 색채와 향기로 가득한 경치를 감상하는 시민들이 많다. 여름에는 나무 그늘 아래에서 휴식을 취하거나 잔디가 깔린 넓은 공간에서 뛰어놀 수 있다. 항구 가운데에서 물줄기를 뿜어내는 거대한 제토 분수를 포함하여 조각상과 인상적인 분수는 멋진 볼거리이다.

영국 공원Jardin Anglais은 1854년에 항구 주변 환경을 개선하기 위해 건축되었다. 호숫가 2.5ha의 면적에 걸쳐 조성된 공원에는 구불구불한 산책로가 연결되어 있으며 레이크 제네바와 몽블랑 다리의 경치는 장관이다.

꽃시계Horloge Fleurie는 제네바에서 가장 유명하고 가장 많은 사람들이 사진을 찍는 관광 명소이다. 실제로 작동하는 거대한 시계는 6,000종의 꽃으로 장식되었고 지름이 무려 5m에 달한다. 계절에 피는 꽃이 시계 장식에 사용되며 매년 꽃 종류가 바뀐다.

꽃시계 (Horloge Fleurie)
꽃시계는 세계적으로 유명한 스위스의 시계 장인을 기념하기 위해 1955년에 제작되었다. 지름이 5m, 둘레가 18m에 달한다.
시계 초침을 자세히 보면 초침은 길이가 2.5m에 달하며 세계에서 가장 긴 초침으로 알려져 있다. 계절에 따라 변화하는 꽃으로 만든 거대한 시계는 제네바에서 가장 유명한 명물로 손꼽히며 현재까지도 작동하고 있다.
꽃장식이 1년에 4회에 걸쳐 변경되므로 꽃시계는 철따라 다른 색상을 선보인다. 시계 장치는 시간을 나타내며 꽃들은 변화하는 계절을 상징한다.

국제 적십자 박물관
International Red Cross & Red Crescent Museum

국제 적십자의 탄생지인 제네바에 있는 적십자의 활동과 인도주의 문제를 소개하는 박물관으로 도심에서 약 3㎞ 정도 떨어진 곳에 위치하고 있다. 대형 디스플레이에 범세계적인 인도주의 활동에 대해 보여주고 분쟁으로 영향을 받은 이들을 눈앞에서 만나볼 수 있다.

인도주의 체험관
오늘날 세계가 당면한 주요 과제들을 소개하는 3개의 구역으로 구성되어 있다. 목격자의 방Chamber of Witnesses에는 전쟁과 자연 재해를 경험한 이들과 만나볼 수 있는 실제 크기의 영상을 볼 수 있다. 자신의 손바닥을 인물의 손바닥에 갖다 대면 해당 인물의 이야기를 들을 수 있다.

인간의 존엄성 수호Defending Human Dignity에는 재해의 피해를 입은 이들을 짓밟고 있는 거대한 발을 볼 수 있다. 전시 공간에는 1864년에 체결된 제네바 협정의 원본 문서도 보관되어 있다. 제네바 협정에는 전쟁이 진행되는 동안 준수해야 하는 인도주의 행위에 대한 규정이 명시되어 있다. 3개의 광학 극장에는 간단한 조치가 자연 재해의 피해를 어떻게 예방하고 완화시켜주는지에 대해 알아볼 수 있다.

제네바 미술 역사박물관
Musée d'Art et d'Histoire

제네바 도심의 레 트랑셰Les Tranchées에 위치하는 제네바 미술 역사 박물관Musée d'Art et d'Histoire 은 인류의 발전사를 알 수 있는 박물관이다. 박물관 건물은 1910년에 다양한 컬렉션을 전시할 수 있는 단일 전시 공간을 마련하기 위해 건축되었다. 현재 박물관에는 전 세계 650,000여 점의 문화 보물이 전시되어 있다. 조각, 그림, 직물, 조형물이 전시되어 있으며 일부는 역사가 15세기까지 올라간다.

실용 미술 작품이 전시되어 있는 1층부터 시작해서 차근차근 둘러보자. 중세 시대부터 20세기에 걸쳐 탄생한 23,000점의 금속 공예, 도자기, 가구, 직물을 통해 정교한 손재주와 세련된 감각을 느낄 수 있다. 각종 악기와 반짝이는 은 세공품 컬렉션도 전시되어 있다. 2층의 순수 미술 섹션에는 피카소, 루벤스, 모네를 비롯한 대가들의 작품을 포함하여 15세기 이후 미술의 흐름을 알 수 있다.

박물관 지하실의 고고학 전시장에 가면 고대 인류의 역사를 살펴볼 수 있다. 스위스 최대의 고대 이집트 문물 컬렉션을 포함하여 약 70,000점의 유물이 전시되어 있다. 박물관 최하층에는 인류 발전 초기의 역사를 보여 주는 스위스 지역의 고고학적 유물이 전시되어 있다.

🏠 8, Av, de la Paix 14 🕐 12~18시(화~금요일, 토, 일요일 11시부터 / 월요일 휴관) 💰 12Chf(학생 7Chf)

Basel
바젤

바젤

BASEL

바젤(Basel)은 스위스의 최대 도시인 취리히에서 서쪽으로 80km 정도 떨어진 곳에 위치해 있으며 차를 타고 남쪽으로 100km 정도 이동하면 베른이 나온다. 프랑스와 독일과 경계를 이루는 바젤에는 세 국가의 문화가 융화되어 있다. 바젤(Basel)의 여름 날씨는 온화하며 예스러운 건물들이 눈으로 덮이는 추운 겨울에는 엽서에 나올 법한 아름다운 스카이라인을 구경할 수 있다.

About
바젤

바젤Basel은 프랑스와 독일 국경 지역에 위치한 유서 깊은 스위스 도시이다. 많은 박물관과 미술관은 물론 오래된 건물로 가득한 매력적인 역사 지구가 관광지역이다. 라인 강을 끼고 두 지역으로 나뉘어 있는데, 남서쪽에 있는 그로스바젤에는 역사 지구가 있으며 클라인바젤에서는 활기 넘치는 밤 문화를 체험할 수 있다.

국경도시

라인 강 북쪽에 있는 독일 영토로 둘러싸여 독일의 영향을 받았지만 1501년, 스위스 연방에 가입한 산업 도시이다. 오랜 도시의 매력과 함께 라인 강에서 프랑스와 독일에 접해 있는 전략적 위치로 인해 상업 도시로 발전하였다.

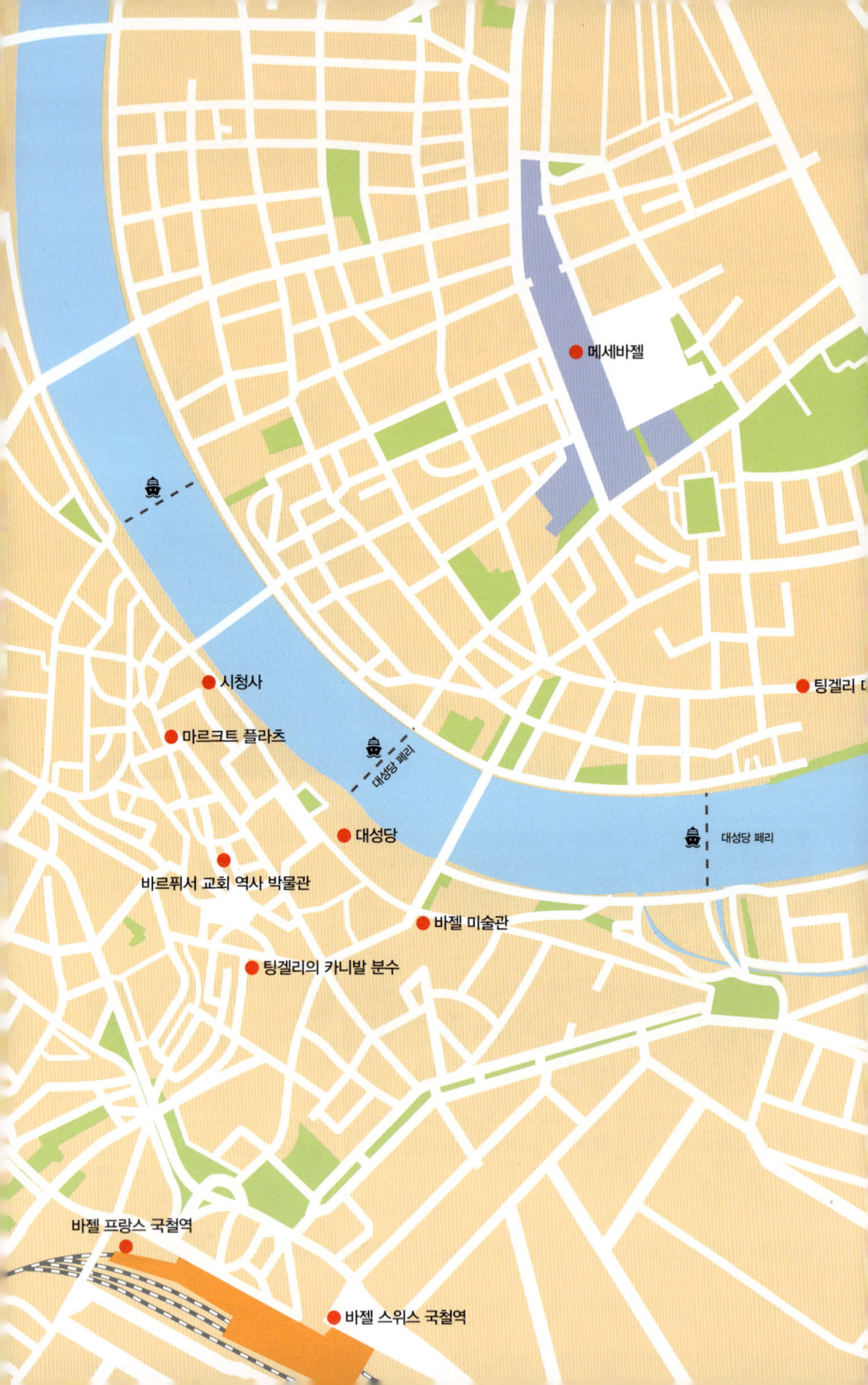

바젤 미술관
Kunstmuseum Basel

스위스 최대 규모를 자랑하는 박물관의 전시관에는 수백 년의 역사를 간직한 여러 인상적인 작품들로 이루어진 방대한 컬렉션을 감상할 수 있다. 1936년부터 미술관으로 운영되어 온 박물관 건물은 높은 아치, 좁은 기둥과 아케이드를 갖춘 박물관의 자태는 우아하다. 직사각형의 창문이 달린 평평한 회색 외관은 단순하지만 고상한 매력이 있다. 동쪽으로 조금만 걸어가면 현대미술관이 있는 별관이 나온다.

바젤 미술관Kunstmuseum Basel은 스위스에서 가장 중요하고 유서 깊은 미술관이다. 역사가 1600년대 중반까지 거슬러 올라가는 박물관에는 수백 년에 걸쳐 탄생한 다양한 미술품들이 보존되어 있다. 15~16세기 독일의 고딕 & 르네상스 미술가 가문인 홀바인 가문의 작품으로 이루어진 최대 규모의 컬렉션을 보유하고 있다.

19세기부터 현재까지의 작품을 소개하는 전시관에서는 현대미술품을 구경할 수 있으며 또 다른 전시관에서는 현지 화가들이 그린 역사적인 그림들을 살펴볼 수 있다. 박물관은 전

시대를 아우르는 다방면의 작품들로 유명하다. 렘브란트, 에두아르 마네, 클로드 모네, 폴 세잔과 빈센트 반 고흐를 비롯한 거장들의 그림부터 현대미술 컬렉션에는 앤디 워홀과 엔초 쿠키의 명작들도 포함되어 있다. 사진과 초현실주의 등을 테마로 한 단기 전시회도 수시로 열린다.

현지 주민들은 바젤 미술관을 '쿤스트 뮤지엄 Kunst Museum'이라 부른다. 쿤스트 뮤지엄 Kunstmuseum Basel은 '미술관'이라는 의미를 지니고 있다.

- www.kunstmuseumbasel.ch St. Alban-Graben 8
- 10~18시(화~일요일, 월요일 휴무) 20Chf(17세까지 10Chf, 12세 이하 무료)

대성당
Münater

바젤의 상징인 대성당은 라인 강변의 언덕에서 가장 눈에 띄는 건축물이다. 붉은색의 사암으로 이루어진 외벽, 노란색의 타일로 된 지붕, 2개의 쌍둥이 탑이 조화를 이루고 있다. 성당 내부에는 우신예찬과 종교 개혁으로 유명한 에라스무스의 묘지가 있다. 뿐만 아니라 납골당, 성가대석, 로마네스크 양식의 정교한 문, 회랑 등은 지속적인 개축을 하면서 지금에 이르렀다. 대성당 뒤쪽의 테라스에서 바젤 구시가의 모습을 볼 수 있다.

성당은 카롤링거 시대부터 지어졌다가 917년에 헝가리 인들에 의해 파괴되었다가 11~12세기에 로마네스크 양식으로 개축되었다. 1356년, 지진에 의해 파괴되어 다시 고딕 양식으로 지어졌다. 1529년 신교인 프로테스탄트로 개종된 후 성직자들의 이탈로 성당은 상인들에게 팔려 18세기에 후기 바로크와 네오클레식 양식으로 변했다.

⌂ Münsterpl. 9   ⏲ 10~17시(월~금, 토요일 18시까지 / 일요일 13~17시)

마르크트 광장
Markt Platz

오전에는 과일과 채소, 꽃과 먹거리를 파는 시장이, 그리고 오후에는 사람들의 약속 장소로 항상 사람들이 북적이는 광장이다. 이 광장을 중심으로 바르퓌서 광장Barfüsser Platz까지 이어지는 긴 거리가 구시가지이다. 트램 8, 11번이 기차역까지 이어지기 때문에 쉽게 도착이 가능하고 주위에는 주차장이 있어 자동차 여행시 주차도 편리하다.

시청사
Rathaus

바젤의 시청사는 강렬한 붉은 색이 인상적이다. 고딕 양식과 르네상스 양식이 결합한 건물은 화려한 금색 탑이 시선을 사로잡는다. 인상적인 시청 건축물 밖에는 프레스코화가 그려져 있다. 12세기 대성당에는 고딕식 첨탑과 로마네스크 양식이 혼합된 입구가 있다.

🏠 Marktplatz 9 🕒 월~금요일 8~12시, 13시 30분~17시 (토, 일요일 휴무)

⌂ Pfalz Hinter Basler Müunster

팔츠
The Pfalz

'팔츠The Platz'란 대성당 뒤에 있어서 근처에는 성직자들이 살았기 때문에 독일어로 좋은 집이라는 뜻으로 원래 궁전Palatium이라는 뜻에서 시작되었다고 전해진다. 라인 강변의 언덕에 지어져 구시가지뿐만 아니라 국경까지도 보인다는 팔츠는 바젤의 전경을 보기에 가장 적합한 장소이다. 팔츠 아래 경사로를 내려가 강을 가로 지르는 보트도 탑승이 가능하다.

미틀레레 다리
Mittlere Brucke

바젤에는 현재 5개의 다리가 지어졌는데, 지어진 다리 중에 가장 오래된 다리로 1226년에 도시를 관통하는 라인 강의 중앙에 놓여졌다. 구시가지와 신시가지를 연결해주는 다리의 역할을 수행했다. 다리에서 보이는 바젤의 풍경도 아름답다. 북쪽에는 강을 따라 늘어선 건물들이 보이고 편안하게 벤치에 앉아 여유를 즐기는 모습을 볼 수 있다.

🏠 Mittlere Brucke

Zermatt
체르마트

체르마트

ZERMATT

하늘을 찌를 듯한 알프스의 대표적인 고봉인 마테호른(matterhorn)을 보기 위해 찾는 마을이 체르마트(Zermatt)이다. 우리는 고봉을 보러 체르마트에 가지만 많은 유럽인들은 스키를 타러 체르마트로 이동한다. 스위스 5대 스키리조트가 체르마트에 있기 때문이다. 체르마트는 스위스 남부에 위치해 있어 이탈리아 북부인 밀라노에서도 가까워 스위스나 이탈리아 북부에서 찾아갈 수 있다.

스키 리조트

스위스 알프스의 최고봉인 몬테로사를 비롯해 4,500m 이상의 고봉들이 둘러싸고 스위스에서 가장 높은 전망대가 있어 알프스를 보러가든 스키를 타러 가든 체르마트^{Zermatt}는 항상 관광객들로 붐비는 곳이다.

청정 마을

휘발유 차량은 알핀 리조트로 진입할 수 없는 청정 구역이다. 전통적인 목조 마을에 자리를 잡은 호텔이나 레스토랑, 상점들은 다른 스위스의 도시들과 같지만 리조트로 이동하려면 예약된 리조트에서 전기 자동차나 마차로 이동할 수 있다.

빙하 특급

스위스 알프스를 가운데로 나눈다면 체르마트^{Zermatt}가 중간지점이다. 빙하특급의 종착역으로 스위스 서남부의 발레^{Valais}주의 교통 중심지인 브리그^{Brig}에서부터 빙하특급 열차로 바로 연결된다. 브리그는 베른이나 인터라켄 등 베르너 오버란트 지역과 몽트뢰, 로잔 등의 도시에서 기차로 쉽게 갈 수 있다.

브리그 역 앞에서 1시간 간격으로 출발하는 빙하특급 열차는 오른쪽으로 체르마트행과 왼쪽으로 아테르마트^{Andermatt}행으로 나누어진다. 체르마트에서 출발해 비스프^{Visp}, 슈텔든^{Stalden} — 사스^{Sass}를 거쳐 1시간 20분 정도면 도착한다.

마테호른이 유명하게 된 이유?

1865년, 에드워드 윔퍼(Edward Whymper)가 마테호른(Matterhorn)을 최초로 정복했다. 이후 전 세계의 등반가들이 체르마트를 찾기 시작하면서 유명하게 되었다. 지금은 전문 등반가가 아니어도 하이킹을 통해서 마테호른을 가까이까지 이동해 보기도 한다.

사진 출처 www.researchgate.net

체르마트 마을

발레 지역은 스위스 남부의 마테호른을 비롯한 4,000m가 넘는 고봉들을 가기 위한 전초기지 같은 마을이다. 빙하 계곡들과 알프스의 파노라마 같은 풍경들은 전 세계의 관광객을 끌어모으고 있다.

고르너그라트 전망대
Gornergrat

3,089m의 고르너그라트 전망대는 1898년에 처음 문을 열었다. 대한민국의 관광객에게는 인터라켄이 더 유명하지만 스위스에서 가장 유명한 전망대는 아마 고르너그라트Gornergrat 일 것이다.

체르마트Zermatt 기차역 건너편에서 고르너그라트행 등산철도를 타고 약 30분 정도면 올라간다. 스위스에서 2번째로 큰 빙하인 고르너 빙하와 마테호른, 스위스 최고봉인 4,634m의 몬테로사뿐만 아니라 4,000m이상의 고봉들을 볼 수 있다.

전망대에는 레스토랑과 기념품 상점과 가장 높은 곳에 있는 호텔인 3,100 클롬 호텔 고르너그라트가 있다.

마테호른 글래시어 파라다이스
Matterhorn Glacier Paradise

스위스 알프스에서 9번째로 높은 봉우리인 마테호른Matterhorn에는 직접 걸어서 올라갈 수 없다. 클라인 마테호른으로 케이블카를 타고 올라가면 케이블카로 갈 수 있는 가장 높은 전망대에 도착할 수 있다.
기차역 반대쪽으로 이동하면 승강장에서 곤돌라와 케이블카를 갈아타고 올라간다. 정상의 케이블카 역에서 내려 엘리베이터를 타고 올라가는 야외 전망 플랫폼에서 가장 가까이 마테호른을 볼 수 있다. 또한 프랑스의 몽블랑과 38개의 4,000m 이상의 고봉들과 14개의 빙하도 감상할 수 있다. 이곳에서 스키구역으로 연결되기도 한다.

> **주의사항**
> 높은 곳이기 때문에 산소가 부족해 고산병의 증세가 나타날 수 있기 때문에 천천히 이동해야 하며 두통이나 어지러움이 나타난다면 오래 머물지 말고 레스토랑에서 휴식을 취하고 내려오는 것이 현명하다.

베르너 오버란트
Berner Oberland

융프라우요흐를 비롯해 라우터브루넨, 그린델발트, 피르스트, 실트호른, 뮈렌, 그로세 샤이데크 등 7개 지역을 모두 포함한 지역을 일컫는다. 인터라켄, 융프라우, 쉴트 호른 등으로 관광지가 형성되어 있다. 남쪽으로는 아이거, 묀히 등의 유명한 알프스의 고봉이 베르너 오버란트 지역을 둘러싸고 있다.

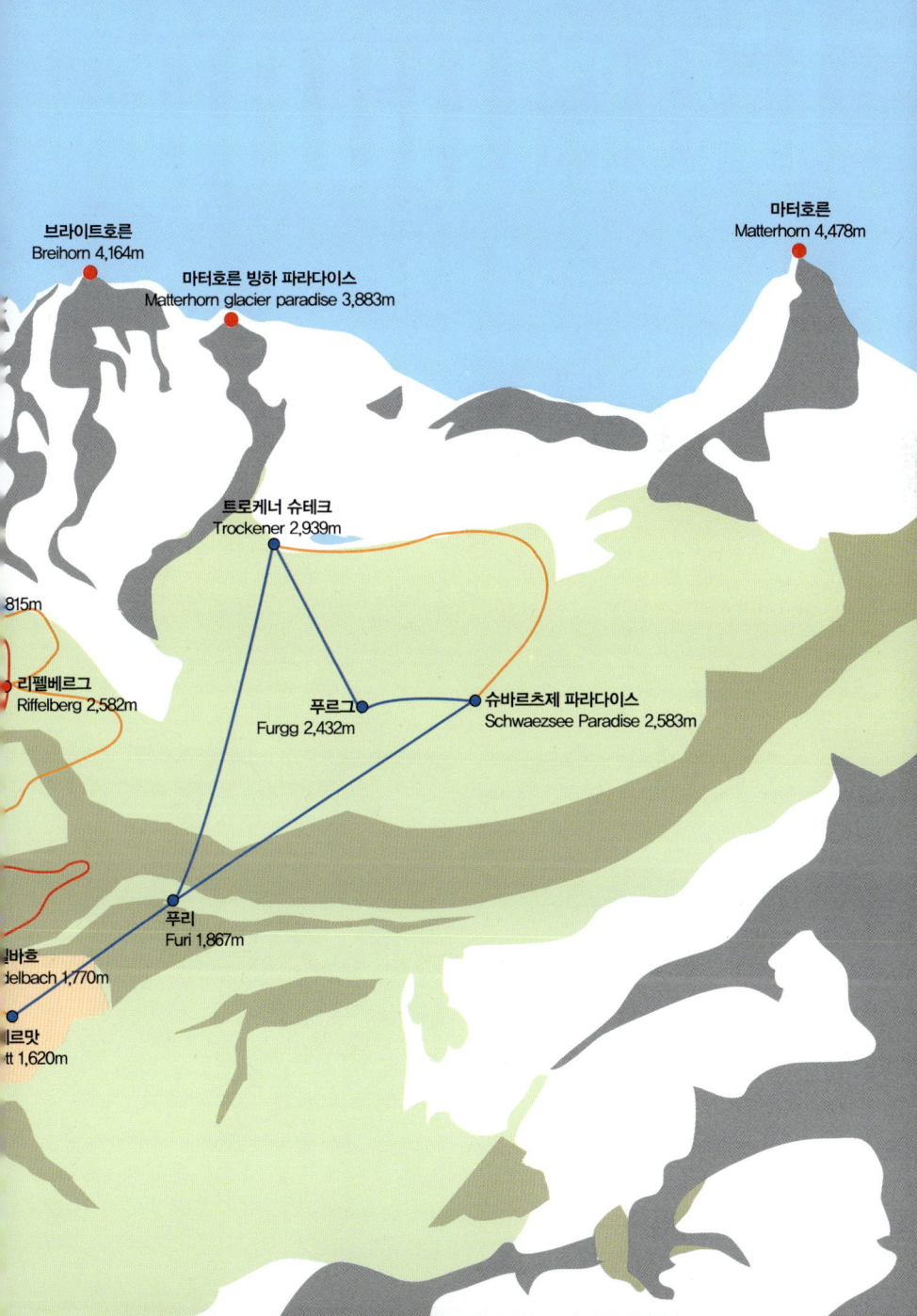

Germany

독일

Fussen | 퓌센
Oberamagau | 오버아마가우
Berchtesgaden | 베르히테스가덴

한눈에 보는 독일

- ▶**국명** | 독일 연방 공화국(Republic of Germany)
- ▶**수도** | 베를린
- ▶**언어** | 독일어
- ▶**면적** | 3,575만㎢
- ▶**인구** | 약 8,378만 명
- ▶**GDP** | 46,259달러
- ▶**종교** | 개신교 30.8%, 구교 31.5%, 이슬람교 4%
- ▶**시차** | 8시간이 늦다. (서머타임 기간인 3월 말~10월말까지는 7시간 늦다.)

국기
위에서부터 검정·빨강·노랑(금색)인 3색기이다. 공식명칭은 '연방기'라는 뜻의 'Bundesflagge'이며, 독일인들은 일반적으로 간단히 독일 국기라는 뜻으로 'Deutschlandfahne' 라고 부른다. 검정은 인권 억압에 대한 비참과 분노를, 빨강은 자유를 동경하는 정신을, 노랑은 진리를 상징한다. 3색의 유래에 대해서는 1813~1815년에 걸친 나폴레옹 전쟁시 옛 프러시아군 의용병의 복장색이라는 설과 다른 여러 설이 있다.

지형
독일의 중부 고원지역은 북부와 남부 독일을 가르며 독일의 주임지역은 라인란트 산악지역, 블랙포레스트, 바바리아 포레스트, 오레 산맥, 하르츠 산맥으로 분리되면서 뻗어나온 낮은 구릉지역이다. 라인강과 마인 강이 이 중심지역을 남서로 가르고 있다. 독일 알프스인 바바리아는 서부 콘스탄체 호수에서 독일 남동부 베르흐테스가덴까지 뻗어 있다. 대부분 산봉우리가 2,000m이상이며 가장 높은 곳이 축슈피체(2,966m)이다.

예의
큰소리를 내며 맥주를 마시는 독일인의 이미지는 찾아보기 힘들다. 시간과 규율에 철저한 독일인의 인상도 많이 희석되고 있다. 상식적인 예의를 중요하게 생각한다.

독일 역사

프랑크 왕국

라인 강 서쪽과 마인 강 남쪽에 위치한 독일은 원래 로마제국의 일부였다. 그러나 로마제국이 붕괴되면서 이 지역 여러 종족들이 유럽전역에 퍼져나가 작은 왕국을 세우게 되는데, 이 중 아헨지방에 근거한 샤를마뉴 대제가 대부분의 서유럽 지역을 정복하면서 거대한 프랑크 왕국을 세우게 된다. 그 후 962년에 프랑크제국 동부지역은 오토 1세가 세운 신성로마제국이 된다.

13세기

빈을 통치하던 합스부르크 왕가가 제국을 통치하게 된다. 그리고 뤼벡을 중심으로 한 발티 해 국가들과 독일 연합인 한자동맹으로 북부 독일의 외형적인 통합은 유지해 나갔다.

16세기

1517년 에어푸르트 수도원 출신 학자인 마틴 루터가 비텐베르그 교회 문에 '95조 조항'을 내건 이후로 유럽은 더 이상 예전과 같은 유럽이 아니었다. 루터는 죄인들의 벌을 사해준다는 면죄부를 판매하는 등 가톨릭교회의 사기행위에 대해 반박하게 된다. 교회를 개혁하려는 루터의 노력은 막대한 지지를 얻게 되며 신교운동과 종교개혁으로 절정에 이르게 된다. 유럽 전역에 퍼진 신, 구교 국가 간의 긴장으로 비극적인 30년 전쟁이 일어나게 된다. 독일은 유럽 거대세력간의 전쟁터가 되어 인구의 1/3을 잃게 되며 수많은 도시와 마을은 폐허가 된다. 베를린에 수도를 둔 프로이센 제국이 유럽에서 가장 강력한 세력으로

18세기	성장한다. 프리드리히 빌헬름 1세와 그의 아들 프리드리히 2세의 조직력으로 프로이센은 폴란드, 리투아니아, 러시아를 침략하여 점차 동쪽으로 확장해 나갔다.
19세기	19세기 초에 분열되었던 독일은 나폴레옹의 쉬운 정복대상이 된다. 그러나 프랑스는 강인한 도일의 주요 저항무대인 프러시아까지는 결코 정복할 수 없었다. 나폴레옹이 러시아에서 무참히 패배한 후 독일은 1813년 라이프치히 전투에서 그의 독일에 대한 야망을 산산이 부셔버렸다. 1815년 빈 의회는 35개국의 독일 연방으로 된 신성로마제국으로 바뀌게 되었다. 그리고 신성로마제국 의회가 프랑크푸르트에 형성되어 오스트리아 재상인 클레멘스 폰 메테니히가 이끌게 된다.
1866년	프로이센의 오토 폰 비스마르크가 오스트리아를 침략하면서 깨지게 되고 그는 재빨리 독일 북부를 통합해 나가게 된다. 1870~1871년 프로이센은 프랑스를 패배시키고 전투에서 승리하여 알사스, 로렌지방을 차지하게 된다. 그래서 프로이센 왕인 빌헬름 1세는 독일황제인 카이저가 되기에 이른다.
1914년 1차 세계대전	독일의 동맹국은 약소국인 오스트리아-헝가리 뿐이었다. 양쪽 전선에서의 힘겨운 전투로 국가자원은 약화되고 1918년 말까지 독일은 화해를 청하지 않을 수 없게 된다. 빌헬름 1세는 왕권을 버리고 네덜란드로 도망쳤으며, 바이마르 공화국이 들어서게 되었다.

1919년 ~1932년

전쟁 후 독일은 1차 세계대전 당시의 적국에 막대한 배상금을 지불하지 않을 수 없게 된다. 그에 따라 발생한 엄청난 인플레이션과 비참한 경제 상황이 계속되면서 정치적인 극단주의자들이 생겨나게 되었다. 그 중 한 명이 바로 오스트리아의 유랑노동자이자 독일의 퇴역군인인 '아돌프 히틀러'였다. 히틀러의 국가 사외주의 독일 노동당(나치)은 1923년 뮌헨에서 쿠데타를 일으키지만 실패하고 만다. 이로 인해 히틀러는 9개월 동안 감옥에 투옥되며 이때 그는 자신의 과대망상적인 이야기, 나의 투쟁을 쓰게 된다.

1933 ~1945년

2차 세계대전

나치는 총선에서 세력을 늘리게 되고 사회민주당을 대신하여 1933년 라이히스타에서 가장 큰 정당이 된다. 이에 따라 히틀러가 수상으로 임명되고 1년 후 지도자로 자리를 굳히게 된다. 히틀러는 1936년 라인란트를 다시 점령하고 1938년 오스트리아와 체코의 일부 지방을 합병하게 된다. 스탈린과 히틀러가 동유럽에 대한 자유 재량권을 허용하는 조약에 서명한 후 1939년 9월 히틀러는 마침내 폴란드를 침략하게 되고 영국, 프랑스와의 전쟁을 일으키게 된다. 독일은 재빨리 유럽 대부분 지역을 침략하였지만 1942년 이후로 점점 엄청난 손실을 입게 된다. 1945년 5월 독일은 무조건적인 항복을 하게 되고 히틀러는 자살을 하게 된다.

2차 세계대전의 참상에서 가장 끔찍한 것은 나치가 운영하는 포로수용소에서 6백만 이상의 유대인, 집시, 공산주의자, 기타 나치에게 대항하는 사람들을 죽였다는 것이다. 이 대학살은 국가적인 수치였으며 지금도 그 악명은 깨끗이 떨쳐지지 않게 되었다.

1946 ~1984년

알타회담과 포츠담 회담에서 승리한 연하국은 독일 국경을 다시 그리게 된다. 소련 점령지역에서는 공산주의 통일당이 1946년 선거에서 승리하게 되고 습진적으로 산업을 국영화하기 시작한다. 1948년 6월 소련은 독일의 서방국 점령지역 및 베를린 간의 모든 육상 교통을 차단하게 된다. 이로 인해 서방 연합국은 베를린 공수작전이라고 알려진 군사작전을 시작하여 비행기로 서베를린에 식량과 기타 물자를 공급하게 된다.

1949년 9월 독일 연방공화국은 3곳의 서방구역을 만들게 되고 그 다음 달 이에 대응하여 독일 민주공화국은 베를린을 수도로 한 소비에트 구역을 만들게 된다. 공산주의에 반대하는 서방의 보호에 따라 서독에는 전후 수년동안 미국 자본이 엄청나게 유입된다. 서독지역에서의 좀 더 낮은 생활은 숙련된 노동자들을 점차 끌어들이게 되고, 동독은 손실을 받지 않을 수 없게 된다. 그리하여 1961년 서베를린 주변에 장벽이 세워지고 서독과의 국경이 봉쇄된다.

1985 ~1999년

미하일 고르바초프가 1985년 소련에서 권력을 장악한 후 동독의 공산정권은 점차 소련의 지원을 받지 못하게 된다. 헝가리는 1989년 5월 국경 통제를 완화하게 되고 동독인들은 서쪽으로 몰려들기 시작한다. 1989년 11월 9일 서쪽으로의 직접 허용한다는 공산당국의 갑작스런 결정은 동, 서독의 모든 국경이 즉각적으로 개방된다는 것으로 오인되기에 이르며, 그날 밤 수천 명의 사람들이 아연실색한 국경경비대를 지나 서쪽으로 몰려든다. 그 후 며칠간 수 백 만 명이 몰려들게 된 베를린 장벽은 해체되기에 이른다.

몇 달 후 동, 서독과 2차 세계대전 당시의 연합군은 2+4 조약에 서명하게 되고 전후 점령지 체제를 종결짓게 된다. 독일은 동쪽 국경을 인정하여 1945년 이후로 폴란드와 소련이 합병한 영토를 공식 인정한다. 그리고 1990년 10월 3일 통일조약에 기초하여 독일 민주 공화국은 독일 연방공화국으로 통합된다.

통일 독일의 경제 사회적 비용은 엄청난 것으로 입증되었다. 정부는 서독지역과 간은 수준으로 만들기 위해 막대한 금액의 자금을 동독 지역의 사회기반사업, 주택건설, 환경보호시설에 쏟아 부었다. 1991년 독일 의회인 분데스탁은 독일 수도를 본에서 베를린으로 이전할 것을 결정하였으며 의회와 각국 대사관은 현재 베를린에 소재하고 있다.

독일 여행 전 알고 떠나자!

■ 대표적인 유럽 맥주 여행의 양대 산맥

와인이 역사적으로 가장 오래된 술이라면 전 세계의 서민들이 가장 많이 먹는 술은 맥주일 것이다. 마실 때에도 와인은 혀를 굴려 향을 음미하며 먹지만 맥주는 단숨에 들이키면서 목구멍에서 느끼는 상쾌한 맛으로 시원한 맛을 즐기는 술이다.

맥주는 보리와 기타 녹말 성분을 갖고 있는 곡류에 물을 넣어 발효시켜 만들기 때문에 곡류, 물, 제법 등 여러 가지 요인으로 품질이 좌우된다. 맥주는 포도의 재배가 안 되었던 독일, 덴마크 등에서 발달되어 전 세계로 퍼져 나갔다.

13세기 후반 호프를 이용하면서 질이 올라가면서 인기를 끌게 되었다. 쓴맛과 특유의 향을 내는 호프는 맥주를 맑게 하고 살균 작용하기 때문에 호프의 사용은 맥주의 질을 한 단계 더 높이는 획기적인 사건이었다. 맥주의 거품은 탄산가스의 방출을 방지해주어 신선한 맛을 유지시켜 준다. 맥주는 각 나라마다 특색 있게 발전해 왔으며 종류 또한 수도 없이 많아 새로운 경험을 할 수 있다.

독일

맥주 양조장만 1,800여개가 되는 맥주의 본고장이라고 할 수 있다. 2,000년이 넘는 역사와 전통을 자랑하는 독일은 전통에 걸맞는 호프를 처음 만들고 완성되었다. 역사적으로 독일의 맥주 명성을 가장 중요한 역할은 1516년의 맥주 순수령이었다. 바바리아의 맥주는 첨가물을 일제 사용하지 않으며 하젤 타우산 호프와 알프스의 맑은 물, 맥아와 효모만 사용한다는 것을 규정한 것이다.

매년 10월에 열리는 옥토버페스트 맥주 축제 때는 맥주를 마시면서 어울려 높고 노래 부르고 건배를 외치면 즐기는 모습은 뮌헨 여행의 백미이다. 뮌헨의 맥주는 강한 뒨켈, 부드러운 크리스탈 맥주이다. 뒤셀도르프에는 알트비어, 퀼른에는 퀼슈비어, 베를린에는 베를리너바이세가 있다.

체코

황금색의 옅은 맥주 빛깔과 맥아향이 약하고 맛이 담백한 필젠 타입 맥주의 본고장으로 맥주의 맛과 소비량이 독일과 비슷할 정도로 유명하다. 맥주로 유명한 체코의 지명을 따 온 맥주로 세계 맥주시장을 장악해 버린 버드와이저도 체코의 지명을 따온 것이다. 맥주를 좋아하는 체코인들과 관광객까지 가세해 국민 1인당 맥주 소비량은 독일과 항상 1등을 달린다. 체코의 대표적인 맥주인 필스^{Pils}는 체코 여행에서 반드시 마셔야 하는 맥주이다.

덴마크

독일의 위에 있는 북유럽의 덴마크에는 유명한 칼스버그(Carlsberg)가 있다. 덴마크의 수도 코펜하겐은 칼스버그와 동화작가 안드르센과 함께 코펜하겐의 대표적인 자랑거리이다. 설립자 야곱손이 덴마크 교외의 물 좋은 산기슭에 맥주 공장을 세우고 자신의 아들 칼Carl의 산Berg이라는 뜻으로 칼스버그(Carlsberg)라는 이름을 붙였다.

■ 활판 인쇄술 & 종교개혁

중국에서 2세기경 한나라에서 종이가 발명되고 7세기 당나라 대부터 목판 인쇄로 책을 대량으로 찍을 수 있었지만 유럽에서는 값비싼 양피지나 파피루스를 종이로 사용하고 있었다. 이슬람 세계를 거쳐 유럽에 종이가 전해진 뒤에서야 활판 인쇄가 시작되었다.

1454년 독일의 구텐베르크가 자신이 발명한 활판 인쇄기로 첫 번째 책인 라틴어 성서를 인쇄하였다. 이전에는 모든 글을 손으로 써서 책으로 만들 수 있었기에 하루 종일 쓰고 써도 많이 쓰지를 못했다. 하지만 활판 인쇄기 덕분에 똑같은 글씨체로 하루에 300장 정도를 깨끗하게 찍어낼 수 있었다. 그것은 대단한 발명품이었다. 활판 인쇄술 덕분에 책값이 저렴해져서 많은 사람들이 쉽게 책을 접할 수 있었기 때문이다. 루터에 의해 시작된 종교 개혁이 유럽 전체로 퍼지게 된 데에는 새로운 인쇄술의 보급이 큰 역할을 하였다.

16세기에 독일에서는 7명의 제후들이 선거를 통해 황제를 뽑아서 그 중 3명은 로마 교황으로 임명하였다. 그러므로 독일에서는 교황의 영향력이 매우 강력했다. 하지만 독일인들은 교황의 간섭을 싫어했고 교회에 바치는 세금이 로마 교황에게 들어가는 것에 불만이 많았다. 레오 10세 교황은 성 베드로 성당을 다시 증축하려는 비용을 마련하기 위해 돈을 주고 죄를 면해준다는 증서인 면죄부를 판매하였다. 유럽의 다른 나라에서도 팔렸지만 독일에서 특히 심하게 판매를 강행하였다. 이에 비텐베르크 대학의 신학 교수였던 마르틴 루터는 1517년, 카톨릭 교회가 면죄부를 판매하면 안 되는 이유 95가지를 들어 반박문을 비텐베르크 성당에 내걸었다.

교황의 권위를 완전히 부정하는 루터를 지지하는 반박문은 당시에 발명된 활판 인쇄술 덕분에 독일 전역으로 빠르게 퍼져 나갔고 루터는 대단한 지지를 받게 되었다. 교황은 루터의 주장이 이단이라고 선언하고 그를 교회에서 쫓아냈지만 루터는 자신의 주장을 따르는 무리들 중심으로 루터파를 조직하고 새로운 교회를 세웠다.

점차 제후들에게까지 큰 지지를 받으면서 독일 전역으로 루터파는 퍼졌고 덴마크와 스웨덴 등의 북유럽까지 루터파 신교가 전파되어 지금까지 신교를 믿고 있다. 종교개혁도 활판인쇄술이 아니었다면 성공하지 못했을 것이다. 활판인쇄술은 지금의 인터넷시대에 SNS같은 역할을 하며 새로운 시대를 이끌어 낼 수 있었다.

노이슈반슈타인 성 & 디즈니랜드 성

20세기 중엽, 미국의 만화영화 제작자인 월트 디즈니는 대규모 오락 시설인 '디즈니랜드'를 짓기로 결심하고 고민에 빠졌다. 어른과 아이 모두에게 환상과 낭만적 느낌을 줄 수 있는 상징적 건물을 결정하는 것에 난감했다. 그러던 어느 날, 디즈니는 유럽의 여러 성들을 사진으로 살펴보다가 한 성을 발견하였다.

1955년 완성된 신데렐라 성은 디즈니랜드의 상징이 되면서 월트 디즈니 만화영화사의 로고로도 쓰였다. 월트 디즈니의 고민을 해결해 준 성은 무엇일까? 독일의 퓌센지역에 있는 노이슈반슈타인 성이다. '새로운 돌 위에 앉은 백조'라는 뜻의 노이슈반슈타인 성은 19세기 바이에른의 국왕인 루트비히 2세가 권력과 재력을 이용해 만든 아름다운 성이다. 루트비히 2세는 직접 성을 설계하고 1869년부터 공사를 시작했지만, 1886년 온공된 성에 들어간 지 불과 102일 만에 세상을 떠났다.

독일 바이에른에 위치한 이 성은 세 방향으로 호수를 낀 채, 성 뒤쪽으로는 다리를 놓아 뒷산 계곡까지 이어져 있으며, 산 위에 세워져 기품 있는 모습을 보이고 있다. 성이 세워지기 이전인 어린 시절의 루트비히 2세는 환상의 세계를 꿈꾸곤 했다고 한다. 루트비히 2세는 왕이 된 후 정치보다는 음악을 좋아했고, 세상을 다스리기보다는 산과 호수가 있는 곳에서 지내길 좋아했다. 그리하여 그는 나라 일을 뒤로 하고 노이슈반슈타인 성을 짓는 데 몰두했다. 루트비히는 1867년에 방문한 발트부르크 성채와 베르사유 궁전 등을 참고하여 독특하고도 낭만적인 느낌을 주는 성을 생각했다.   사진은 밝게 넣어주세요

루트비히 2세는 평소 독일 음악가 바그너의 오페라를 사랑했는데 그 중에서도 특히 "로엔그린"을 좋아했기에 그런 마음을 적극적으로 성에 담았다. 노이슈반슈타인 성 자체를 로엔그린에 등장하는 중세 기사 성보다 훨씬 멋지게 표현한 것이나, 성 안을 온통 바그너 오페라의 등장인물로 장식한 이유가 있다. 주변의 반대에도 불구하고 엄청난 돈을 투자하고 많은 사람들이 매달린 끝에 노이슈반슈타인 성은 1886년 마침내 완공되었다.

■ '부르크'라는 이름의 도시들

독일의 도시들 중에서 아우크스부르크, 룩셈부르크, 함부르크 등 유서 깊은 도시에는 부르크라는 단어가 나오는데 이것은 '성곽'이라는 뜻이다. 중세의 유럽도시들은 성곽으로 둘러싸여 있는 경우가 많았다. 외부로부터 적들이 많이 침입하기 때문에 방어를 위해 성벽을 높이 쌓았다.

중세 도시에 사는 시민들은 국왕, 영주의 권력으로부터 자유로울 수 있었다. 누구든지 도시에서 1년 이상만 거주하면 이전의 신분에 상관없이 자유를 얻게 되었다. 그래서 도시는 곧 자유를 의미하게 되었고 12세기 무렵에는 인구가 1,000~5,000명 정도의 자치 도시가 많이 만들어졌고 자치도시들은 황제의 군대나 교황의 외교사절이라 해도 시장의 허락 없이는 함부로 들어올 수도 없었다.

성곽으로 만들어진 '부르크' 이름의 도시들은 지금도 그 형태를 그대로 가지고 있어서 유럽의 도시들은 작은 아름다운 도시들이 많이 있다. 특히 중세의 분위기를 그대로 간직한 독일 남부의 도시들은 "로맨틱 가도"라는 이름으로 새롭게 이어져 독일로 관광객들이 여름에 모이고 있다.

독일 도로와 운전의 특징

■ 험하게 운전한다.

독일의 고속도로는 120km/h가 최대속도이지만 대부분의 차들은 140~150을 넘나들며 운전하고 느리게 가는 차들에게는 깜박이를 켜면서 차선을 내어주라고 한다. 그리고 반드시 1차선으로 운전하고 추월할 때만 2차선으로 이동하여 추월하고 다시 1차선으로 돌아오는 도로의 운전방법을 철저히 지키므로 추월할 때도 조심해야 한다.

■ 고속도로

독일에서 인접한 나라인 오스트리아, 체코로 이동하려면 고속도로가 빠르고 편리하다. 또한 일부 구간은 이동하려면 반드시 고속도로를 이용해야 자동차로 갈 수 있다. 그런데 독일은 고속도로 통행료가 비싸므로 사전에 비용을 확인해야 한다. 하지만 고속도로를 이용하면 빠르게 이동할 수 있으므로 국도보다 편리하다. 바르샤바에서 독일의 베를린과 서부의 브로츠와프를 지나 독일의 프랑크푸르트를 갈 때는 고속도로가 이어져 편리하게 나라와 나라사이를 이동할 수 있다.

■ 국도를 이용한다.

독일의 많은 도로는 국도이다. 어느 도시를 가든 국도를 이용하여 가게 된다. 그러므로 사전에 몇 번 도로를 이용해 갈지 확인하고 이동하는 것이 좋다.

■ 도시 내에서 주차는 쉽지 않다.

독일 도시 내에서 주차하는 것은 골칫거리 중 하나이다. 도심 주차장에 세워둔다면 요금이 상당히 비싸다. 그래서 무료 주차가 가능한 호텔이나 숙소를 찾아 주차를 하고 여행을 해야 마음도 편하고 주차 요금도 줄어들 수 있다.

독일 도로사정

독일의 도로 상태는 전 세계에서 가장 좋다고 자부할 정도로 도로 상태와 전국을 잇는 고속도로와 국도가 전국을 잇고 있다. 독일의 도로는 대한민국과 차이가 거의 없어서 운전을 하는 데에 불편함은 크지 않다. 수도인 베를린, 프랑크푸르트, 뮌헨 등의 대도시 내에서는 일방통행 도로가 많고 트램도 있어서 운전을 하는 데 조심해야 하지만 고속도로는 도로 상태가 좋고 차량이 적어서 운전을 하기는 비교적 쉽다.

도로 표지판도 대한민국에서 보는 것과 차이가 거의 없다. 또한 주차를 시내에서 할 때 주차료를 아까워하면 안 된다. 반드시 정해진 주차장에서 시간에 맞추어 주차를 해야 견인을 막을 수 있다. 숙소에서 사전에 주차가 되는 지 확인하고 숙소에 차량을 두고 시내관광을 하는 것이 주차의 고민을 해결하는 방법이기도 하다.

> **국도**
>
> 제한속도가 시속 90㎞이고 작은 마을로 들어가면 시속 50㎞로 바뀌므로 반드시 작은 도시나 마을로 진입하면 속도를 줄이도록 인식하고 운전하는 것이 감시카메라에 잡히지 않는다. 최근에는 렌트 기간이 지나 감시카메라에 확인되면 신용카드를 통해 추후에 벌금이 청구된다.

독일 고속도로

수도인 베를린, 남부의 최대 도시 프랑크푸르트를 기점으로 전국으로 연결하는 고속도로가 잘 구축되어 있다. 자동차를 렌트하여 다니는 관광객의 입장에서 무료와 유료 도로가 있다는 점이 차이가 있다. 대부분의 고속도로가 무료이지만 최근에 건설되는 고속도로는 유료로 개통하고 있다. 무료 고속도로는 Auto Via, 유로는 Auto Pasta로 구분한다.

유로 고속도로에서 톨게이트를 지나가려면 티켓을 뽑아 나가는 톨게이트에서 현금으로 지금하면 된다. 대한민국의 하이패스 같은 시스템도 있지만 관광객의 경우에는 하이패스를 구입할 필요는 없다. 짧은 구간의 유로 고속도로는 바로 현금을 지급하도록 되어 있다. 톨게이트에 진입 시 사전에 차량이 대기하고 있는 통로가 후불식이므로 확인하고 진입하는 것이 편리하다.

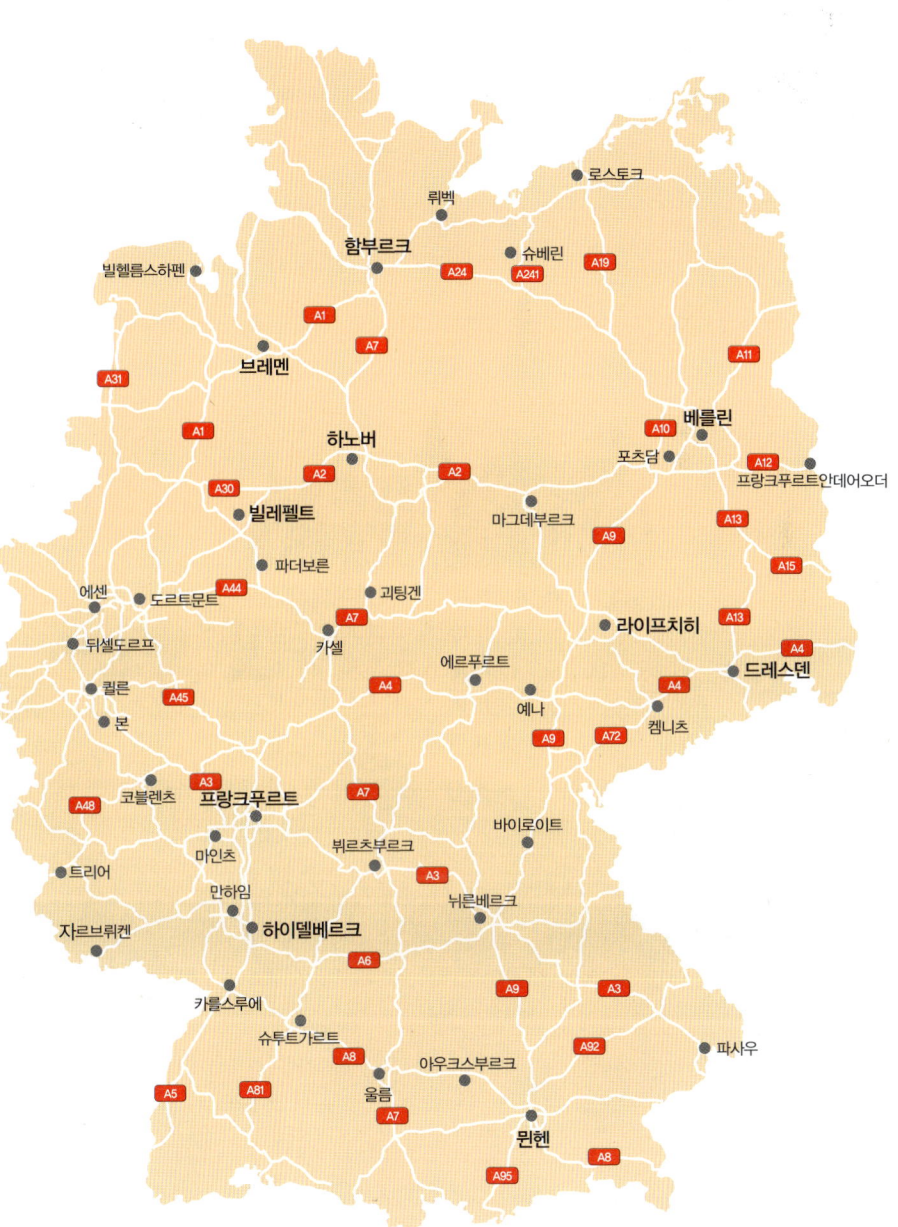

Füssen

퓌센

퓌센

FÜSSEN

뮌헨 근교에서 가장 인기 있는 관광지는 퓌센(Füssen)이다. 퓌센은 알프스 끝자락에 위치한 시골이지만 중세시대의 정취를 만끽할 수 있는 로맨틱 가도에 끝자락에 있는 도시이다. 인근에는 슈방가우(Schwangau)에 있는 아름다운 백조의 성인 노이슈반슈타인 성(Neuschwanstein Castle)으로 유명하다.

퓌센 IN

이동하는 방법

뮌헨 중앙역에서 퓌센Füssen으로 가는 직행 기차를 이용할 수도 있지만 카우프베우렌Kaufbeuren이나 뷔숄로Buchloe역에서 경유편 기차를 타고 이동하면 된다. 직행과 경유편이 1시간마다 교대로 운행된다. 노이슈반슈타인 성Neuschwanstein Castle이 있는 슈방가우로 가려면 퓌센 역에서 내려 2번 정류장에서 73, 78번 버스를 타면 된다.

길을 2갈래로 나눠진다. 성으로 직접 가는 방법과 마리엔 다리Marienbrücke를 경유해 성으로 이동하는 방법이 있다. 매표소 오른쪽에 있는 호텔 옆으로 난 길을 따라 30분 정도 걸어 올라가면 숲 속으로 난 길을 따라 올라가거나 마차를 이용하면 된다.

버스(겨울 운행중지)를 타고 10분 정도 지나면 성 앞이 아니라 마리엔 다리Marienbrücke에서 내리게 된다. 마리엔 다리에서 보는 노이슈반슈타인 성Neuschwanstein Castle의 모습이 아름다워 반드시 보고 가야하는 장소이다. 마리엔 다리에서 성까지 다시 10분 정도 걸어가야 한다. 초입으로 걸어가는 길에 마리엔 다리로 이어지는 길이 있어서 그냥 걸어도 되지만 걸어가는 길을 멀어 버스를 타고 이동하는 경우가 많다.

마리엔 다리에서 본 노이슈반슈타인 성

퓌센의
핵심 도보 여행

뮌헨에서는 도시를 둘러보면 1일 정도면 다 볼 수 있기 때문에 근교를 가려고 하는데 이때 대부분의 여행자가 가는 곳이 퓌센이다. 퓌센을 가는 이유는 세계에서 가장 아름다운 성중의 하나인 노이슈반슈타인 성을 보러 가기 위함이다. 앞프스기슭에 자리잡고 주변의 호수와 어우러져 멋진 절경을 관광객들에게 제공해 준다.

일정
뮌헨 중앙역(07:51) → 퓌센역 → 버스정류장(3.5유로) → 매표소 → 마차(올라갈 때 6유로), 성 미니버스(2유로) → 노이슈반슈타인 성(13유로, 학생 8.5유로, 18세이하 무료)

뮌헨에서 퓌센까지는 약 2시간 정도 걸린다. 보통 전날에 호프브이에서 맥주를 마시기 때문에 다음날에 퓌센을 갈 때 늦게 일어나서 가려고 하는데 그러면 올 때 문제가 생기기 쉽다. 유레일패스가 있으면 무료도 탈 수 있다.

기차는 1시간에 한 대씩 있으니까 시간대별로 고르시면 된다. 퓌센을 갈 때 저는 머리도 못 감고 일어나서 정말 아슬아슬하게 07:51분 퓌센행 열차를 탔다. 갈때도 전날의 술 때문에 고생을 하긴 했어도 열차에서 잠을 잤기 때문에 성을 볼때는 다시 쌩쌩해졌다. 오전 7~8 시간대에 타시는 것을 적극 추천한다. 늦으면 많은 관광객들로 인해 다리에서 성 사진을 찍을때도 문제가 된다.

퓌센역을 내리면 버스정류장이 있는데, 2번 버스정류장에서 타시고 10분 정도를 가면 도착한다. 이 성은 특이한게 성의 입구에 매표소가 있는게 아니고 산 아래에 매표소가 있다. 성 내부를 보면서 영어가이드 투어를 하는데에 13유로가격인데 영어를 알아듣기 힘드시면 안

봐도 된다. 개인적인 취향이긴 하지만 성의 내부는 현대식으로 되어 있어 성의 아름다운 외부를 보다가 안을 보면 실망을 많이 한다.

도보로 노이슈반슈타인성을 올라가는 것은 30분정도 올라가는데 저는 마차를 타고 올라가 보라고 추천한다. 특히 여름에 가셨다면 마차를 타고 올라가면 힘이 많이 비축이 된다. 매표소옆의 뮐러호텔 앞에서 타면 성 입구까지 올라가는데 속도는 걷는 것보다 약간 빠른 정도이다. 친구들이나 가족끼리 성을 보러오셨다면 색다른 경험을 하게 된다. 비싸긴 하지만 재미는 있다.
미니버스는 리슬호텔 옆에 정류장이 있으니 타고 올라가시면 되는데 우리나라 배낭여행객들은 걸어서 많이 올라간다. 성에 올라가면 노이슈반타인 성의 사진을 찍기 위해 성 왼쪽으로 난 길을 따라가 마리엔다리에 가서 성을 보자. 정말 탄성이 나오는 아름다운 성의 모습이다. 다들 사진을 찍으며 즐거운 시간을 보내고 성 내부로 들어가셔서 30분 정도 영어가이드의 설명을 따라 들으며 투어를 끝내고 나오면 된다.

노이슈반타인 성은 '백조의 성'이라는 뜻인데 바이에른 왕국의 루드비히 2세가 음악가인 바그너를 돕던 중에 그의 오페라 '로엔그린'중의 백조의 전설에서 영감을 얻어 이름을 짓고 백조의 모양을 형상화해서 만들었다고 한다. 성은 17년만에 완공이 되었는데 루드비히 2세는 3개월 후에 의문의 죽음을 당해 3개월만 이 성에서 거주했다고 한다.
백조의 성을 보다보면 옆에 호엔슈방가우 성을 볼 수 있는데 루드비히 2세의 아버지인 막시밀리안 2세가 고딕양식으로 만든 성이다. 호엔슈방가우 성을 보러 가는 것도 좋은 방법이다. 마리엔다리 위에서 노이슈반타인 성을 보았다면 호엔슈바가우 성에서는 밑에서 위로 보는 백조의 성의 모습을 볼 수 있는데 이 절경도 정말 아름답다.

다 보고 나면 같은 방법으로 퓌센역을 가는 버스를 타고 10분 정도 가면 되는데 오후 4시 5분, 5시 6분, 6시 5분열차를 타야 한다. 하지만 오전에 일찍 오시면 4시 5분 기차를 타고 돌아가서 못 다한 쇼핑이나 시내구경을 하는 편이 시간을 잘 사용하시는 거라고 생각한다. 전날에 피곤하셨다면 숙소로 돌아가서 쉬는 것도 좋은 방법이다.

노이슈반슈타인 성
Neuschwanstein Castle

동화 속에 나오는 성처럼 아름다운 노이슈반슈타인 성Neuschwanstein Castle은 월트 디즈니가 성을 모태로 하여 디즈니랜드 성을 지은 것으로 유명하다. 노이슈반슈타인 성은 바이에른 왕국 루트비히 2세가 1869~1886년에 지은 성으로 음악가 바그너의 오페라 작품에 나오는 주인공이 사는 성처럼 로맨틱한 세계를 구현하기 위해 지었다고 한다.

하지만 성이 완성되기까지 17년간 엄청난 비용은 들어갔다. 이 성을 짓는 중에도 린더호프 성 등 2개의 성을 더 만들기 시작하면서 빚은 더욱 늘어갔다. 결국 루트비히 2세는 미친 왕으로 불리면서 왕권을 박탈당하고 다음날 호수의 변사체로 발견되면서 완공을 보지 못하고 죽고 만다.

그는 성의 설계부터 참여해 문손잡이, 창틀 등 세부적인 부분까지 신경을 썼지만 성에는 102일만 머물고 의문의 죽음을 당했다. 당시 최고의 건축 기술을 동원해 화려하게 꾸민 화려한 내부 장식은 내부를 둘러보면 알 수 있다.

루트비히 2세L (udwig II)

바이에른 왕국의 4번째 왕이었던 루트비히 2세는 오스트리아 합스부르크 가문의 황후 시시의 외사촌이기도 하다. 잘생긴 이목구비로 여자들에게 인기가 많았다. 보통의 왕과 다르게 결혼을 안 하고 독신으로 살면서 사랑한 연인도 없이 남성들과의 염문을 뿌렸다고 한다. 바그너를 너무 챙겨주면서 바그너와 동성적인 사랑을 이야기하기도 한다.

바그너의 오페라 '로엔그린'을 보고 난 후 바그너의 열렬한 팬이 되면서 후원을 아끼지 않고, 성도 오페라에서 나오는 로엔그린의 백조이야기에서 성의 건축이 시작되었다. 오페라 속 장면들로 꾸미고 문 손잡이, 벽면 등의 세부 장식도 백조 문양을 새겨 넣었다.

1883년 바그너가 죽은 후, 노이슈반슈타인 성Neuschwanstein Castle과 린더호프 성의 건축에 매진한 나머지 미친 왕으로 불리며 국고를 탕진해 국민들의 지탄을 받았다. 결과적으로 신하들에게 배신을 당하고 교외의 성에 유배된 후 호수에서 변사체로 발견되었다. 죽음의 의문이 풀리지 않고 있다.

호엔슈방가우 성
Schloss Hohenschwangau

노란색 외관이 하얀색의 노이슈반슈타인 성^{Neuschwanstein Castle}과 대비되는 호엔슈방가우 성^{Schloss Hohenschwangau}은 루트비히 2세의 아버지, 막시밀리안 2세가 1832~1836년에 지은 네오 고딕 양식의 건축물이다. 바이에른 왕가의 여름 별궁으로 쓰였다가 루트비히 2세가 17세까지 사용했다고 전해진다.

성 안에는 프레스코화를 비롯해 왕가에서 수집한 보물과 19세기 중엽의 가구들이 전시되어 있다. 특히 조명에 따라 반짝이는 별 장식이 특이한 루트비히 2세의 방이 인상적이다. 3층에는 루트비히 2세가 바그너와 함께 연주한 피아노가 전시되어 있다.

Oberammergau
오버아머가우

오버아머가우
OBERAMMERGAU

오버아머가우(Oberammergau)는 독일과 오스트리아 국경에 위치한 바이에른 알프스 지역의 마을이다. 인구는 5,000명의 작은 마을이지만 시내의 건물들은 외벽을 프레스코 벽화로 장식되어 풍경화를 어디서나 볼 수 있는 매력적인 마을이다. 루트비히 2세의 린더호프 성이 인상적이기 때문에 잠시 머무르며 사진을 찍는 관광객도 있다.

독일 알프스 도로 루트에 있는 중간 기착지로 목각과 프레스코화로 장식된 채색된 집을 보면 한동안 마을을 둘러보게 된다. 기차보다는 자동차로 운전을 하다 잠시 휴식을 취하기에 좋은 곳이다.

크락센트레게르 (Kraxenträger)
바이에른 마을의 짐꾼들은 남부 독일을 거쳐 오스트리아로 상품을 운반했지만, 지역에서 생산된 목각을 운반하면서 지역 산업에 도움을 주었다. 조각가들은 처음에 종교적인 목각이 많았지만 점차 어린이 장난감과 기타 장식품으로 다양화했다.

간략한
오버아머가우 역사

오버아머가우Oberammergau는 오래전 켈트족이 정착하였고, 남부 독일을 지나가는 로마 군단과 켈트족 사이에 전투가 벌어졌던 곳이기도 하다. 오버아머가우Oberammergau에 최초로 정착한 사람은 수도원을 세운 에티코 백작이라고 알려져 있다. 이후 작은 농촌 공동체가 자리 잡았고, 14세기에 에탈 수도원이 건립되고 남북 무역이 확대되면서 임업과 힘든 산악 농업 외에도 무역으로 마을이 성장하였다.

유럽의 중세 전쟁과 흑사병으로 인해 큰 피해를 입었다. 이로 인해 수난극이 탄생하여 지금도 공연을 하고 있다. 나폴레옹 시대에 바이에른에서 세속화가 이루어지면서 종교 기관이 마을에 미치는 영향력이 약해졌고, 근대화가 진행되었다.

20세기 초에 철도가 연결되면서 마을을 찾는 방문객 수가 증가했다. 이후부터 10년마다 수난극을 공연하였고, 이를 관람하기 위해 지금은 10만 명이 넘는 관객이 찾아온다. 오버라머가우는 알프스 산맥에 있는 군대의 기지로 사용되었고, 2차 세계대전 이후에는 미군 기지가 되었다.

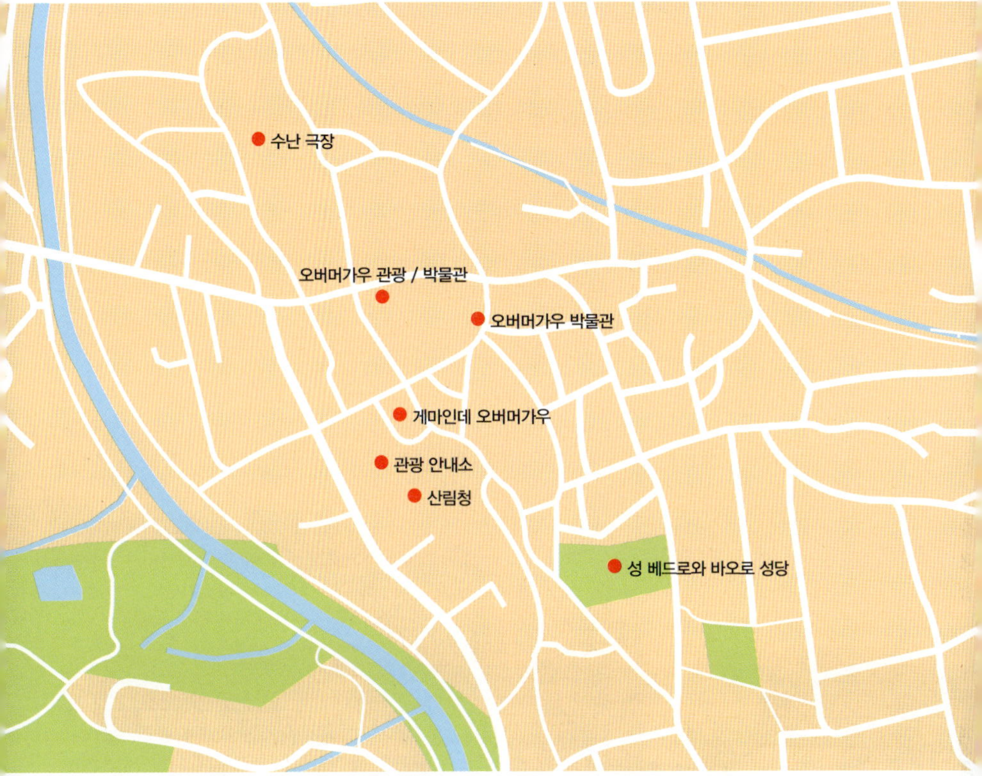

수난 극장

오버머가우 관광 / 박물관

오버머가우 박물관

게마인데 오버머가우

관광 안내소

산림청

성 베드로와 바오로 성당

레스코화로 장식된 오버라머가우의 필라투스 하우스

Berchtesgaden
베르히테스가덴

베르히테스가덴
BERCHTESGADEN

독일 동남쪽의 끝, 오스트리아와의 국경선에 걸쳐 있는 베르히테스가덴(Berchtesgaden)은 독일 알프스에 위치한 휴양 도시이다. 독일 남부의 뮌헨보다 오스트리아 잘츠부르크가 더 가깝기 때문에 오스트리아라고 생각하는 사람들도 있다. 독일보다도 잘츠부르크에서 하루 동안 1일 투어로 여행을 많이 가는 곳이다.

느린 도시

독일은 남부에 알프스 산맥이 접해 있다. 알프스가 독일의 많은 도시와 연결될 것 같지만 알프스에 연결된 마을들이 많지 않다. 그래서 독일 사람들도 알프스를 여행할 때 바쁘게 돌게 된다. 독일인들이 여유롭게 힐링하는 재미를 느끼는 느림을 알게 하는 마을이 베르히테스가덴Berchtesgaden이다. 그들도 너무 바쁘게 보러 다니면 좀 아쉬울 때가 있다. 1박 이상 하면서 충분히 여유롭게 즐기는 여행지가 독일 남부의 베르히테스가덴이다.

● 천주교 성당

● 베르히테스가덴 소금광산

● 관광 안내소

● 로스펠트 파노라마

● 켈슈타인하우스

● 쾨니히 호수

간략히
베르히테스가덴 파악하기

베르히테스가데너 란트Berchtesgadener Land의 매혹적인 산 풍경을 특수 버스와 리프트를 타고 1,834m 높이의 우뚝 솟은 켈슈타인하우스Kehlsteinhaus에 올라가 볼 수 있다. 그림처럼 아름다운 베르히테스가덴Berchtesgaden 마을에서 짧은 체류를 하고 독일 알파인 로드German Alpine Road를 따라 돌아오는 여정에서 바이에른의 아름다운 계곡이 보인다.

켈슈타인 하우스
Kehlsteinhaus

독수리 요새Eagle's nest로 불렸던 곳으로 해발 1,834m의 절벽 위에 지어진 별장으로 나치 독일의 마르틴 보어만이 히틀러의 생일을 위한 별장으로 만들었다고 전해진다. 하지만 히틀러는 겁이 많아서 몇 번 오지는 않았다고 한다. 알프스의 풍경이 아주 아름다운 곳에 위치하고 있다.

지금은 전망 좋은 레스토랑으로 사용 중이다. 켈슈타인 하우스 주변으로는 등산로가 잘 닦여 있어 산을 오르며 주변 알프스의 절경을 즐겨볼 수 있다. 켈슈타인 하우스까지 가는 전용 버스가 5월 마지막 주부터 10월까지 운행(8시 55분부터 25분 간격으로 16시까지) 하고 있다.

쾨니히 호수
Königssee

빙하가 녹으면서 산을 따라 내려오면 U자형 계곡이 만들어지는 것을 '피요르'라고 부르는데, 피요르처럼 산맥 사이로 길게 형성된 호수이다. 호수에서 배를 타고 가면 좌우로 깎아지른 바위산의 알프스의 풍경을 볼 수 있다.

> **케이블카**
> 쾨니히 호수 부근에 예너반(Jennerbahn)이라는 케이블카가 있다. 올라가면 산과 호수가 모두 볼 수 있는 풍경이 아름다운 곳이다. 케이블카는 오래되어 작지만, 가격도 저렴해 부담되지 않는 장점이 있다.

소금광산
Salzbergwerk

1517년부터 소금을 캐기 시작한 광산은 잘츠부르크의 소금광산과 같은 산맥이다. 500년 넘게 채취를 하고 있는 광산은 다른 유럽 광산과 다르게 지금도 운영을 하고 있다. 광산투어에 참여하면 작업복을 지금 받고 갈아입는다.

꼬마 열차를 타고 가이드와 함께 출발한다. 기차에서 내리면 슬라이드를 타고 아래로 내려가는데 느리게 내려가 누구나 탈 수 있다. 내려가면 처음으로 보이는 것은 소금 대성당 Salzkathedrale이다. 소금을 얻는 과정을 보여주는 곳으로 바위 속의 소금이 밖으로 나오는 것을 알 수 있다. 소금동굴 Steinsalzgrotte은 소금 암석을 가지고 만든 것으로 바이에른의 국왕이었던 루트비히 2세를 기리기 위해 만들었다고 한다.

Italy
이탈리아

Bolzano | 볼차노
Dolomiti | 돌로미티
Como | 코모
Milano | 밀라노

한눈에 보는 이탈리아

이탈리아 '3색기'라고 부르는 이탈리아 국기는 왼쪽부터 초록·하양·빨강의 3 색기로 프랑스의 국기를 모방하여 만들어졌다. 의미도 똑같이 '자유·평등·박애'이다. 3색이 아름다운 국토(초록), 알프스의 눈과 정의·평화의 정신(하양), 애국의 뜨거운 피(빨강)를 나타낸다고 이야기하기도 한다.
1796년, 프랑스의 나폴레옹 1세가 이탈리아에 공화국을 설립한 후 3색기를 국기로 제정하였다. 통일운동에도 사용되면서 국민들에게 알려지기 시작하였고 통일 후인 1860년에 국기로 정식으로 제정되었다.

- ▶**국명** | 로마
- ▶**언어** | 이탈리아어
- ▶**면적** | 3,013만 4천ha
- ▶**인구** | 약 6,046만 명
- ▶**GDP** | 3만 4,318.35달러
- ▶**종교** | 가톨릭 85.7%, 정교회 2.2%, 이슬람 2%, 개신교 1.2%
- ▶**시차** | 8시간 느리다. (서머 타임 기간 동안은 7시간 느리다.)

바를레타

경제

고대 이탈리아는 유럽의 중심지였으나 근대 사회가 형성되면서 서유럽에 뒤처지게 되었다. 제 2차 세계대전을 거치면서 황폐화되었으나 50~60년대에 높은 경제성장률을 이루게 되어 경제 강국이 되었지만 최근에 재정위기를 거치면서 경제는 활력을 잃고 있다. 북부 지역은 남부에 비해 공업화가 이루어지면서 밀라노, 토리노, 제노바 등이 경제의 중심축을 이루고 있다.

정치

의원내각제 국회는 정부에 대한 신임과 대통령의 임명권을 가지고 있는 독특한 정치형태를 가지고 있다. 국회는 상, 하 양원제를 택하고 5년의 임기를 가지고 있다. 많은 군소 정당이 난립해 있어 정치가 불안하여 경제의 발목을 잡고 있다는 평가를 받고 있다.

Bolzano
볼차노

볼차노

BOLZANO

북부 이탈리아의 고지대에 오르면 알프스 산맥 기슭에 위치한 중세 마을 볼차노가 나타난다. 한때 오스트리아에 속해 있던 볼차노(Bolzano)는 이탈리아 알프스를 즐기고 위해 거쳐 가야 하는 거점 도시이다. 이탈리아 도시이지만 마치 독일이나 오스트리아 분위기의 도시는 오스트리아에 속해있던 시간이 길었기 때문에 이탈리아어와 독일어가 공존한다.

한눈에
볼차노 파악하기

케이블카를 타고 마을 북쪽의 레논 플라토에 올라가는 길에는 드넓은 언덕 위에 펼쳐지는 계단식 포도밭과 '흙 피라미드earth pyramid'라 불리는 뾰족한 바위를 볼 수 있다. 정상에 오르면 볼차노 동쪽으로 한 줄로 늘어선 험준한 사암 봉우리인 돌로미티와 도시의 전경을 감상할 수 있다.

발터 광장의 좁은 자갈길을 거닐며 본격적인 볼차노 여행을 시작한다. 봄이 오는 4월 말에는 광장 중앙의 동상이 꽃으로 둘러싸여 화려하게 장식된 모습을 볼 수 있다. 광장에 인접한 성모 승천 성당당에는 1300년대에 제작된 예수 수난상 프레스코 벽화가 보존되어 있다.

볼차노는 티롤 지방의 도시로 독일어를 사용하는 합스부르크 왕가에 속했다. 오랜 세월 오스트리아 마을이던 볼차노는 20세기에 초입에 이탈리아로 편입되었기 때문에 두 개의 정체성을 가지고 있다. 20세기 초에 민족주의가 나타나면서 티롤지방으로 정체성이 강화되었다. 그러나 1차 세계대전에서 오스트리아가 패전하고 합스부르크 왕가가 몰락하면서 남티롤은 이탈리아로 편입되었다. 인구의 1/4은 여전히 독일어를 사용하고 있고, 도시의 모든 지명과 사물 이름은 이탈리아어와 독일어를 혼용하고 있다.

볼차노는 이탈리아, 오스트리아에서 자동차로 이동이 쉽다. 버스와 기차를 이용하여 이탈리아 알프스로 이동하기도 한다. 도시 내 도로에 차량 출입이 금지되는 경우도 있기 때문에 도심에서는 도보나 대중교통을 이용하여야 한다.

볼차노 대성당
Bolzano Cathedral

볼차노 기차역에서 내려 북서쪽으로 5분 정도 걸으면 나오는 볼차노 대성당은 중세 지구에서 가장 매력적인 건축물이다. 가고일로 장식되고 꼭대기에는 큰 첨탑이 있는 붉은색과 노란색의 사암 파사드가 사람들의 시선을 사로잡는다.

첫 번째 교회는 12세기 후반에 여기에 지어졌지만 건물이 현재의 고딕 외관을 얻은 것은 14세기이다. 16세기에 조각가 한스 루츠 폰 슈슨리트Hans Lutz von Schussenried가 설계한 종탑이 완성되면서 지금에 이르렀다.

인접한 광장을 향해 있는 화려한 레이타쳐 토르Leitacher Törl 문은 전통적인 볼차노 의상을 입은 포도원 노동자들의 이미지로 장식되어 있다. 순례자, 십자가에 못 박힌 예수, 경건한 인물을 묘사한 프레스코화가 있다. 과거에는 어머니들이 성모 마리아의 그림을 보고 자식들의 언어 문제를 치료할 수 있기를 바라면서 헌금함에 돈을 남기기도 했다. 둥근 천장과 웅장한 설교단, 받침대의 패널은 천사들로 장식되어 있으며, 설교단 자체는 전도자들을 묘사하는 부조로 꾸며져 있다.

성당 유물 박물관 안에는 중세와 바로크 양식 장식품의 컬렉션으로 전시되어 있다. 순금과 은 동상, 호화로운 예복과 르네상스 시기의 성서 등이 있다.

발터 광장
Piazza Walter

중앙에 독일 시인에 대한 대리석 네오 로마네스크 기념비가 있는 발터 광장은 레스토랑과 카페가 줄지어 있는 보행자 전용 광장이다. 사우스 티롤의 푸른 산들과 볼차노 대성당의 첨탑이 광장을 내려다보고 있다. 과거에 막시밀리안 광장Maximilian-Platz와 요하네스 광장Johanns-Platz으로 불리기도 했던 발터 광장Piazza Walter은 바이에른 왕실 소유였던 땅에 19세기 초에 지어졌다.

광장의 가장 유명한 랜드마크는 광장의 남서쪽 모퉁이에 위치한 볼차노 대성당으로, 고딕

양식과 로마네스크 건축 양식이 조화를 이루고 있다. 카페에서 음료를 마시고 휴식을 취하면서 기분 좋은 여유로운 분위기를 즐기는 사람들로 항상 광장은 북적인다.

광장의 중앙에 12세기 시인 발터 폰 데어 포겔바이데Walther von der Vogelweide의 동상이 서 있다. 1935년 파시스트 시대에 이 조각상은 치워졌지만 제2차 세계대전 이후에 복원되었다. 1889년에 세워진 큰 대리석 기념비는 시인이 사자 조각상 위의 연단에 서있는 모습을 묘사하고 있다.

도시의 중세 지역을 나누고 광장에서부터 뻗어 나가는 고풍스러운 골목길이 아름답다. 광장 안팎의 상점에서 기념품을 구입하고 광장에 있는 카페에서 휴식을 즐기기에 좋다. 5월 말에 열리는 꽃 시장에서는 정교한 꽃 장식이 광장의 발코니와 가판대를 장식한다. 11월 말에서 1월 초까지 이어지는 크리스마스 마켓도 도시 분위기를 밝게 해준다.

승전 기념비
Monumento alla Vittoria

승전 기념비는 제1차 세계대전이 끝날 때 이탈리아 사우스 티롤의 합병을 축하하기 위해 건립된 건축물이다. 전체주의 독재자 베니토 무솔리니Poitón Mussolini의 지시로 새워진 기념비는 이탈리아 파시스트 건축의 예이다. 1928년에 처음 개관한 기념비의 아치는 이 지역의 독일과 이탈리아 집단 사이에 분열을 초래했다. 2014년에 다시 대중에 공개되기 전에 오랜 세월 동안 울타리를 쳐져 있기도 했다.

기념비는 베르가모의 잔도비오 대리석으로 만들어졌다. 파사드 위의 라틴 문자는 번역하면 "여기 조국의 국경에 표시물을 세운다. 이 지점에서부터 우리는 다른 사람들에게 언어, 법률, 문화를 교육했다."라는 의미이다. 떠있는 천사의 조각상이 문구 위에 자리 잡고 있다.

기념비 안에 있는 BZ 18~45 박물관에는 이전에 이탈리아화를 위한 시도와 이를 반대하는 정치 이데올로기와 다른 언어로 인해 조성된 긴장을 기록하고 있다.

남 티롤 고고학 박물관
South Tyrol Museo of Archaeology

알토 아디제 고고학 박물관에는 세계에서 가장 오래된 미라 중 하나인 '아이스맨 외치'가 전시되어 있다. 1991년에 이탈리아 알프스에서 발견된 냉동 미라는 5,000년이 넘은 것으로 알려져 있다. 미라와 함께 매장되어 있었던 옷과 무기를 포함하여, 박물관 3층 전체에는 미라 발견과 관련되어 전시되어 있다.

1층
어떻게 '외치'의 발견을 처음으로 보도했는지 보여주는 전시가 있다. 그런 다음 2층으로 올라가서 그의 소장품을 확인하면 된다. 염소 가죽 각반 한 벌, 곰 가죽 모자, 풀과 사슴 가죽 신발, 가죽 샅바, 단검, 화살대, 구리로 만든 손도끼 등이 있다.

2층
고대 미라가 영하 6도의 일정한 온도와 높은 상대 습도에서 보관되는 냉장실의 창으로 들여다 볼 수 있다. 미라가 발견된 빙하의 상태를 반영한 것으로 '외치'는 이집트의 파라오를 보존하는 데 사용되는 것과 같은 인위적인 변화 과정을 거치지 않은 자연 발생적인 미라이다.

3층
25년 동안의 미라 연구에 대한 전시가 있다. '외치'가 살았던 방식, 앓았던 질병, 죽음을 초래했을 원인에 대한 아이디어에 초점을 맞추고 있다.

🌐 www.iceman.it 🏠 Via Museo 43, 39100 🕐 10~18시(30분 입장가능)
€ 13€(노인, 장애인, 어린이, 학생 10€ / 만 6세 미만은 무료) 📞 0471-320-123

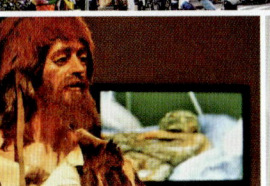
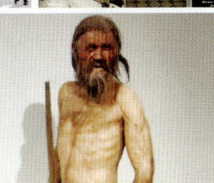

Dolomiti
돌로미티

돌로미티
DOLOMITI

유럽에 있는 알프스 산악지역은 스위스, 프랑스, 이탈리아, 오스트리아, 독일, 슬로베니아, 리히텐슈타인의 7개국에 국경을 맞닿아 있다. 알프스 7개국 중 가장 많은 국경을 맞대고 있는 알프스의 중심이다. 1956년 동계올림픽 개최 이후 동계스포츠를 즐기려는 사람들이 찾아오면서 고립된 돌로미티(Dolomiti) 지역은 관광지로 거듭나게 되었다.

이탈리아 알프스,
돌로미티에 가야 하는 이유

이탈리아 알프스 지역은 알프스의 동부이며 이탈리아 북부에, 북쪽으로는 오스트리아 국경을 마주하고 남 티롤이라 부르는 돌로미테 산군은 벨루노현, 볼차노 현, 트렌토 현에 걸쳐 있다. 파노라마의 향연 장엄한 풍광과 흥미로운 액티비티, 휴양과 관광을 동시에 즐길 수 있는 아직 우리에게 잘 알려지지 않은 마지막 보석 같은 돌로미티Dolomiti로 떠나려는 여행자가 늘고 있다.

유네스코 세계문화유산
2009년 6월 26일 유네스코는 돌로미티Dolomiti의 자연의 아름다움을 유네스코 세계유산으로 등재되어 총면적이 141,903㎢로서 제주도의 3배에 이르는 광범위한 면적을 가지고 있다. 독특한 산악 지형구조는 알프스 초목이 부드럽게, 조화롭게 덮고 있는 고요한 산악 계곡 형상을 보여주고 있다.

간략한 코르티나 역사

코르티나 산악지대는 목축을 생업으로 하는 정착지로 시작하여, 산림지대 환경특성을 최대로 살린 생산업과 목재 제품 상업이 활성화 되었다. 지리적 위치의 특성으로 인해 베네치아 공화국 및 400여 년간 오스트리아 헝가리 제국에 소속되어 성장해 왔으며, 1800년 중반기에 철도선 설치로 부유층 영국인, 독일인, 소련인 여행자들의 휴양지로 알려지면서 돌로미티 산악지내에서도 손꼽히는 경제도시로 발전하게 되며, 관광객 유치를 위해 대규모 호텔과 최초 레저 스포츠 시설을 갖추게 되었다.

돌로미티의 이름과 전 세계인에 각인된 계기는?

알프스 산맥 중 가장 아름다운 산악지역으로 알려진 돌로미티Dolomiti는 독특하고 유일한 아름다움을 느끼게 한다. 산맥의 이름은 18세기에 산맥의 광물을 탐사했던 프랑스 지질학자인 데오다 그라테 드 돌로미외Déodat Gratet de Dolomieu에서 유래된 이름이다. 1800년도 낭만주의 시대부터 자연의 풍경이 주요 관심사가 되면서 더욱 관심을 끌게 되었다. 1990년대 후반의 영화였던 실베스타 스텔론 주연의 '클리프행어'가 전 세계적인 흥행을 하면서 촬영지가 미국이 아니라 이탈리아라는 사실이 알려져 촬영지로 각인시켰다.

About
돌로미티

이탈리아 알프스는 어디?

흔히 알프스라면 스위스를 떠올리지만, 지도를 놓고 보면 알프스에서 가장 높은 산인 몽블랑(4,807m)은 프랑스에 있다. 오스트리아의 비엔나 근교 숲에서 발현한 알프스는 슬로베니아를 지나 이탈리아, 스위스, 독일 남부, 프랑스에서 큰 산을 만들고 모나코 앞 지중해 바다로 사라지는 유럽의 명산이며, 이탈리아 알프스는 알프스의 남쪽 측면을 공유하여 어떤 나라보다 알프스 면적이 넓다.

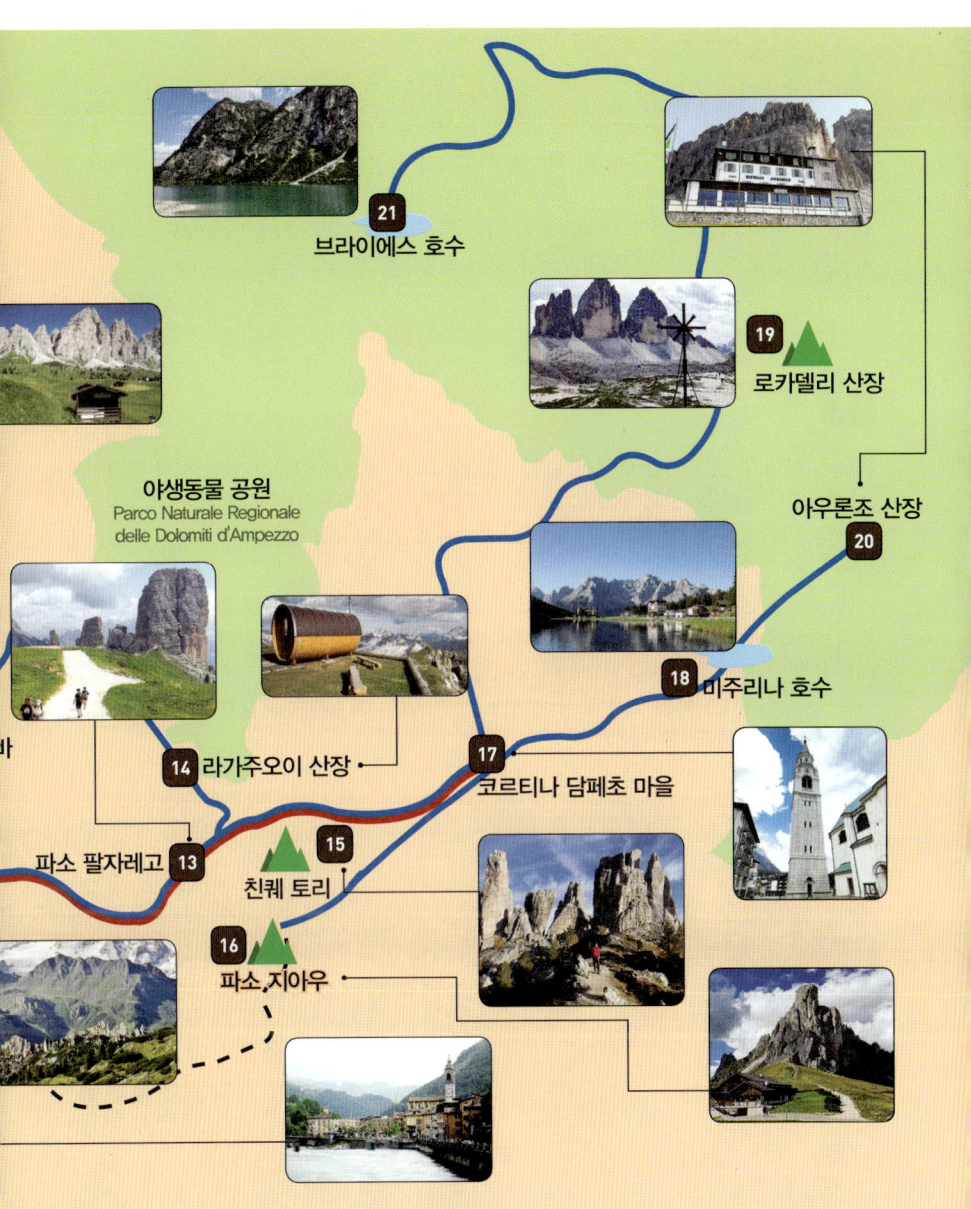

돌로미티 여행

볼차노, 오르티세이 출발

돌로미티Dolomiti는 팔자레고Falzarego 고개를 중심으로 서쪽과 동쪽으로 나뉜다고 할 수 있다. 서쪽과 동쪽의 매력이 다르기 때문에 여행자들은 각각 볼차노와 베네치아에 거점을 두고 돌로미티 여행을 하게 된다. 서쪽의 볼차노에서 출발하지만 오르티세이Ortisei는 돌로미티Dolomiti 서쪽 여행의 주요 거점이 되는 작은 마을이다. 이태리 북부 마을이지만 스위스와 독일의 영향을 받은 건물들이 있고, 주민들은 독일어를 쓰기도 한다.

1 볼차노(Bolzano)

알프스 산맥의 한 부분인 돌로미테의 아름다운 자연 경관을 감상하기 위해 꼭 들려야 하는 도시이다. 알프스 산맥이 그림처럼 펼쳐져 있고, 광활한 포도밭과 와이너리가 반겨주는 곳이다. 이탈리아 최북단 도시인 볼차노Bolzano는 오스트리아의 분위기를 느낄 수 있는 문화의 교차로이다.
눈에 보이는 풍경은 알프스 산맥이지만, 이탈리아어와 독일어가 함께 들려오기 때문에 신기하게 느껴진다. 주변의 자연풍경이 지루해지면, 고즈넉함과 우아함이 공존하는 아케이드를 따라 이어진 상점들을 구경하며 도시를 둘러보자. 맑고 눈부신 자연이 풍요로운 삶의 여유와 어우러지는 운치 있는 도시, 볼차노Bolzano 앞에 펼쳐지는 풍경이 그림일까, 사진일까 고민하게 되는 도시이다.

2 카레자 호수 (Lago di Carezza)

호수에 비치는 돌 산으로 유명하다. 여행가들이 선정한 아름다운 돌로미티Dolomiti 3경 중 하나라고 한다. 이 곳의 에메랄드 빛 호수는 눈이 녹아 흘러내리는 물과 해저에서 솟아나는 샘물로 이루어져 있다.

호수의 빛깔은 말로 표현하기 힘들 정도로 오묘하고 그 위로 비치는 돌산과 하늘의 절경에 관광객들이 찾아가는 장소이다. 계절에 따라 호수 물의 빛깔과 호수의 수위가 달라지는데, 10월이 가장 높고 봄에 가장 낮다. 호수 주위로 조성된 산책로를 여유롭게 걸으며 사진을 찍는 재미에 빠질 것이다.

3 카나제이 (Canazei)

파사 계곡의 중심으로 북쪽으로는 셀라 산군, 남동쪽으로는 마르몰라다 산군에 둘러싸인 곳이다. 겨울에는 스키리조트를 찾는 사람들에게, 여름에는 셀라산군과 마르몰라다 산군을 여행하는 여행자들의 베이스캠프이기도 하다.

카나제이가 자리 잡고 있는 곳은 카사 계곡 Val di Fassa로, 이 계곡의 중심이 카나제이라고 할 수 있다. 주변에는 벨베데레 등 많은 전망대가 위치하고 있어 일정에 따라 원하는 전망대에 올라 아름다운 풍경을 볼 수 있다.

> 파노라마 패스나 발디 파사 카드를 이용하면 조금 더 저렴하게 여행이 가능하다.

4 오르티세이 (Ortisei)

해발 1,236m에 위치한 이탈리아 알프스에서 가장 아름다운 마을 중에 하나로, 1970년에 알파인 스키 세계 선수권 대회가 열리기도 했다. 발가르데나에 속하는 오르티세이는 동편으로는 산타크리스티나 St Cristina, 셀바 Selva 마을이 이어져 있다. 많은 집들이 예쁜 꽃들로 장식돼 있어 마을을 둘러보면 마음이 안정된다.
곳곳에 앉아서 풍광을 즐기는 벤치가 마련되어 있어 누구나 천천히 마을을 둘러보게 된다. 돌길 위에 세운 역사적인 건물들, 오랜 전통의 호텔. 프로슈토와 치즈, 와인 등을 파는 상점, 술통으로 테이블을 만든 와인바, 카페와 교회도 보인다.

트레킹

오르티세이에서 가장 경이로운 풍경을 자랑하는 곳은 남쪽에 있는 알페 디 시우시(Alpe Di Siusi)이다. 이곳은 케이블카를 타고 올라야 하는데 케이블카 한 대에 15명까지 탈 수 있다.
이곳에 오르면 뾰족하게 튀어 오른 사소룽고(Sasso lungo)와 사소피아토(Sasso Piatto) 봉우리를 볼 수 있다. 사소룽고는 3,181m의 높이로 돌로미테에는 2,750m 이상의 봉우리가 35개나 널려 있다. 트레일을 따라 사소룽고 방향으로 걸어 가면 다양한 모습의 돌로미테를 감상할 수 있다
오르티세이에서 북쪽으로는 세체다봉이 있는데 케이블카로 올라갈수 있으며, 동편으로 오들러산군과 남쪽으로는 아래 마을과 시우시 등 넓은 발가르데나 계곡의 풍광을 볼수 있다.

5 세체다 (Seceda)

오르티세이Ortisei에서 곤돌라를 타고 푸르네스Furnes, 푸르네스에서 케이블카를 타고 이동이 가능하다. 케이블카를 타고 아름다운 풍경만 둘러보고 내려와도 좋지만, 다양한 트래킹 코스가 있으니 직접 걸으면서 자연을 느껴보자. 내려가는 케이블카도 코스마다 다르기에 올라갈 때와 내려갈 때 다른 케이블카를 타보면 다른 자연 풍경에 감탄할 것이다.

6 알페 디 시우시 (Alpe di Siusi)

산악가들이 지상천국이자 자유의 최고점이라고 생각하는 곳이 바로 이탈리아의 돌로미티 산맥이다. 유럽에서 가장 높고 큰 규모로 자리 잡은 고원, 알페 디 시우시는 절경이 뛰어난 곳이다. 해발 2,000m의 알페 디 시우시(Alpe di Siusi)는 축구장 8000개 크기인 56㎢에 이르는 광대하고 평평한 초원이다.

여름에는 알프스의 수많은 야생화가 꽃망울을 터트리고 청정한 바람을 즐기는 트래킹과 산악자전거를 타는 사람들로 넘쳐난다. 겨울이면 햇살에 눈부시게 반짝이는 흰 눈이 포근한 담요처럼 뒤덮인 초원에 스키, 스노보드를 타는 겨울 스포츠 마니아들로 가득 찬다. 돌로미티 봉우리들은 자연이 빚어낸 신비로운 형상을 푸른 초원 위로 선보이고 있다. 알페 디 시우시 초원에 서서 사방을 둘러보며 돌로미티의 대자연이 선사하는 경이로움은 평생의 추억이 될 것이다.

7 사소룽고 (Sasso lungo)

알페 디 시우시 Alpe di Siusi에서 케이블카를 타고 이동하면 뾰족하게 튀어 오른 사소룽고 Sasso lungo와 사소피아토 Sasso Piatto 봉우리를 볼 수 있다. 사소룽고는 3,181m의 높이로 돌로미티에는 2,750m 이상의 봉우리가 35개나 널려 있다. 트레일을 따라 사소룽고 방향으로 걸어가면 다양한 모습의 돌로미티를 감상할 수 있다.

8 파소 가르데나 (Passo Gardena)

바위 성벽 넘어 웅장한 산 사이로 보이는 파소 가르데나는 서쪽의 발 가르데나 Val Gardena에서 코르티나 담 페초가 위치한 동쪽으로 넘어가는 고갯길 중 하나이다. 구불구불하고 좁은 길을 자동차로 달리거나, 두발로 걷다 보면 웅장한 바위로 이루어진 셀라 산군과 마주할 수 있다. 리프트를 타고 위에 올라 봐도 푸른 들판 위로 생긴 구불구불한 길은 자체가 아름답다.

9 치암 피노이 (Ciam Pinoi)

셀라와 사소롱고를 한 번에 볼 수 있는 치암 피노이Ciam Pinoi는 벨 가르데나 마을에서 케이블카를 타고 갈 수 있다. 다른 정상과 마찬가지로 산장이 마련되어 있고, 간단한 음식을 먹거나 커피를 마시며 쉬어 갈 수도 있다. 돌로미티의 아름다운 산 위 노란 의자에 앉아 산책 후 여유를 즐기는 것도 좋다.

10 아라바 (Arabba)

파쏘 포르도이의 작은 마을인 아라바Arabba는 파쏘 포르도이 근처에 있는 작은 마을이다. 다른 돌로미티 마을들처럼 스키 리프트가 많고, 하이킹을 위한 거점이 되어주는 곳이다. 크고 작은 언덕으로 이루어진 마을에는 다양한 형태의 숙소들이 준비되어 있다. 파쏘 포르도이 트레킹을 준비하고 있다면, 아라바Arabba에서 머무는 것도 추천한다.

11 산 펠레그리노 (San Pellegrino)

산 펠레그리노는 돌로미티의 최고봉인 마르몰라다 산군에 속해 있는 고개이다. '산 펠레그리노'라는 이름은 탄산수 이름으로 1395년 이곳에서 탄산수가 탄생했다고 전해진다. 들판을 거닐며 트레킹을 즐기기에 좋은 곳이다.

12 마르몰라다 (Marmolada)

해발 3,343m에 이르는 돌로미티의 최고봉은 마르몰라다^{Marmolada}이다. 하얗고 아름다운 만년설로 가득한 산봉우리이며, 7월~9월 중순까지는 케이블카를 이용해 편안하게 정상까지 오를 수 있다. 종착지는 마돈나^{Madonna} 돌로미티로, 해발 3,250m에 달하는 만큼 2~3번의 케이블카 환승이 필요하다. 고지대에기에 추울 수 있으니 미리 얇은 경량패딩을 준비하는 것도 필요하다.

13 파소 팔자레고 (Passo Falzarego)

파네스 고원을 넘어가는 고갯길, 파소 팔자레고 Passo Falzarego가 나온다. 팔자레고라는 이름은 '실패한 왕 falso re'에서 기원했다. 파네스 왕국의 라딘 전설에 의하면, 강한 전사인 도라실라 공주를 앞세워 영토를 확장하던 파네스 왕은 자신이 모든 승리의 업적을 얻기 위해 그녀의 은색 갑옷이 붉게 변하는 것을 보고 적과 내통해 왕국을 배신했다고 사람들에게 알린다. 결국 전투 중에 그녀는 사망하게 되고, 전쟁의 패배로 이어진다.
백성과 왕국을 저버린 왕은 팔자레고 고개의 바위로 굳어버렸다고 전해진. 고갯길을 지날 때, 왕의 얼굴을 찾아보는 것은 어떨까?

14 라가주오이 산장 (Refugio Lagazuoi)

돌로미티의 동쪽 부분에 있는 산장으로 코르티나 담페쵸에서 동쪽으로 약 17km 떨어져 있다. 파소 팔레자고 정상에서 케이블카를 타면 정상 근처에 산장이 나타난다. 이곳의 첫 번째 목적은 대피용이지만 케이블카가 설치된 이후로 산장에서 보이는 풍경이 아름다워 관광객이 자주 찾는 장소가 되었다. 특히 산장에서 360도를 돌면서 보이는 풍경을 어느 곳보다도 장엄하다.

해발 2,750m 라가주오이 산장Refugio Lagazuoi에서 보낸다면 아침 일찍 일출을 꼭 보아야 한다. 산장 테라스에서 바라보던 파노라마 뷰와 조금씩 떠오르는 빛을 받으면 바뀌던 풍경은 환상적이다. 새로운 아름다움에 매료될 것이다.

돌로미티의 산장

산장이라는 뜻의 이탈리아어 'Refugio' 대피소나 휴게소의 개념이다. 돌로미티에는 트레킹 코스마다 다양한 산장이 있다. 최근에는 인기가 높아지면서 미리 예약을 하지 않으면 여름이 다가올수록 산장의 예약은 하늘의 별따기처럼 힘들다. 홈페이지에서 룸(방)을 고르고 성함, 신용카드 번호 등을 넣으면 예약은 쉽게 가능하다. 예약이 가능하다는 메일을 받으면 그때 보증금을 미리 결제하면 된다.

15 친퀘토리 (Cinque Torri)

친퀘토리Cinque Torri는 다섯 개의 봉우리를 의미하며, 해발 2,361m에 위치하고 있다. 코르티나 담페초와 오르티세이 사이에 위치하고 있어 여름에는 오랫동안 머물며 하이킹을 즐기려는 사람들이 많다.

멋진 절경으로 사진작가들이 돌로미티Dolomiti에서 가장 사랑하는 스팟이기도 하다. 시간에 따라 풍경이 달라지지만 보는 방향에 따라서도 풍경의 느낌이 다르게 다가온다. 올라가는 하이킹 코스와 내려오는 하이킹 코스를 다르게 해 친퀘토리의 매력을 즐기려는 트레킹 족들이 대부분이다.

16 파소 지아우 (Passo Giau)

해발 2,236m 높이의 아름다운 산길로, 이 곳에 다다르면 정면에 라 구셀라La Gusela라는 이름을 가진 거대한 봉우리를 볼 수 있다. 풍경만을 즐겨도 좋지만, 트래킹을 즐기고 싶다면 La 라 구셀라Gusela에 이어진 봉우리들까지 한 바퀴 둘러 다시 파소 기아우로 돌아올 수도 있다.

17 코르티나 담페초 (Cortina d'Ampezzo)

세계에서 가장 아름다운 알프스 지역 중 한 곳에 위치한 작은 마을은 돌로미티의 진주로 불린다. 코르티나 담페초 Cortina d'Ampezzo는 유네스코 세계문화유산으로 등재된 돌로미티 Dolomiti 내에 위치한 아름답고 고전적인 알프스의 거점 도시이다.

코르티나 담페초는 1959년 제7회 동계올림픽이 열렸지만 작은 마을이다. 작은 마을 같은 도시이지만 다양한 즐길 거리와 요리를 맛보고 1년 내내 펼쳐지는 다양한 아웃도어 스포츠를 즐길 수 있다.

코르티나 담페초 Cortina d'Ampezzo는 스키를 타면서 겨울 휴가를 보내는 스키타운 Ski Town이었다. 하지만 최근에는 트레킹 같은 다양한 야외활동이 결합되어 항상 사람들로 북적이면서

겨울과 여름 모두 성수기가 되었다. 겨울은 스키의 천국이고 여름은 뜨거운 이탈리아를 벗어나 휴가를 보내는 사람들로 붐빈다. 여름에는 시원한 바람을 맞으며 장엄한 지형을 이용하여 케이블카를 타고 하이킹을 하거나 산악자전거를 즐기려고 찾는다. 다양한 하이킹과 트레킹 코스가 잘 발달되어 한나절부터 1달 이상 장기체류가 가능하다.

18 미주리나 호수 (Lago di Misurina)

트레치메 라바레도의 인근에 있는 호수로 소풍을 가거나 점심을 즐기며 호수의 풍경을 보는 것도 좋다. 이동하다가 보이는 미주리나 호수는 호수 입구에 큰 건물이 있다. 이 건물은 천식치료 센터로 호수가 보이는 아름다운 풍경으로 유명하다. 코르티나 담페쵸에서 약 30분 정도 차로 이동하면 볼 수 있기 때문에 찾는 관광객이 많다.

19 트레치메 디 라바레도 (Tre Cime di Lavaredo)

돌로미티 트레킹의 하이라이트는 트레치메 자연공원Parco natuale Tre Cime내 있는 트레치메를 한 바퀴 도는 코스라고 할 수 있다. '트레치메Tre Cime'란 세 개의 거대한 바위산을 일컫는 말이고 '라바레도Lavaredo'는 지명을 의미한다.

바위의 수직 높이만 600m에 달한다. 작은 봉우리란 의미의 치마 피콜로(해발 2,856m)와 가장 높은 봉우리를 의미하는 치마 그란데(3,003m), 동쪽에 있는 봉우리란 의미의 치마 오베스트(2,972m)가 나란히 붙어있다. 돌로미티에서 가장 인기가 높은 곳으로 누구에게나 사진을 찍고 싶은 충동이 일어나게 만드는 장소이다.

트레치메는 코르티나에서 북동방향 자동차로 1시간 정도거리에 위치해 있다. 미주리나 호수를 중간에 볼 수 있다. 아우론조 산장Rifugio Auronzo은 트레치메 기점으로 차로 굽이진 길은 오올라 산장 앞에 서면 장엄한 풍경을 보고 울퉁불퉁한 산세가 눈앞에 사방으로 펼쳐진다.

트레킹

》 5~6시간 코스

아우론조 산장에서 시작하여 트레치메(Tre Cime)를 한 바퀴 돌아 로카텔리 산장에 도착한다. 산장 앞에는 돌탑이 하나 세워져 있는데, 거기엔 산장을 세운 제프 이너코플러(Sepp Innerkopler)의 흉상이 새겨진 동판이 있다.

여기서 트레치메(Tre Cime)의 웅장하며 아름다운 풍광을 보고 다시 라바레도 산장을 거쳐 아우론조 산장으로 돌아오는 5~6시간 코스가 있다. 코스내 내 펼쳐지는 비경은 평생의 기억이 될 것이다.

》 3~4시간

아우론조 산장에서 로카텔리(Rif. Locatelli) 산장을 왕복하는 코스로 대부분의 관광객은 이 코스를 주로 선택한다.

제프 이너코플러 (Sepp Innerkopler)

제프 이너코플러(Sepp Innerkopler)는 오스트리아의 산악부대를 이끈 사람으로 전쟁 중에 사망했다. 산장 주변에는 1차 대전 당시 이탈리아와 오스트리아가 싸운 흔적들이 남아 있다. 일명 산악 전쟁이라고도 하는데 이탈리아의 알피니 부대만 12만 명이 전사했다고 전해진다.

리카르도 카신 (Ricardo Casin)

이탈리아가 낳은 세계적인 등반가 리카르도 카신(Ricardo Casin)이 1930년대 돌로미테를 처음으로 등정하여 널리 이름을 떨친 세계적인 등반역사가 있는 곳이다.

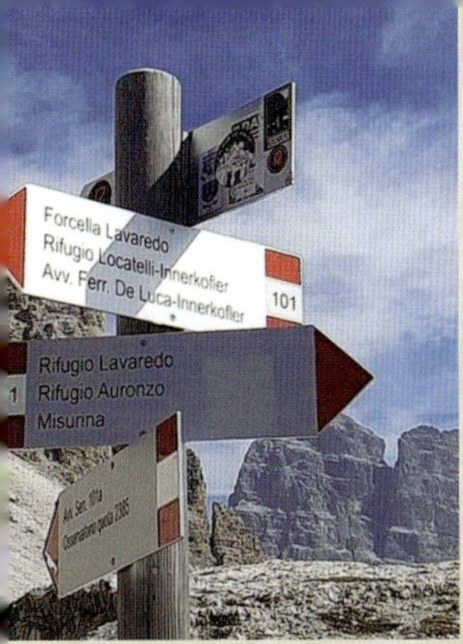
Forcella Lavaredo
Rifugio Locatelli-Innerkofler
Avv. Ferr. De Luca-Innerkofler
101
Rifugio Lavaredo
Rifugio Auronzo
Misurina

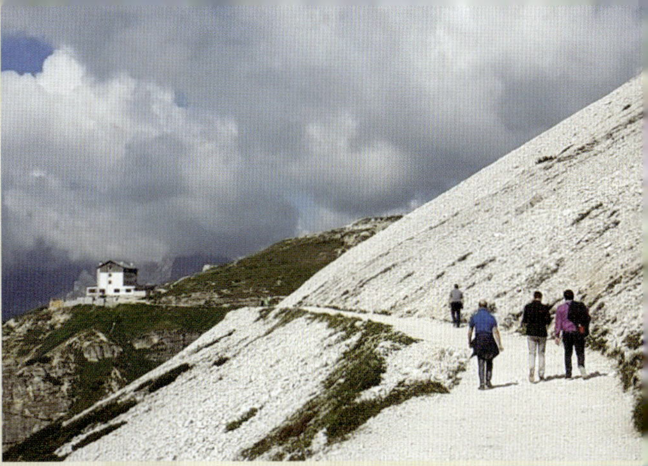

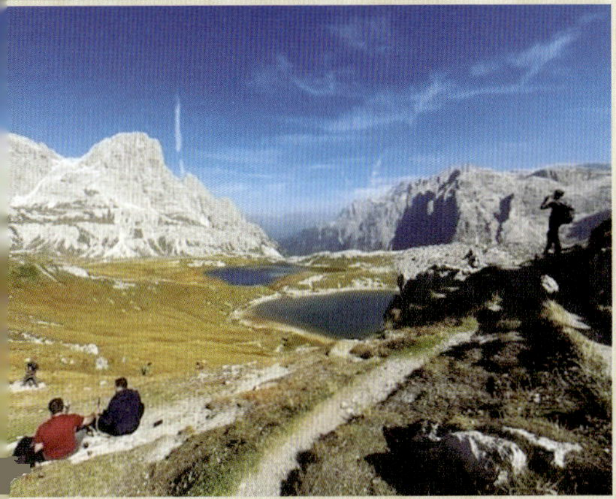

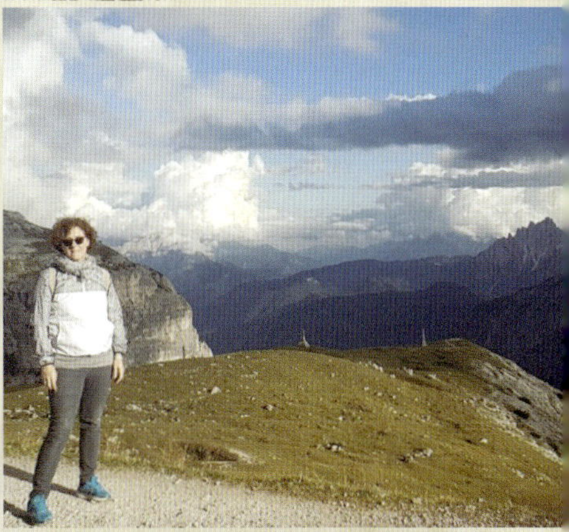

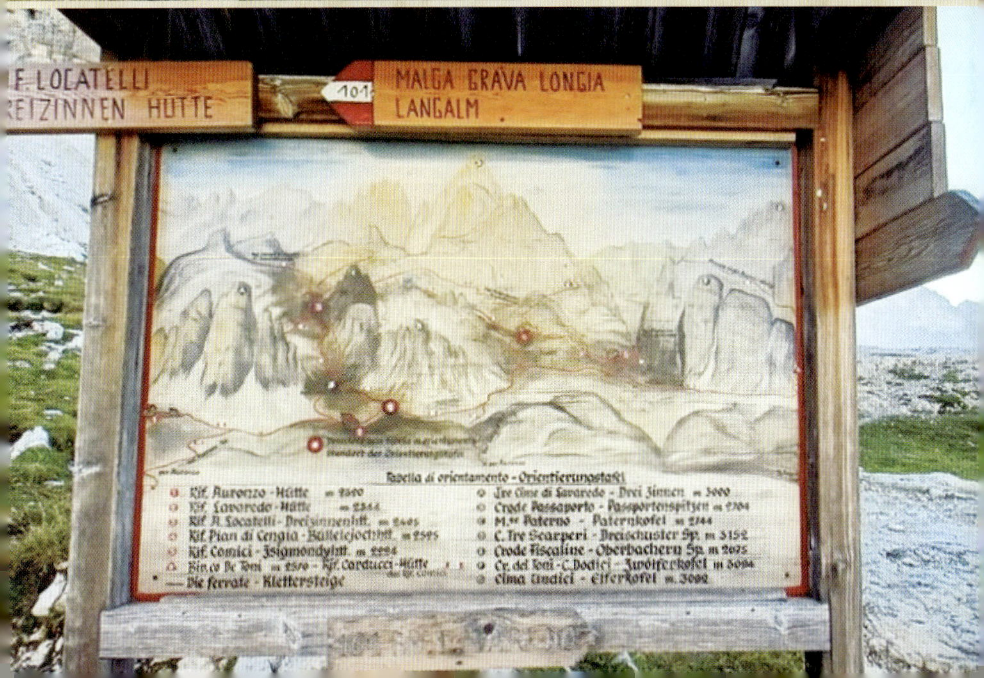
F. LOCATELLI
REIZINNEN HÜTTE
101
MALGA GRAVA LONGIA
LANGALM
Tabella di orientamento - Orientierungstafel
Rif. Auronzo - Hütte m 2320
Rif. Lavaredo - Hütte m 2344
Rif. A. Locatelli - Dreizinnenhtt. m 2405
Rif. Pian di Cengia - Büllelejochhtt. m 2595
Rif. Comici - Zsigmondyhtt. m 2224
Biv.co De Toni m 2570 - Rif. Carducci-Hütte
Vie ferrate - Klettersteige
Tre Cime di Lavaredo - Drei Zinnen m 3000
Crode Passaporto - Passportenspitzen m 2704
M.te Paterno - Paternkofel m 2744
C. Tre Scarperi - Dreischuster Sp. m 3152
Crode Fiscaline - Oberbachern Sp. m 2675
Cr. del Toni - C. Dodici - Zwölferkofel m 3094
Cima Undici - Elferkofel m 3092

20 아우론조 산장 (Rifugio Auronzo)

트레 치메에 있는 3개의 산장 중 하나이다. 라가주오이 산장Refugio Lagazuoi은 케이블카로 접근이 쉽고, 아우론조 산장Rifugio Auronzo은 자동차로 접근이 쉽다. 이 산장에 주차를 하고 30분 정도를 걸어가면 라바레도 산장이 나오고 90분 정도를 더 걸어가면 로카델리 산장이 나온다. 그래서 이 산장을 따라 걷는 길이 트레킹 코스처럼 이용되고 있다.

21 브라이에스 호수 (Lago di Braies)

제2차 세계 대전 중에는 강제 수용소 수감자들을 티롤로 이송하는 목적지였다. 해발 1,500m, 프라그스 계곡 Prags Valley 에 위치한 브라이에스 호수 Lago di Braies는 카레자 호수와 함께 돌로미티를 대표하는 3대 호수로 알려져 있다. 호수는 관광객에게 인기가 높아져 '알프스의 진주'라는 별명을 얻었지만, 2020년 현재 여름 하루에 17,000명이 방문할 정도로 관광이 과도해졌고, 2023년 여름부터 차량 접근이 제한되었다.

Como
코모

코모
COMO

코모는 밀라노에서 50㎞ 정도 떨어져 있어 밀라노 시민들이 차로 가는 휴양지이다. 밀라노 에서 기차를 이용해 이동하는 경우가 많다. 스위스와의 국경으로 둘러싸여 코모 호수를 내려다보고 있는 코모는 카페 문화, 화려한 교회와 고급스러운 비단 무역이 매력적인 '비단의 도시'이다. 호수 옆 노천카페에 앉아 휴식을 취하면서 대규모 비단 생산지인 예술, 역사, 디자이너 실크와 직물 작품을 쉽게 볼 수 있다.

유서 깊은 거리를 따라 거닐며 화려하게 장식된 교회와 궁을 직접 보면서 우리가 알던 이탈리아와 다른 도시를 만날 수 있다. 호수에서 갓 잡은 신선한 민물고기인 '퍼치'(농어류) 요리가 유명한 리조토 알 페스체 페르시코Risotto al Pesce Persico에서 식사를 즐기면서 여유를 만끽하자.

실크 교육 박물관을 방문하여 비단 직조법과 장인 정신의 역사에 대해 알아보자. 도시 곳곳의 비단 상점에 전시된 고급 비단의 질감과 무늬를 보는 것도 좋다. 산 페델레 광장에서는 코모의 유서 깊은 건축물을 보면서 16세기 프레스코화가 인상적인 로마네스크 양식의 산 페델레 교회를 방문한다.

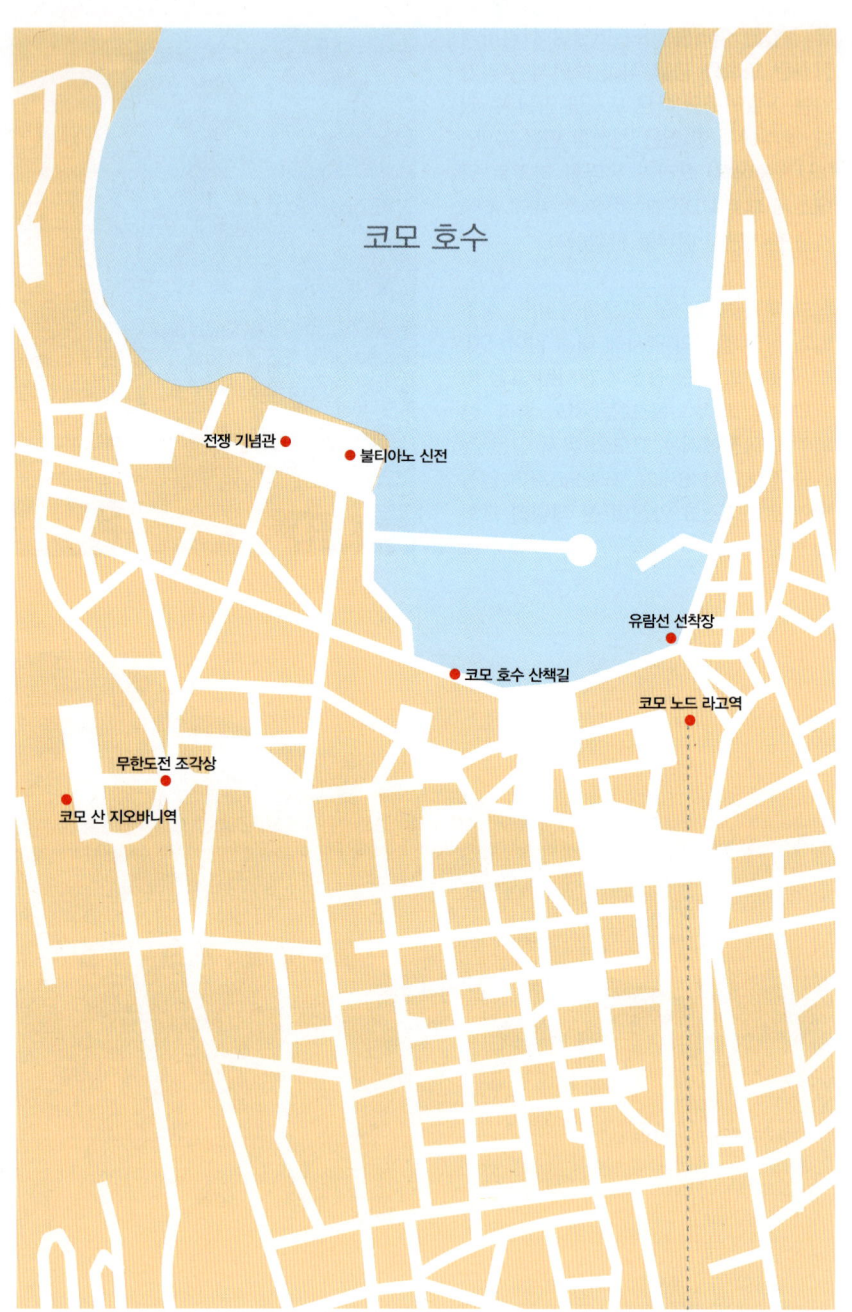

코모 즐기기

여러 시대에 지어진 고급스러운 저택과 빌라가 가득한 코모에서는 건축적인 감탄이 절로 나온다. 오래된 건물들은 관광객 숙소로 사용되고 있는 경우가 많으며, 건물에 딸린 정원은 대중에게 개방되기도 한다. 나폴레옹이 묵었다는 빌라 올모에서 호숫가 공원을 거닐고 와인을 음미하는 것도 좋다. 광장의 레스토랑에 들러 현지 폴렌타 polenta 요리와 햇볕에 말려 양념에 재운 생선 요리, 그리고 젤라토를 즐겨 보자.

이탈리아와 스위스 국경 지대의 롬바르디아에 위치한 코모는 코모 호수에 있는 마을 중 가장 크다. 코모에 여정을 풀고 보트 투어를 하면서 호수의 이곳저곳을 꾸미고 있는 타운과 마을을 둘러보고, 푸니쿨라를 타고 아름다운 호수의 풍경과 코모의 매력적인 건축물을 감상하다 보면 코모 뒤쪽 언덕에 있는 작은 마을 브루나테가 나온다. 브루나테에서 하이킹을 하면서 인근 마을까지 걸으면 길 위에 우거진 나무 사이로 믿을 수 없을 만큼 아름다운 경치를 엿볼 수 있다.

코모 호수
Como Lake

코모호수는 이탈리아의 수많은 그림 같은 호수들 중에서도 단연 최고로 손꼽힌다. 북부 이탈리아에 위치한 매력적인 여행지는 그림 같은 도시, 유서 깊은 건축물, 산악 경치, 수상스포츠까지 즐길 수 있는 천혜의 휴양지이다. 코모 호수는 이탈리아가 자랑하는 보석 같은 명소이다. 울창한 산맥이 감싸고 있는 깊고 푸른 호수 주변에는 매력적인 도시와 마을이 곳곳에 자리하고 있다.

로마 시대부터 휴양지로 많은 사랑을 받은 코모는 굽은 도로를 따라 거닐며 중세의 건물, 화려한 궁전, 전통의 피자리아와 아이스크림 상점을 구경할 수 있는 곳이다. 호화 리조트, 고산 마을과 조용한 어촌 마을에서 수상스포츠, 자전거를 타고 겨울에는 스키의 엑티비티를 즐길 수 있다.

호수 남서쪽 언저리에 위치한 성벽 도시인 코모로 이동하여 분위기 있는 역사 지구와 아름다운 빌라 올모를 둘러본다. 코모에서 케이블카를 타고 고산 마을인 브루나테를 방문하여 등산로도 걷고 아름다운 전망도 즐겨보자. 코모에서 한 시간 정도만 걸으면 16세기의 빌라 데스테와 100,000㎡ 규모의 정원인 케르노비오가 나온다. 소박한 매력의 아르제뇨에서는 호수 동쪽 너머로 보이는 아름다운 전망을 볼 수 있다.

코모 호수의 골든 트라이앵글 Golden Triangle에서 벨라지오의 고급 리조트에는 해안 산책로와 자갈길을 따라 가면 화려한 궁전과 아름다운 풍경을 만나볼 수 있다. 울창한 언덕을 거닌

후 메나지오의 카페 광장에 앉아 휴식을 취한다. 바레나에서 지역의 중세 어업 역사에 대해 알 수 있다.

호수 남동쪽 구석에 있는 레코는 산악 경관과 로마네스크 양식의 건축물로 예술가들을 유혹한다. 인접한 발사시나는 겨울이 되면 인기 있는 스키 리조트로 변해 사람들로 북적인다. 북부 호안에 위치한 콜리코와 도마소는 활기 넘치는 수상스포츠 명소로 유명하다. 숨막히는 자연 속에서 카이트 서핑, 세일링과 윈드서핑을 즐기는 사람들을 볼 수 있다. 코모 호수는 휴가나 신혼여행을 고급 리조트에 묵으며 호수의 낭만적인 분위기에 취하려는 사람들이 많다.

트레메조
Tremezzo

트레메조로 가려면 코모에서 버스를 이용하거나 코모 호수에서 보트나 페리를 이용하여 이동한다. 코모 호수 서쪽 기슭에 위치한 한가로운 도시에는 아름다운 자연 경관, 한적한 등산로와 화려한 저택들을 볼 수 있다.

경이로운 건축물과 자연 풍경, 아름다운 산책로와 여유로운 카페 문화가 조화를 이루고 있는 도시이다. 매력적인 도시는 코모 호수의 중서부 호안을 따라 펼쳐져 있으며 뒤로는 크로초네 산Mount Crocione의 험준한 산봉우리가, 호수 너머로는 장대한 산맥이 장관을 이루고 있다.

트레메조는 코모 호수에서 가장 아름다운 저택들이 모여 있는 곳이다. 찬란한 빌라 카를로타의 내실은 18세기 말~19세기 초까지 활동한 이탈리아의 조각가, 안토니오 카노바Antonio Canova의 걸작들로 꾸며져 있다.

코모 호수의 많은 도시처럼 트레메조도 아름다운 산책로로 유명하다. 산책을 하면서 덧문이 달린 창문, 철제 발코니와 정면부의 회랑이 돋보이는 파스텔 톤의 우아한 저택들을 구경할 수 있다. 저택들은 현재 호텔, 상점, 카페, 아이스크림 상점과 피자리아로 이용되고 있다. 18세기의 산로렌조 교회를 비롯한 역사적인 건물들은 사람들의 마음을 들뜨게 만든다.

호숫가의 벤치에 앉아 벨라지오와 코모의 풍경이 한 눈이 들어오는 멋진 전망은 압권이다. 부두를 오가는 보트와 여객선을 보려면 보트 투어에 참여해 도시의 저택과 뒤로 보이는 산의 경치를 호수 위에서 바라보면 된다.
도심에서 크로초네 산기슭의 마을까지 이어진 산악로를 따라 가면 로가로Rogaro 마을이 나온다. 성모 마리아의 상징물이 보관되어 있는 산타 마리아 교회Chiesa di Santa Maria를 볼 수 있다.
트레메조와 호수의 전망이 바라 보이는 레스토랑에서 식사를 즐기고 산비탈 너머로 이어지는 등산로를 따라 이동하면 카데나비아와 그리안테Griante라는 마을이 나온다.

Milano
밀라노

밀라노

MiLANO

이탈리아 롬바르디아 주도인 밀라노(Milano)는 국제적인 문화로 정의되는 활기 넘치는 대도시이다. 전 세계에 패션의 중심지로 알려진 밀라노는 이탈리아 금융의 중심지이기도 하다. 밀라노는 제2차 세계대전을 치르면서 일부 파손되었지만 수없이 많은 고대의 아름다운 기념물을 간직하고 있다.

인구가 500만 명이 넘어 유럽 최대 규모의 도시이기도 한 세련된 이탈리아 북부 수도인 밀라노를 거닐면서 예술적인 문화유산과 패션, 세계 최대 규모의 교회까지 즐겨볼 수 있다.

여행 계획 짜기

밀라노는 이탈리아 북부의 산업도시로 도시 자체는 크지만 관광도시로 볼거리는 상대적으로 많은 편은 아니다. 그래서 1일 여행이 충분히 가능하다. 밀라노 여행은 두오모 광장에서 시작하게 된다. 이곳에서 스포르체스크 성, 성 다빈치 박물관, 스칼라 극장 등의 볼거리는 대부분 1㎞ 이내에 밀집해 있다.

두오모 광장에서 둘러보고 스칼라 극장과 스포르체스크 성을 둘러보면 최후의 만찬이 있는 산타 마리아 델레 그라치에 교회와 다빈치 박물관을 본다. 중앙역에서 두오모 광장까지는 거리가 짧지 않으니 메트로나 트램을 이용하면 편리하다.

About 밀라노

최첨단 패션의 도시

이탈리아의 경제 중심지인 밀라노는 유행을 선도하는 패션과 디자인의 도시이다. 로마가 고대의 유산을 그대로 간직한 관광도시라면 밀라노는 과거를 바탕으로 현대적인 새로움을 추구하는 산업도시라 할 수 있다.

문화의 도시

밀라노는 문화의 도시이기도 하다. 세계 최고의 오페라 무대인 스칼라 극장과 이탈리아 르네상스의 대표작 두오모, 레오나르도 다빈치의 불후의 명작인 '최후의 만찬'도 밀라노에서 볼 수 있다.

건축의 도시

도시 중심에는 '두오모Duomo'라고 알려진 밀라노 대성당이 있다. 밀라노 대성당은 세계에서 가장 큰 교회로, 밀라노 최고의 인기 관광명소이다. 두오모 광장 건너편에는 다 빈치가 그린 '최후의 만찬' 속 배경인 교회와 수도원, 산타 마리아 델 그라치에가 있다. 산 마우리치오 교회에는 유명한 프레스코화와 밀라노 고고학 박물관이 있다.

미술의 도시

종교적 배경 지식이 없어도 예술품을 감상하는 데에는 문제가 되지 않는다. 아름다운 빌라 레알레에는 일반 대중을 위한 밀라노 최고의 갤러리가 2곳 있다.

현대미술관에서 현존하는 최고 예술가의 작품을 감상하거나, 바로 옆에 자리 잡은 현대 미술 박물관에서 19~20세기의 명작을 감상할 수 있다. 여기에서 잠깐만 걸으면 라파엘과 카라바지오의 작품을 관람할 수 있는 브레라 미술관이 나온다.

미식의 도시

리소토와 파스타를 맛보거나, 어느 거리에나 있는 피자나 젤라토를 즐길 수 있다. 라 스칼라 극장에서 오페라를 감상한 뒤 나비글리 야간 엔터테인먼트 지구에서 신선한 공기를 마시며 현지인들과 어울리는 것도 좋다. 따스한 밀라노의 여름밤이나 겨울에 이탈리아 알프스로 여행을 떠나 스키와 스노보드를 즐기는 것은 현지인들이 항상 즐기는 방법이다.

공항

밀라노는 국제적인 교통의 요충지로 항공, 열차, 버스로 충분히 연결되고 있다. 대한민국에서는 대한항공이 직항을 운행하고 있고, 다른 유럽 항공사들도 경유로 이용이 쉽게 가능하다. 공항은 말펜사Malpensa와 리네이트Linate 두 곳이 있다.

말펜사 공항은 국제선이 취항하고, 리네이트는 국내선과 저가항공사가 운행한다. 말펜사 공항에서 밀라노 시내의 북역까지는 열차가 새벽 5시부터 밤 23시까지 운항하고 있어 시내로 이동하기에는 어렵지 않다.

공항에서 렌트를 하고 싶다면?

밀라노 공항은 작은 공항이 아니다. 국제적인 공항이라 렌터카들이 상당히 큰 공간에서 손님을 맞이할 준비를 한다. 공항에서 나와 왼쪽으로 이동하면 렌터카Rent Car라고 씌어 있으므로 이동하면 쉽게 찾을 수 있다. 밀라노를 처음으로 관광하고 이동할 예정이라면 밀라노 시내에서 차를 받는 것이 좋고 밀라노를 나중에 돌아와서 볼 예정이라면 밀라노 공항에서 차를 받아서 시내를 벗어나는 것이 운전하기가 수월하다.

시내 교통

밀라노의 대중 교통수단은 트램, 버스, 메트로가 있으며 승차권도 공용으로 사용할 수 있어 편리하다. 6시부터 밤24시까지 운행하는 지하철은 1~3까지 3개의 노선이 있는 데, 두오모 광장, 중앙역 등 주요 관광지를 연결해주고 있다.

시내를 중심으로 구역별로 나뉘어 교통요금은 복잡할 수 있다. 싱글 티켓은 1회만 탑승이 가능하고 버스나 트램은 해당 승차권의 유효시간에 따라 75분, 90분 동안은 제한 없이 사용이 가능하다.

두오모
Duomo

도시의 상징처럼 여겨지는 두오모를 보는 것으로 밀라노 여행을 시작된다. 시내 중심에 우뚝 솟아 있는 두오모의 웅장함과 화려함 때문에 여행자는 압도당한다. 고딕 건축의 걸작인 성당은 135개의 첨탑이 하늘을 찌르고 3,000개가 넘는 입상이 외관을 장식하고 있다.
두오모는 1386년 비스콘티 공작의 명에 따라 만들어지기 시작하여 19세기 초에 완성되었다. 바티칸의 산 피에트로 성당, 런던의 세인트 폴 성당, 쾰른의 대성당에 이어 세계에서 4번째로 큰 성당이다.

내부에는 15세기에 만들어진 화려한 스테인드글라스는 여행자들의 눈길을 잡아끈다. 보물관에는 4~12세기의 각종 보석들이 보관되어 있다. 엘리베이터나 계단을 통해서 두오모의 전망대에 오를 수 있는 데, 날씨가 맑다면 시가지부터 이탈라아 알프스까지 볼 수 있다. 반바지나 소매가 없는 옷을 입으면 입장할 수 없다. 두오모 앞의 광장에는 이탈리아를 통일한 비토리오 엠마누엘레 2세의 기념상이 있다.

스칼라 극장
Teatro Scala

명성에 비하면 외관이 볼품없어 실망할 수도 있지만 성악가라면 누구나 한 번은 무대에 서 보고 싶어하는 세계적인 오페라 극장이다. 1776년에 당시 밀라노를 지배하던 오스트리아의 여제였던 마리아 테레지아의 명에 의해 세워진 것으로 제2차 세계대전에서 파괴되었다가 1946년에 복원되었다.

베르디의 '오베르토', 푸치니의 '나비부인'을 비롯해 많은 오페라가 초연된 역사적인 극장이다. 2,600명을 수용할 수 있는 내부는 붉은 카펫과 샹들리에로 화려하게 장식되어 있다.

산타 마리아 델레 그라치에 성당
Chiesa di Santa Maria delle Grazie

밀라노에서 가장 많은 관광객이 찾는 관광지이다. 두오모에 비하면 평범하고 수수하지만 레오나르도 다빈치의 명작인 '최후의 만찬Cenacolo Vinciano'가 있기 때문이다.
1498년에 그린 이 그림은 객관적 사실과 정신 내용을 훌륭하게 융합시켰다는 평을 듣고 있다. 내부의 습기 때문에 손상되어 1977년 복원 작업에 들어간 지 22년 만에 복원 작업을 마치고 다시 일반에게 공개되었다. 한번에 볼 수 있는 인원이 제한되어 있다.

브레라 미술관
Ponacoteca di Brera

원래 수도원과 성당으로 쓰이던 웅장한 건물로 17세기 중엽 리키니외 설계로 만들어졌다. 1809년 당시 밀라노를 지배했던 나폴레옹의 명에 따라 미술관이 되었다.

이 미술관은 바티칸 미술관과 우피치 미술관에 이어 이탈리아의 대표적인 미술관으로 르네상스에서 19세기에 이르는 다수의 회화를 소장하고 있다. 주요 작품으로는 만테냐 최고의 걸작인 죽은 그리스도, 틴토레토의 성 마르코의 기적, 르네상스의 3대 거장인 라파엘로의 '성모 마리아의 결혼, 베르니니의 피에타, 피에르 델라 프란체스카의 성모자 등이 있다.

카스텔로 스포르체스코
Castello Sforzesco

중세 밀라노의 유력 가문이었던 비스콘티 공작 집안의 요새 겸 성이었으나 15세기 밀라노의 영주였던 스포르자가 확장하여 현재의 모습을 갖추었다.
성의 설계에는 레오나르도 다빈치도 참여했으며 지금은 박물관으로 쓰이고 있다. 성의 입구로 들어서면 곳곳에 조각품이 전시되어 있다.
1층의 14~15전시실에는 미켈란젤로가 죽기 3일전까지 작업했으나 완성을 못한 '론다니니 피에타'가 있다. 8전시실에는 레오나르도 다빈치의 프레스코화가 전시되어 있다.

레오나르도 다빈치 국립 과학 기술 박물관

Museo Nationale della Scienza e della Tecnia Leonardo da Vinci

1953년 레오나르도 다빈치의 기념 전시회가 열린 것을 계기로 설립된 과학기술관, 기념관, 철도관, 교통관의 3부분으로 나뉘어 증기기관차, 비행기 등을 전시하고 있다. 해상교통, 자동차와 기차의 발전 등을 보여주는 전시물들이 많다. 입구의 대 전시홀에는 레오나르도 다빈치가 발명한 각종 물건이 전시되어 있다.

Austria

오스트리아

Salzburg | 잘츠부르크
Innsbruck | 인스부르크
Linz | 린츠
Salz Kammergut | 잘츠캄머구트
Hallstatt | 할슈타트
Bad Ischl | 바트 이슐
St. Wolfgang | 장크트 볼프강
St. Gilgen | 장크트 길겐

한눈에 보는 오스트리아

- ▶**국명** | 오스트리아 공화국(Republic of Austria)
- ▶**형태** | 연방 공화국(9개주)
- ▶**수도** | 빈Wien
- ▶**면적** | 83,857㎢(한반도의 2/5)
- ▶**인구** | 약 900만 명
- ▶**종교** | 가톨릭 85%, 개신교 6%, 기타 9%
- ▶**화폐** | 유로
- ▶**언어** | 독일어
- ▶**시차** | 8시간이 늦다.(서머타임 기간인 3월 말~10월말까지는 7시간 늦다.)

한눈에 보는 오스트리아 역사
955년 게르만족 정착
1273년 합스부르크 왕조 시작
1867년 오스트리아-헝가리 이중 왕국 수립
1918년 제1차 세계대전 후 영토 축소
1945년 제2차 세계대전 후 연합국이 점령
1955년 영세 중립국 선언
1995년 유럽 연합 가입

공휴일
1/1 새해
4/1 노동절
8/15 성모 승천일
10/26 건국 기념일
11/1 만성절
12/25 크리스마스
12/26 성 슈테판 일

오스트리아에서 가장 아름다운 곳 중의 하나로 꼽는 장소가 잘츠캄머구트(Salz Kammergut)이다. 최근에 관광객이 급증한 이유는 할슈타트(Hallstatt)를 방문하기 위해 찾기 때문이다. 영화 '사운드 오브 뮤직(Sound of Music)'의 배경이 되었던 이곳은 해발 2,000m에 달하는 산들과 알프스의 빙하가 녹아서 형성된 76곳의 호수가 어우러져 그림 같은 경치를 자아낸다.

역에서 나오자마자 왼쪽으로 라이너(Reinerstrasse)를 따라 1km 정도 걸어가면 미라벨 정원이 나온다. 미라벨 정원에서 호엔 잘츠부르크 성이 보이는 쪽으로 조금 걸어가면 잘차흐 강이 보인다. 그 강을 건너면 바로 구시가로 연결된다. 이곳은 차가 다닐 수 없는 좁고 복잡한 거리로 모차르트 생각→레지던츠→대성당→성 페터 교회→축제극장→호엔 잘츠부르크 성 순서로 돌아보면 된다.

오스트리아의 인스부르크로 향하는 차장 밖 풍경은 그대로 그림엽서가 된다. 차창 밖으로 펼쳐지는 산과 호수, 들판 위의 한가로운 양떼들, 목가적 풍경의 아름다움은 인스브루크에 도착할 때까지 이어진다. 도시를 가로지르는 '인 강(Inn River)의 다리(Bruge)'라는 뜻에서 온 인스브루크는 오스트리아의 알프스 자락 마을, 티롤의 중심 도시이다.

오스트리아에서 3번째로 큰 도시임에도 우리에게는 아직 생소한 도시이다. 유명한 브루크너 오케스트라와 현대적인 오페라 하우스를 갖추고 있는 오스트리아에서는 큰 도시이자 공업 도시이다. 과거 신성 로마 제국의 지방 정부가 있던 린츠Linz는 도나우 강을 가로지르는 인근 수로를 통한 무역으로 막대한 부를 축적했다.

유럽에서 가장 아름다운 도시 중 하나로 음악의 도시로 더 잘 알려져 있다. 여름에 여행한다면 왈츠를 출 수 있고, 겨울에는 오페라를 즐길 수 있다. 빈의 볼거리는 링(Ring)도로 근처에 있다. 먼저 슈테판 광장을 중심으로 돌아보는 것이 좋다. 성당을 본 후 게른트너 거리를 따라 내려가면 국립 오페라 극장이 나온다. 오페라 극장을 보고 오른쪽으로 돌아가면 왕궁과 자연사 박물관, 미술사 박물관이 링(Ring) 도로를 마주보고 몰려 있다.

오스트리아에서 2번째로 큰 도시인 그라츠는 헝가리와 슬로베니아의 국경에서 가까워 교통의 중심지로 성장했다. 붉은 색 지붕이 아름다운 중세 건축물은 여행자의 마음을 끌어들인다.

1997년 세계자연문화유산으로 지정된 호숫가 마을이다. 잘츠캄머구트 관광도시 중 가장 아름다운 경치를 자랑하기 때문에 항상 붐빈다. 선사시대부터 중요한 소금을 통해 풍요를 누렸고 그 사실은 마을의 선사 박물관에서 2,500년 전의 소금 채굴 도구와 출토품이 전시된 현장에서 느낄 수 있다.

■ 내륙 국가

위대한 음악가들의 나라 오스트리아는 유럽 대륙 가운데에 있는 육지로 둘러싸인 나라이다. 백여 개가 넘는 아름다운 호수와 알프스 산자락이 한 폭의 수채화처럼 펼쳐져 있다. 모차르트, 슈베르트, 하이든, 요한 슈트라우스 등 우리에게 잘 알려진 음악가들이 이곳에서 태어났다. 푸른 대자연을 배경으로 아름다운 왈츠의 선율이 흘러나올 것 같은 나라이다.

■ 훌륭한 음악가를 배출 한 나라

오스트리아의 수도 빈에는 다뉴브강이 흐른다. 이곳에는 또한 역사 깊은 합스부르크 왕조 시대의 웅장한 건축물들이 들어서 있다. 그런데 누구보다도 빈을 사랑했던 사람들은 고전 음악 시대의 음악가들이다. 잘츠부르크 출신이었던 모차르트를 비롯해 베토벤과 오랫동안 빈에 머물며 '전원 교향곡' 등 많은 곡을 완성했다.

이 밖에 슈베르트가 태어난 집, 하이든과 브람스 기념관, 요한 슈트라우스의 집 등 여러 음악가의 흔적을 곳곳에서 찾아볼 수 있다. 또한 빈 소년 합창단, 빈 필하모닉 오케스트라 등도 음악이 도시인 빈을 널리 알리는 데 큰 역할을 하고 있다.

■ 만년설로 덮인 알프스 산지

오스트리아는 전체 국토의 2/3가 알프스산맥을 끼고 있다. 높은 산과 숲이 많아 매우 아름답다. 산과 초원이 많아 사계절 내내 푸른 자연을 자랑한다. 알프스산맥의 높은 봉우리에는 한여름에도 녹지 않는 눈이 쌓여 있다. 이 눈을 만년설이라고 한다.

겨울이 되면 춥고 눈이 많이 내리지만 스키장과 온천 등에서 계절과 상관없이 휴양과 레포츠를 즐길 수 있다. 합스부르크 왕가가 다스리던 시절에 오스트리아는 넓은 영토와 막강한 힘을 자랑하던 강대국이었다. 하지만 20세기에 들어 두 차례의 세계대전에서 패전국이 되어서 오늘날에는 영토가 많이 줄어들었다.

■ 관광객들이 다시 찾고 싶은 여행지

오스트리아는 제2차 세계대전에서 나치 독일 편에 섰다. 그러다가 전쟁에 지면서 경제적으로 많은 피해를 입었다. 다른 서유럽 나라들보다 경제 발전도 늦어졌다. 하지만 전쟁이 끝난 뒤 중립국이 되면서 안정되기 시작했다. 오스트리아에서 가장 발달한 산업은 관광업이다. 오스트리아를 찾는 외국인 관광객의 수는 해마다 늘고 있다. 깨끗하고 친절한 숙박시설, 편리한 교통 등에 힘입어 관광객들이 다시 찾고 싶은 나라 1위로 꼽히곤 한다.

■ 연방 국가

오스트리아는 빈, 티롤, 잘츠부르크, 케르텐 등의 9개 자치주로 구성된 연방 국가이다. 의회는 상, 하원의 양원제이며 64명으로 구성된 상원^{Bundesrat}과 183명으로 구성된 하원^{Nationalrat}이 있다. 입법권과 국정감사권은 상, 하원이 각각 행사하나 하원이 우월하다. 내각 불신임권과 국정조사권 등은 하원이 보유하고 있다. 임기 6년의 대통령은 헌법상 국가 원수로 국정을 조정하고 내각을 통제하는 지위에 있으나 실질적인 권한은 내각이 가진다.

■ 선진국 경제

오스트리아 대외교역의 대부분은 유럽에서 이루어지고 있으며 독일과의 교역이 전체의 절반가량을 차지한다. 전통적으로 무역수지는 적자이나 관광 등 무역외 수지에서의 흑자로 국제수지가 균형을 이루고 있다. 철강, 기계, 농업, 삼림, 관광이 주요 산업이다. 기계, 철강, 섬유 등을 수출하고 원유, 자동차, 의약품을 수입한다.

오스트리이에 1년 내내 관광객에게 인기가 있는 이유

■ 볼거리가 풍성하다.

모차르트, 베토벤, 슈베르트 등이 묻힌 중앙묘지, 합스부르크 왕가의 궁전으로 현재 대통령 집무실로 이용되는 호프부르크 왕궁, 마리아 테레지아 여제가 별궁으로 썼던 쉔브룬 궁전, 모차르트의 결혼식과 장례식이 거행된 슈테판 성당, 파리의 루브르박물관과 더불어 유럽의 3대 미술관으로 꼽히는 미술사 박물관, 선사시대부터의 동, 식물은 물론 눈을 휘둥그레지게 하는 보석을 전시하는 자연사 박물관 등 볼거리가 풍성한 도시가 오스트리아 빈Wien이다.

■ 세계적인 음악과
  예술을 만날 수 있다.

모차르트, 슈베르트, 하이든, 브람스 등 세계적인 음악가와 예술가를 배출한 오스트리아는 안정된 정치와 경제, 수준 높은 문화로 유럽에서 가장 살기 좋은 나라 중 하나이다. 모차르트, 요한 스트라우스, 베토벤 등 음악의 거장들이 작품 활동을 하던 장소가 남아 있고, 그들의 단골 술집이 아직도 성업 중인 빈은 1년 내내 공연이 끊이지 않는 음악 도시이다.

■ 다양한 문화도시

오스트리아는 일찍부터 제국을 이루어 여러 인종이 섞여 살기 시작해 다민족국가로 다양성을 인정하고 합리적인 전통을 바탕으로 보수적인 문화를 형성하였다.

■ 연계 여행지 풍성

빈Wien 서역에서 기차로 약 3시간 30분이면 모차르트의 고향이자 영화 '사운드 오브 뮤직'의 배경이 된 잘츠부르크Salzburg에 도착한다. 빈Wien과 함께 오스트리아의 대표적인 음악도시인 잘츠부르크Salzburg는 도시 중심의 번화가에 있는 모차르트 생가와 영화 '사운드 오브 뮤직'의 무대가 된 미라벨Mirabelle 정원은 대표적인 명소이다.

다양한 축제

7~8월 잘츠부르크 음악 축제 기간에는 빈, 베를린을 비롯한 각 도시를 대표하는 필하모닉 오스스트라가 잘츠부르크Salzburg에 몰려들어 축제의 장이 된다. 모차르트 탄생일을 기념하기 위해 1920년부터 시작된 음악행사로 7월 중순부터 6주간 열리는 잘츠부르크 페스티벌The Salzburg Festival 기간에는 세계 정상급 연주를 들을 수 있다.

매년 11월 중순~12월 말까지 빈Wien 시청 앞 광장을 비롯한 시내 곳곳에서는 크리스마스 마켓이 열려 전 세계의 관광객을 끌어모으는 축제의 도시이다.

간단한 오스트리아 역사

초기

이 땅은 다뉴브 계곡을 따라 돌아온 종족들과 군대들에 의해 많은 침략을 받았다. 켈트족, 노르만족, 반달족, 비지고스족, 훈족, 아바스족, 슬라브족, 그리고 맨체스터 연합 지원군이 모두 이 땅을 침략했다.

9세기 ~12세기

803년, 샤를마뉴가 다뉴브 계곡에, 오스마르크 Ostmark라는 영지를 세운 후로 이곳은 게르만계 중심의 기독교국이 되었다.

13세기 ~14세기

1278년부터 합스부르크 가문이 정권을 잡고 1차 세계대전 때까지 오스트리아를 지배했다. 합스부르크 가문의 통치하에 오스트리아의 영토는 점차 확장되었다. 카린시아 Carinthia와 카니올라 Carniola가 1335년 합병되고, 1363년에는 티롤 Tirol이 합병되었다. 그러나 합스부르크 가문은 영토 확장에 있어 무력침공이 아닌 다른 방법을 사용했다. 보랄산 Voralberg 대부분은 파산한 영주들로부터 사들인 것이고 다른 영토도 정략결혼으로 얻어낸 것이다. 국제결혼은 매우 효과적이었지만 그 바람에 약간의 유전적 부작용도 생겨났다. 물론 공식 초상화에는 그렇게 그려지지 않았지만, 가족 초상을 보면 턱이 점차 넓어지는 것을 볼 수 있다.

15세기~16세기

1477년, 막스 밀리언은 부르고뉴의 마리아와 결혼하여 부르고뉴와 네덜란드를 지배할 수 있게 되었다. 그의 큰 아들 필립은 1496년 스페인 왕녀와 결혼하였고, 1516년에는 필립의 아들인 스페인의 찰스 1세가 되었다. 3년 후 그는 신성 로마제국의 찰스 5세가 되었다. 이런 영토를 한 사람이 제대로 다스리기는 어려운 일이므로 찰스는 1521년 오스트리아 지역을 동생 페르디난드에게 넘겼다. 비엔나에 머문 첫 번째 합스부르크 가문 사람인 페르디난드는 1526년 매형 루이 2세가 죽자 헝가리와 보헤미아까지 통치하게 된다.

1556년 찰스가 퇴위하면서 페르디난드 1세가 이곳의 왕이 되고 찰스의 나머지 영토는 그의 아들 필립 2세가 물려받게 된다. 이렇게 되어 합스부르크 왕가는 스페인과 오스트리아 둘로 나뉘게 된다. 1571년 황제가 종교의 자유를 허용하자 대다수 오스트리아인이 개신교로 개종하였다. 그러나 1576년 새 황제 루돌프 2세가 종교개혁 반대 정책을 취하자 나라 전체가 가톨릭으로 환원되었는데 강제적인 전략이었다.

17세기~18세기

유럽의 개신교 지역에 가톨릭을 강요하려는 시도 때문에 1618년에 '30년 전쟁'이 일어났고 중부 유럽은 황폐해졌다. 1648년 베스트팔렌 조약과 함께 평화가 도래하는데, 이것은 유럽 지역에서의 가톨릭 강요가 끝났음을 알리는 것이었다. 남은 17세기 동안 오스트리아는 투르크족이 유럽으로 진출하는 것을 막는 중요한 역할을 했다. 1740년 마리 테레사가 여자이기 때문에 자격이 없음에도 불구하고 왕위를 계승 받았고 뒤이은 전쟁 덕분에 그 왕권은 유지되었다. 그녀의 40년 통치기간에 오스트리아는 근대국가로서의 발전을 시작한다. 그녀는 권력을 중앙집권화하고 공무원을 만들어 군대, 경제, 공공교육제도를 도입하였다.

19세기

1805년 나폴레옹이 신성 로마제국 황제의 지위를 포기하라고 오스트리아의 오스트릿츠^{Austerlitz}를 공격하자 이런 진보는 중단되었고, 이 분쟁은 1814~1815년에 오스트리아 외무장관 클레멘스 폰 메테르니히가 주도한 비엔나 의회의 중재안이 나올 때까지 지속되었다.

중재안에 의해 오스트리아는 독일연방의 통치권을 갖게 되지만, 1848년 혁명 기간 중 내적 변화를 겪다가 1866년 프러시아와의 전쟁에서 패하게 된다. 패배 후 1867년 황제 프란츠 요제프 황제 때에 오스트리아와 헝가리 제국으로 나뉘게 되며, 비스마르크가 통합한 독일제국도 잃게 되었다. 두 왕조는 방위, 외교, 경제정책을 공유했지만 의회는 분리되어 있었다. 또 한 번 번영의 시기가 도래하자 빈^{Wien}은 눈부시게 발전하였다.

20세기 ~1945년

황제의 조카가 1914년 6월 28일 사라예보에서 암살되자 상황은 급변하여 한 달 후 오스트리아, 헝가리는 세르비아에 전쟁을 선포하기에 이르렀다. 1차 세계대전이 시작된 것이다. 1916년에 프란츠 요세프 황제가 죽고 그의 계승자가 1918년 전쟁의 결과로 퇴위하자 오스트리아는 11월 12일 공화국으로 변화하였다. 1919년 축소된 새 국가는 이전 합스부르크 가문의 통치하에 있던 체코슬로바키아, 폴란드, 헝가리, 유고슬라비아에 이어 루마니아, 불가리아에까지 독립을 승인하게 된다. 이러한 손실을 심각한 경제문제와 정치적, 사회적 혼란을 야기했다.

독일에서 나치가 등장하자 문제는 더 커졌다. 나치는 오스트리아의 내전을 꾀하여 수상 도르프스의 암살에 성공했다. 히틀러는 오스트리아 내에 국가 사회주의당 세력을 키우기 위해 새로운 수상을 세웠는데 크게 지지를 받아서, 1938년 오스트리아를 침략하여 독일제국에 복속시키는 데도 별 저항이 없었다. 같은 해 4월 국민투표의 결과로 독일과의 합병이 결정되었다. 제2차 세계대전이 끝난 1945년 연합군은 1937년 이전 정권을 복귀시켰다.

1945년 이후~

미, 영, 소, 프랑스의 연합국은 오스트리아에 주둔하며 영토를 4등분 하였고, 소련 점령지역에 속해있던 수도 비엔나도 4등분 되었다. 다행히 자유왕래가 허용되어 베를린과 같이 되지는 않았다. 1955년 오스트리아가 독일과 연합하지 않을 것과 중립국이 될 것을 선언함으로써 오스트리아 국가 조약이 비준되었고 점령군은 철수했다. 제2차 세계대전 후, 오스트리아는 경제 난국을 타개하기 위해 노력했다. EU와 1972년 자유무역조합을 협정했고, 1994년 국민투표에 의해 EU로 가입할 수 있었다.

Salzburg
잘츠부르크

잘츠부르크

SALZBURG

잘자흐(Salzach) 강 서안에 자리한 잘츠부르크에서는 잘츠부르크 성당(Salzburg Cathedral)과 모차르트 광장(Mozart Platz)을 비롯한 유서 깊은 명소들을 직접 볼 수 있다. 위풍당당한 레지던스 광장(Residencz Platz)을 굽어보며 서 있는 레지던스 성(Residencs Castle)은 1500년대에 잘츠부르크의 군주들이 기거하던 곳이다.

화려한 건물을 방문하여 렘브란트를 비롯한 유럽 거장들의 작품과 커다란 홀을 둘러보자. 중세의 거리 게트라이데 레인(Getreidegasse Rain)을 거닐며 모차르트 생가(Mozart Geburtshaus)를 방문하는 것도 좋은 경험이다. 올드 타운 옆으로는 묀히스베르크 산이 자리하고 있다. 케이블카를 타고 꼭대기에 올라 유럽에서도 손꼽히는 호헨 잘츠부르그 성(Festung Hohensalzburg)을 방문해 둘러보자.

About
잘츠부르크

인구 15만 명이 사는 오스트리아의 작은 도시 잘츠부르크는 여행자들에게는 참 매력적인 도시이다. 잘츠부르크Salzburg는 '소금의 성Salz Berg'라는 뜻에서 유래되었다. 예전 소금이 귀하던 시절에는 소금이 많이 나는 것도 대단한 자랑거리였을 거라고 추측한다.

영화 팬들에게는 뮤지컬 영화 '사운드 오브 뮤직'을 떠올리게 한다. 중세의 골목길과 위풍당당한 성들이 아름다운 산으로 둘러싸여 있는 오스트리아의 이 도시는 모차르트와 영화 〈사운드 오브 뮤직〉의 고향이기도 하다.
잘츠부르크를 찾은 여행자들은 모차르트의 흔적을 찾아보거나 영화 사운드 오브 뮤직의 배경이 되었던 곳을 하나하나 찾아다니는 것만 해도 잘츠부르크 탐험이 흥미로운 것이다.

세계 클래식 음악 팬들에게는 음악의 신동 모차르트를 기억하게 한다. 잘츠부르크는 모차르트의 고향이라는 유명세와 함께 매년 여름마다 유럽 최대의 음악제인 '잘츠부르크 음악 페스티벌'이 열려 수많은 고전음악 팬들이 찾는 명실상부한 음악의 도시이다.

잘츠부르크의 올드 타운은 세계문화유산으로서, 건물의 신축이 엄격하게 제한되어 있다. 아름다운 잘자흐 강 유역에 자리한 잘츠부르크는 중세의 건축물과 음악 축제, 수준 높은 요리를 자랑한다. 크루즈를 타고 강 위에서 도시의 지형을 보고 야외 시장인 잘자흐 갤러리가 서는 주말에는 강변을 산책하며 시장 구경에 나서 보자.

잘츠부르크여행 전 알면 좋은 상식
사운드 오브 뮤직

클래식에 별다른 관심이 없는 여행자들은 영화 '사운드 오브 뮤직'의 잔잔한 감동을 떠올리며 주저 없이 배낭을 짊어지고 이곳 잘츠부르크로 떠나보자. 영화 '로마의 휴일'이 고대 도시 로마를 낭만적인 곳으로 만들어 놓았듯이, 뮤지컬 영화 '사운드 오브 뮤직'은 잘츠부르크를 가장 전원적인 아름다움을 가진 도시로 기억하게 한다.

영화 '사운드 오브 뮤직'은 잘츠부르크 시내와 근교 잘츠감머구트를 배경으로 그림 같은 오스트리아 자연의 아름다움을 영상으로 보여 주며 아름다운 화음과 함께 영화 팬들의 감동을 자아낸다.

1959년 브로드웨이의 1,443회 장기 공연 기록을 세운 뮤지컬을 영화로 만든 것이다. 잘츠부르크를 배경으로 한 아름다운 영상미와 영화 음악 등으로 세계인의 사랑을 받은 뮤지컬 영화의 고전이다. 잘츠부르크에 가기 전에 꼭 볼만한 영화이다. 수련 수녀 마리아는 부인과 사별하고 7명의 아이들이 살고 있는 예비역 대령 폰 트랩의 집에 가정교사로 들어간다.
마리아는 군대식의 엄격한 교육을 받은 아이들에게 아름답고 즐거운 노래를 가르쳐주고 아름다운 자연을 느끼게 해줌으로써 아이들의 명랑함을 되찾아 준다. 남작 부인과 결혼하려던 트랩 대령은 마리아에 대한 사랑을 깨닫고 마리아와 결혼한다. 제2차 세계대전이 발생으로 오스트리아가 독일에 합병되자 폰 트랩 일가는 가족합창단을 만들어 오스트리아를 탈출한다. 1965년 아카데미 작품, 감독, 편곡, 편집, 녹음 등 5개 부문을 수상하였다.

모차르트의 발자취를 찾아서

모차르트는 잘츠부르크와 빈을 오가며 음악을 작곡하거나 오페라를 지휘하는 등 다양한 음악 활동을 벌였다. 지금도 그곳에 가면 모차르트가 남긴 흔적들과 모차르트를 사랑하는 사람들을 만날 수 있다.

잘츠부르크

모차르트가 태어난 잘츠부르크는 우리말로 '소금의 성'이란 뜻이다. 잘츠부르크의 산자락에는 소금기를 가득 품은 동굴과 바위들이 모여 있기 때문이다. 바위에서 나오는 소금을 긁어모아 장사를 해 온 잘츠부르크는 옛날부터 부자도시로 유명했다. 그러나 요즘은 모차르트의 고향으로 더 유명해서 해마다 많은 사람들이 찾아온다.

모차르트의 생가
모차르트가 태어난 집으로, 지금은 박물관으로 사용되고 있다. 이곳에는 모차르트가 사용했던 책상, 피아노 같은 물건들과 그가 쓴 악보와 편지도 전시되어 있다. 벽에는 모차르트가 했을지도 모를 낙서도 남아 있다.

대성당

1756년, 아기 모차르트가 세례를 받았던 곳이다. 모차르트는 이 성당의 미사에도 참석하고 오르간도 피아노도 연주했다. 지금도 잘츠부르크 음악제에서 가장 의미 있는 작품은 바로 대성당 계단에서 공연된다.

모차르트 하우스

모차르트가 1773년부터 1780년까지 살았던 집이다. 청년 모차르트는 이 집에서 많은 협주곡과 교향곡을 작곡했다.

모차르트 초콜릿과 사탕

잘츠부르크에 있는 기념품 가게 어디에서나 모차르트의 얼굴이 그려져 있는 달콤한 초콜릿과 사탕을 쉽게 찾아볼 수 있다.

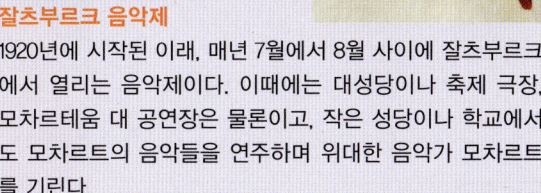

잘츠부르크 음악제

1920년에 시작된 이래, 매년 7월에서 8월 사이에 잘츠부르크에서 열리는 음악제이다. 이때에는 대성당이나 축제 극장, 모차르테움 대 공연장은 물론이고, 작은 성당이나 학교에서도 모차르트의 음악들을 연주하며 위대한 음악가 모차르트를 기린다.

About 모차르트

편지 속에 담겨 있는 모차르트의 생각과 삶
모차르트는 가족들과 떨어져 있을 때면 늘 편지를 주고받으며 연락을 했다. 모차르트와 가족들이 주고받은 편지들 속에는 모차르트가 어떤 생각을 갖고 있었는지, 어떤 성찰을 했는지 잘 드러나 있다.

저는 작곡가이며 궁정 악장이 될 사람입니다.
빈에 머물며 궁정에서 일할 기회를 찾던 모차르트에게 아버지는 피아노 교습이라도 해서 돈을 벌어야 한다는 편지를 보냈다. 하지만 모차르트는 자신의 재능을 그렇게 낭비하고 싶지 않았다.
모차르트는 자신을 연주자이기보다는 작곡가로 높이 평가했고, 자기 자신의 재능을 잘 파악하고 있었다. 하지만 모차르트는 자기의 음악을 인정하지 않는 사람들 때문에 늘 고통받아야 했다.

모차르트가 '아빠'라고 부른 또 한 사람

모차르트는 교향곡의 아버지라 불리는 위대한 음악가 하이든을 '아빠'라고 부르곤 했다. 하이든은 모차르트의 음악성을 가장 빨리 가장 정확히 알아본 사람으로, '내가 아는 음악가 중에 가장 위대한 천재 모차르트의 작곡은 그 누구도 맞설 수 없을 것'이라고 평가했다.

모차르트보다 스물네 살이나 많았던 하이든은 모차르트와 음악에 대한 생각들을 나누기 좋아했고, 이들의 우정은 모차르트가 죽을 때까지 계속되었다.

하이든

악기를 알아야 연주도 잘한다.

모차르트는 어렸을 때부터 악기에도 관심이 아주 많았다. 당시는 여러 악기의 발전이나 새로운 악기의 발명이 이루어지던 때라 더욱 그럴 수 있었다. 특히 피아노는 클라비코드엣 하프시코드, 피아노포르테, 피아노로 이어지며 발전하였는데 이는 모차르트의 작곡에도 큰 역할을 했다.

피아노는 평생 동안 모차르트 음악 활동의 중심이 된 악기로, 모차르트는 뛰어난 피아노 독주곡과 협주곡을 수없이 작곡했다. 그래서 모차르트는 자기가 작곡한 곡들의 완벽한 연주를 위해 피아노 공장에 직접 편지를 보내서 자신이 원하는 피아노를 만들어 달라고 부탁할 정도였다.

아빠 모차르트

모차르트 부부는 1783년 6월, 빈에서 첫아기 라이문트를 낳았다. 그런데 아기를 유모에게 맡겨 두고 아버지를 만나러 잘츠부르크에 다녀온 사이에 아기가 그만 병에 걸려 죽고 말았다. 첫아기를 잃은 뒤 모차르트 부부는 몇 명의 아기를 더 낳았지만, 카를과 프란츠 두 아들만 살아남았다. 아버지 모차르트는 아주 자상하게 아이들을 돌봤다. 아내 콘스탄체가 아이들을 데리고 요양을 갈 때면 모차르트는 아이들의 약을 손수 챙길 만큼 다정한 아빠였다고 한다.

도둑맞을 뻔한 진혼 미사곡

모차르트가 죽는 순간까지 매달렸던 진혼 미사곡은 발제크 백작이 모차르트에게 부탁한 곡이었다. 백작은 죽은 아내를 위해 진혼 미사곡을 직접 작곡하고 싶었지만, 재능이 없어서 곡을 만들지 못했다. 그래서 아무도 모르게 모차르트에게만 부탁하고 자신의 이름으로 그 곡을 발표했다. 그러나 나중에 사실이 알려지면서 작곡자가 바뀌었고, 모차르트가 완성하지 못한 부분을 모차르트의 제자였던 쥐스마이어가 마무리 지었음이 밝혀졌다.

한눈에
잘츠부르크 파악하기

잘츠부르크를 보는 데는 하루면 충분하다. 대부분의 볼거리가 모두 구시가에 몰려 있어서 천천히 걸어서 보면 된다. 역에서 나오자마자 왼쪽으로 라이너^{Reinerstrasse}를 따라 1㎞ 정도 걸어가면 미라벨 정원이 나온다. 미라벨 정원에서 호엔 잘츠부르크 성이 보이는 쪽으로 조금 걸어가면 잘차흐 강이 보인다.

그 강을 건너면 바로 구시가로 연결된다. 이곳은 차가 다닐 수 없는 좁고 복잡한 거리로 모차르트 생가 → 레지던츠 → 대성당 → 성 페터 교회 → 축제극장 → 호엔 잘츠부르크 성 순서로 돌아보면 된다. 구시가의 볼거리는 모두 인근에 있기 때문에 돌아보는데 많은 시간이 걸리지 않는다.

잘츠부르크
핵심 도보 여행

잘츠부르크 중앙역에 도착하면 역 정면으로 보이는 골목에는 잘츠감머구트로 떠나는 버스 정류장과 렌트카 회사 등이 들어서 있다. 충분히 걸어 다니며 구경할 만큼 작은 도시이지만 다른 도시들과 마찬가지로 처음 방향을 잘못 잡으면 헤매게 된다. 잘츠부르크는 잘차흐 강이 시내를 가로지르며 구시가지와 신시가지로 나누고 있으며 여행자들의 볼거리는 대부분 역 뒤쪽에 몰려 있다.

조금 걷다 보면 왼쪽으로 굴다리가 보이는데, 그 굴다리를 통과해 역 뒤쪽으로 가면 방향을 제대로 잡은 것이다. 잘츠부르크를 여유있게 보고자 하는 여행자는 역 뒤 마을에 자리 잡고 있는 곳에 숙소를 정하는 것으로 여행을 시작하면 된다.

사운드 오브 뮤직에서 가정교사로 온 주인공 마리아가 대령의 아이들과 함께 '도레미 송'을 함께 불렀던 미라벨 정원'으로 먼저 가보자. 비스듬히 직진해 나오면 어렵지 않게 미라벨 정원을 찾을 수 있다. 잘츠부르크 시민들에게는 휴식 공간역할을 톡톡히 해내는 아름다운 미라벨 정원 안에는 청년 시절 모차르트가 대주교에 소속되어 연주 활동을 했다는 바로크 양식의 미라벨 궁전이 보이고 저 멀리 '호엔 잘츠부르크 성'도 보인다.

브루노 발터가 지휘하고 콜롬비아 교향악단 연주로 1954년 녹음한 LP음반인 '미라벨 궁 정원에서 'In The Gardens of Mirabell'의 재킷 사진은 호엔 잘츠부르크 성을 뒷배경으로 두고는 미라벨 공원 모습 그대로를 찍은 것이다.

햇볕 좋은 정원 벤치에 앉아 책 읽기에 몰두해 있는 여성, 눈을 동그랗게 뜨고 스케치를 하는 소녀, 야외 촬영을 하는 예비부부의 모습 등 아름다운 미라벨 정원과 어울리는 여유 있고 낭만적인 모습들이다.

정원을 뛰어다니며 노는 아이들을 구슬려 노래를 시키면 대령의 말괄량이 아이들처럼 '도레미 송'을 귀엽게 불러 줄 것만 같다. 미라벨 정원을 천천히 걸으면서 구경하고 나오면 멀지 않은 곳에 세계적인 음악원이며 모차르트 재단이 들어선 모차르테움^{Mozarteum}이 보인다. 오페라 '마적'을 작곡했던 오두막집을 비엔나에서 그대로 옮겨다가 보존하고 있는 이곳에서는 모차르트의 많은 자필 악보들을 볼 수 있다. 그 옆에 세계적으로 유명한 인형극장인 마리오네트 극장도 보인다.

다시 강가 쪽으로 조금 가다 보면 모차르트의 집$^{Mozarts\ Wohnhaus}$을 만난다. 잘츠부르크에는 모차르트가 살던 집이 몇 곳 있는데, 이곳은 이사를 자주 다녔던 모차르트가 17세 때부터 빈으로 떠나기 전까지 살았던 곳이다. 잘츠부르크의 궁정 음악가였던 모차르트는 25세 때 그의 음악을 제대로 인정해 주지 않았던 이곳 대주교와의 불화로 빈^{Wien}으로 버려지듯 쫓겨 간다.

미라벨 정원
Mirabellgarten

기차역에서 걸어가면 가장 먼저 만나게 되는 볼거리가 미라벨 정원^{Mirabellgarten}이다. 이곳은 '사운드 오브 뮤직'을 본 사람들은 그리 낯설지 않을 곳으로 마리아가 아이들과 함께 '도레미 송'을 부르던 곳이다. 아름다운 꽃과 분수, 조각상, 잔디로 장식된 정원 자체도 멋지지만 여기서 바라보는 잘츠부르크 성의 전망은 압권이다. 일단 잘츠부르크 성$^{Festung\ Hohensalzburg}$을 배경으로 사진을 한 컷 찍은 다음에 돌아보도록 하자.

정원 내에 있는 미라벨 정원은 17세기 초 디트리히 대주교가 연인인 살로메 알트$^{Slome\ Alt}$를 위해 세운 것인데, 후에 마르쿠스 시티쿠스 대주교가 미라벨 정원^{Mirabellgarten}으로 바꾸었다. 궁전 안의 대리석 홀은 모차르트가 대주교를 위해 연주했던 곳으로 지금은 실내악콘서트 홀로 쓰이고 있다.

1690년 요한 피셔 폰 에를라흐$^{Johann\ Fischer\ von\ Erlach}$가 디자인하였지만 1730년, 요한 루카스 폰 힐데브란트$^{Johann\ Lukas\ von\ Hildebrandt}$가 다시 디자인하여 지금에 이르렀다. 1818년에 지진으로 복구를 하기도 했다.

🌐 www.viennaconcerts.com 🏠 Mirabellgarten 🕗 8~16시 📞 662-80-720

> **대주교와 살로메의 사랑**
> 대주교는 사랑을 할 수 없음에도 불구하고 살로메 알트(Slome Alt)와 사랑을 나누었다. 그는 결국 대주교에서 물러나고 아이 15명을 낳고 사랑을 지키며 오래 잘 살았다. 대주교의 영원한 사랑은 비극이 아니었다.

잘자흐 강
Salzach

잘차흐Salzach 강은 오스트리아와 독일을 흐르는 225㎞길이의 강이다. 강과 접한 도시로 오스트리아의 잘츠부르크가 있다. 잘자흐Salzach 강은 오스트리아 잘츠부르크를 가로지르는 청명한 강으로 알프스의 눈이 녹아내려 흐르고 있다. 강을 중심으로 잘츠부르크의 구시가지와 신시가지를 나뉘는 역할을 하고 있다.

강 이름은 독일어로 '소금'을 뜻하는 '잘츠Salz'에서 유래된 것처럼 19세기에 잘츠부르크-티롤 철도가 개통되기 전까지 선박을 이용한 소금 수송이 있었다.

잘자흐Salzach 강을 따라 잘츠부르크 옛 도시를 볼 수 있다. 숨이 멎을 듯한 도시의 아름다운 실루엣, 잘츠부르크 남부에 위치한 특색있는 풍경을 볼 수 있으며, 강둑을 따라 펼쳐지는 풍경이 아름답다. 하겐Hagen 산맥과 테넨Tennen 산맥을 바라보면서 인상적인 도시의 모습 또한 감상할 수 있다.

유람선 투어

잘자흐(Salzach) 강을 따라 가며 잘츠부르크 시내의 주요 명소를 관광하는 보트 투어는 편안히 앉아서 보트 밖으로 펼쳐지는 스카이라인과 아름다운 건축물을 볼 수 있다. 우베르푸르(uberfuhr)다리까지 왕복하는 코스(1일 3회)와 헬브룬 궁전코스(1일 1회)가 있다.

잘츠부르크카드가 있으면 무료다. 투어는 50여분 정도 소요되는 데 배를 탄다는 것 외에 특별한 것은 없다. 그리 폭이 넓지 않은 강을 따라 내려가면서 강변의 풍경들을 보게 된다. 오후의 따스한 햇살을 즐기는 사람들의 모습이 여유롭게 느껴진다.

- 요금: 16€ ■ 전화: 8257-6912 ■ 시간: 3~4월 13(토요일), 15, 16시, 5월 11~13시, 15~17시(매월 운행시간은 1시간 씩 늘어나서 8월에 20시까지 운행하고 9월부터 다시 1시간씩 줄어듦)
- 홈페이지: www.salzburgschifffahrt.at

잘츠부르크 성당
Dom Zu Salzburg

잘자흐Salzach 강 서쪽, 올드 타운에 자리하고 있는, 8세기에 건립된 잘츠부르크의 유서 깊은 성당은 유럽에서도 손에 꼽히는 아름다운 성당이다. 유구한 역사를 자랑하는 잘츠부르크 성당에서 모차르트는 세례를 받고, 훗날 성당의 오르간 연주자로 봉사했다.

잘츠부르크 성당Dom Zu Salzburg에서 가장 눈에 띄는 것은 돔 모양 지붕이다. 구약 성서의 일화를 그리고 있는 내부의 프레스코화는 피렌체 출신의 화가 '도나토 마스카니'의 작품이다. 중앙 회중석을 장식하고 있는 회화 또한 마스카니의 작품이다. 대문 입구를 장식하고 있는 조각품은 성 루퍼트와 성 비질리우스, 예수의 12제자 중 베드로와 바울의 모습을 그리고 있다.

잘츠부르크 성당Dom Zu Salzburg의 7개의 종은 오스트리아에서 가장 아름다운 소리를 자랑한다. 이 중 무게가 14톤에 달하는 '부활의 종'은 오스트리아에서 2번째로 큰 종이다. 7개의 종 중 '마리아의 종'과 '비르길리우스의 종'만이 최초에 제작된 그대로 남아 있다.

음악 애호가라면 성당 입구 근처에 자리를 잡고 있는 로마네스크 양식의 청동 세례반을 유심히 관찰해 보자. 세례반은 볼프강 아마데우스 모차르트의 세례식에 사용되었다.
전설적인 천재 작곡가, 모차르트는 1779∼1781년까지 잘츠부르크 성당의 오르간 연주자로 봉사하였으며, 이곳에서 〈대관식 미사〉를 초연했다. 1년에 한 번 열리는 잘츠부르크 축제 때에는 성당 광장에서 모차르트의 작품을 비롯한 다양한 실내악이 연주된다.

간략한 역사
잘츠부르크 성당(Dom Zu Salzburg)은 전형적인 17세기 바로크 건축 양식을 가지고 있다. 성당의 역사는 비르길리우스 주교가 774년에 로마의 정착지 주바붐에 세워진 성당을 축성(祝聖)하였지만, 건립 후 8차례의 화재를 겪었다. 1598년의 화재로 인해 성당의 상당 부분이 불에 탔다. 오늘날의 성당은 이탈리아의 건축가 '산티노 솔라리'에 의해 설계되었다.

🌐 www.salzburger-dom.at   🏠 Domplatz 1   🕗 8∼19시(일요일 13∼19시)   📞 662-8047-7950

게트라이데 거리
Getreidegasse

잘츠부르크^{Salzburg}에서 가장 번화한 거리로 모차르트 생가 옆으로 뻗어 있다. 모차르트 생가와 구시청사도 이 거리에 있다. 좁은 골목에 선물가게, 레스토랑, 바 등 갖가지 상점들이 들어서 있어서 관광객의 발길이 끊이지 않는다. 상점 건물마다 걸려 있는 독특한 철제 간판이 눈길을 끌며 바닥에 그림을 그리는 사람들도 찾아볼 수 있다.

과거 & 현재

과거의 부촌
1500년대 후반에서 1600년대 초반까지, 이 거리는 독일의 바이에른 주로 이어지는 간선 도로 역할을 했다. 부유한 상인들이 오가던 이곳은 잘츠부르크의 부촌이었다. 오늘날, 거리에 넘쳐나는 세련된 패션 상점들과 보석 부티크는 과거의 영광을 재현하고 있다.

현재의 쇼핑
모차르트 생가, 박물관, 아기자기한 중세 가옥들로 유명하다. 게트라이데 레인을 거닐며 중세의 거리와 아름다운 안뜰을 배경으로 서 있는 고급 부티크 가게를 감상하고 예술가들과 거리의 악사들을 만날 수 있다. 그냥 상점을 보면서 쇼핑을 하다가, 마음에 드는 물건을 보고 쇼핑에 나서도 좋다.

가이드 투어
(투어 참가 홈페이지나 전화로 예약)
1시간짜리 가이드 투어에 참여하면 세계적인 작곡가, 모차르트의 유년 시절에 대해 알 수 있어서 더욱 알차게 둘러볼 수 있다.

한눈에
게트라이데 파악하기

게트라이데 거리Getreidegasse를 따라 늘어선 좁고 높은 가옥들은 잘츠부르크가 자랑하는 중세 건축의 전형적인 모습을 보이고 있다. 역사와 건축에 관심이 있는 사람들은 연철로 된 표지판과 대문처럼 생긴 창문들에서 눈을 떼지 못한다. 패션에 관심이 있다면 세련된 상점들을 둘러보며 시간이 가는 줄 모른다. 음악 애호가라면 영화 〈사운드 오브 뮤직〉 기념품과 모차르트 기념품 쇼핑을 하게 된다. 게트라이데 거리 9번지에는 모차르트 생가와 박물관이 있다.

평지로 된 게트라이데 거리Getreidegasse는 걸어서 다니기에 좋다. 여름에는 분위기 있는 조용한 안뜰에서 잠시 휴식을 취할 수 있다. 안뜰은 벽화와 아치 구조물, 화단 등 개성 있는 특성을 보이기 때문에 천천히 둘러보라고 추천한다. 샤츠 하우스에서 유니버시티 광장까지 걸으며 회화 작품 '아기 예수와 성모 마리아'와 독일의 정치인 아우구스트 베벨을 기리는 명판을 찾으면서 걸어보자. 미라클 밀랍 박물관에는 잘츠부르크의 18세기 말 모습을 찾아보자.

거리 동쪽 끝에서 엘리베이터를 타고 묀히스베르크 산에 올라 묀히스베르크 현대미술관을 방문할 수 있다. 해가 지고 어둠이 찾아오면 상점과 가옥들이 불빛을 밝히는 저녁 무렵이 가장 아름답다.

호헨 잘츠부르크 성
Festung Hohensalburg

케이블카를 타고 산꼭대기에 올라 잘츠부르크 최고의 명소로 자리매김한 유럽 최대 규모의 중세 성을 찾아보자. 올드 타운 어디에서나 잘 보이는 묀히스베르크 언덕 위에 도시를 내려다보며 우뚝 서 있는 아름다운 성이다.

시내에서 케이블카를 타고 조금만 가면 '잘츠부르크의 고지대 성'이라는 뜻의 이름을 가진 호헨 잘츠부르크성이 나온다. 11세기에 건축이 시작되어 1681년에 완성되었다.

1077년 대주교 게브하르트에 의해 건립된 호헨 잘츠부르크성은 길고 긴 세월 동안 주거용 건물, 요새, 교도소, 병영으로 사용됐다. 훌륭하게 보존된 여러 화려한 방과 도시의 아름다운 전경을 자랑한다.

렉툼 감시탑에 오르면 잘츠부르크의 아름다운 전경이 눈앞에 펼쳐진다. 성에는 잘츠부르크 마리오네트 극장의 인형들이 전시된 마리오네트 박물관을 비롯해 3곳의 박물관이 자리하고 있다. 성벽으로 둘러싸인 호헨 잘츠부르크성을 방문하면 박물관과 미술 전시를 관람할 수 있다. 성에서는 공연이 개최되면 가족이나 연인과 함께 즐거운 시간을 보내기에 좋다.

내부 풍경
중세 시대의 성 중에서도 유럽 최대 규모로 꼽히는 호헨 잘츠부르그성의 내부를 둘러보며 과거 왕족들이 식사를 하고 잠을 자던 곳을 직접 확인할 수 있다. 황금 홀의 벽면을 장식하는 고딕 양식의 목재 조각품이 인상 깊다. 천장 대들보에는 순무와 사자로 구성된 대주교 레온하르트 폰 코이샤흐의 문장이 그려져 있다. 요새 곳곳의 50여 곳에서 가문의 문장을 찾을 수 있다. 황금의 방에 들러 왕들이 사용하던 화려한 가구도 볼만하다.

전망
중세의 모습을 그대로 간직하고 있는 중부 유럽 최대의 성 내부에는 성에서 사용하던 주방 기구와 대포, 고문 기구 등이 전시되어 있는 성채 박물관과 라이너 박물관이 있다. 성 뒤편의 전망대에서는 시내의 모습이 한눈에 들어온다. 도시를 가로지르는 잘자흐 강과 검은 회색빛이 감도는 도시의 전망은 아주 매력적이다. 특히 뒤쪽의 파란 잔디가 깔린 잔디 한가운데 홀로 버티고 있는 집은 엽서의 한 장면을 보는 듯이 아름답다.

올라가는 방법
언덕 위에 있지만 올라가는 데는 그리 힘들지 않다. 카피덴 광장 근처의 성까지 올라가는 10분에 한 번씩 출발하는 케이블카를 타면 몇 분 안에 성에 도착할 수 있다. 튼튼한 다리를 가지고 있다면 무시해버리고 올라가도 된다. 요새의 안뜰까지 페스퉁 레인을 따라 걸어가는 방법이다. 계단이 잘 놓여 있어서 천천히 걸어 올라가면 약 15분 정도 소요된다.

🌐 www.salzburg-burgen.at 🏠 Mönchsberg 34 🕐 9시 30분~17시(5~9월 19시까지)
€ 14€ (요새+패스퉁반 왕복), 11€ (요새+패스퉁반 하강) 📞 662 8424 3011

레지던스
esidenz

13세기에 지어진 궁전은 현재, 미술관과 공연장으로 사용되고 있는 문화 허브이다. 레지던스Residenz는 잘츠부르크 올드 타운 중심지인 잘츠부르크 성당 맞은편에 위치하고 있다.

잘츠부르크 레지던스Residenz에서는 다양한 문화적 욕구를 충족시킬 수 있다. 렘브란트의 걸작 <기도하는 어머니>를 감상하고, 잘츠부르크 궁전 콘서트를 관람할 수 있는 레지던스Residenz는 오랜 세월 동안 잘츠부르크 대주교들의 주거지로 사용됐다.

1232년, 대주교 콘라트 1세는 주교들이 살게 될 궁전 건립에 착수하였다. 그는 건물을 레지던스Residenz라고 이름 지었다. 16세기에 대주교이자 왕자이던 볼프 디트리히 폰 라이테나우에 의해 바로크 양식의 건물로 재건축되어 지금에 이르렀다.

🌐 Residenzplatz 🏠 250번 버스 타고 Mozartsteg, Ruolfskai, Rathaus 정류장 하차

내부 모습

2층
널찍한 카라비니에리잘은 연극과 연회를 위해 사용되던 곳이다. 이곳을 시작으로 레지던스의 수많은 웅장한 홀들을 모두 둘러볼 수 있다. 이 중에서 알렉산더 대왕을 그린 프레스코화가 높다란 천장을 뒤덮고 있는 '아우디엔잘'이 가장 인상 깊다.

3층
레지던스 갤러리(Residenz Gallery)가 있는 3층은 렘브란트의 <기도하는 어머니>를 비롯하여 16~19세기까지의 유럽 거장들의 작품이 전시되어 있다. 레지던스 홀과 갤러리 오디오 투어 입장권에 갤러리 입장료가 포함되어 있다.

음악 공연장
라츠지머는 1762년 6세의 모차르트가 최초로 공연을 한 곳이다. 리테르잘에서는 모차르트를 비롯한 여러 음악가들이 대주교들을 위해 연주를 했다. 지금, 잘츠부르크 궁전 콘서트가 열리는 곳이다.

오디오 가이드
궁전의 180방을 모두 둘러볼 수 있다. 가이드 이용료는 입장료에 포함되어 있다. 8개 언어로 제공되는 오디오 가이드를 따라 투어를 마치는 데는 약 45분 정도 걸린다. 중세 시대에 대주교를 알현하기 위해 방문한 왕자들과 정치가들의 발자취를 따라가면 화려한 홀들을 둘러보게 된다.

레지던스 광장
Residenz Platz

두 채의 대주교 궁전이 자리한 올드 타운의 레지던스 광장Residenz Platz에는 각종 공연과 축제, 스포츠 행사가 개최된다. 넓은 레지던스 광장Residenz Platz에는 바로크 양식과 르네상스 양식의 전형인 궁전, 2채가 자리해 있다. 광장은 다양한 문화 행사들의 개최지이기도 하다. 잘츠부르크 시민들의 사교 중심지인 이곳은 16세기 후반에 세워졌다.

광장의 중심에는 화려한 레지던스 분수대가 서 있다. 잘츠부르크에서 가장 규모가 큰 이 분수대는 영화 <사운드 오브 뮤직>의 배경으로도 사용됐다. 정교한 돌고래와 말, 아틀라스 조각은 이탈리아의 조각가 토마소 디 가로네의 작품이다. 광장을 거닐면 아름다운 분수대와 인근의 건물들을 카메라에 담고, 분수대 근처에서 휴식을 취하는 장면을 볼 수 있다. 레지던스 광장Residenz Platz 양측에는 잘츠부르크의 유서 깊은 랜드 마크가 서 있고, 서쪽에는 13세기에 지어진 레지던스 궁전이 있다. 광장 북쪽에는 가옥들이 줄지어 서 있고 매력적인 카페와 빵집에 앉아 늦은 아침의 여유를 즐길 수 있다. 남쪽은 돔 광장과 잘츠부르크 성당으로 이어진다.

모차르트 광장에 인접한 동쪽에는 뉴 레지던스가 있다. 이곳은 파노라마 박물관을 비롯한 여러 박물관의 보금자리이다. 파노라마 박물관을 방문하여 작품의 총 둘레가 26m에 달하는 요한 미카엘 사틀러의 작품인 1829년 잘츠부르크의 모습을 파노라마로 감상할 수 있다.

🌐 Residenzplatz　🏠 250번 버스 타고 Mozartsteg, Ruolfskai, Rathaus 정류장 하차

크리스마스 마켓 & 성 루퍼트 축제
레지던스 광장(Residenz Platz)의 분수대 주변에서 열리는 크리스마스 마켓은 알프스의 공예품과 크리스마스 기념품을 판매하고 있다. 멀드 와인과 현지 음식을 맛보며 축제 분위기에 빠져 보자. 9월에는 잘츠부르크의 수호성인인 성 루퍼트 축제가 열린다.

모차르트 광장
Mozart Platz

잘츠부르크 박물관과 볼프강 아마데우스 모차르트의 조각상은 자갈 깔린 광장의 자랑거리이다. 잘자흐 강 서쪽에 자리한 올드 타운의 모차르트 광장Mozart Platz은 1756년 잘츠부르크에서 태어난 오스트리아 출신의 세계적인 작곡가 볼프강 아마데우스 모차르트를 기리기 위해 세워졌다.

고개를 들면 17세기에 지어진 유서 깊은 종탑이 현재까지 하루에 3번 시간을 알려준다. 묀히스베르크 산을 배경 삼아 종탑을 카메라에 담아보자. 야외 테라스를 갖춘 광장의 여러 카페에 앉아 휴식을 취하는 것도 좋다. 거리의 악사들이 연주하는 모습을 구경하며 빵과 커피를 즐기는 사람들의 모습을 쉽게 볼 수 있다.

보행자 전용으로 운영되어 걸어서 다니기에 좋은 모차르트 광장에서 이어지는 자갈길은 잘츠부르크의 중세적 면을 보여주는데, 파이퍼 거리가 대표적이다. 예술가들과 음악인들에게 인기 높은 주거 구역이기도 했다. 1839년에는 오스트리아의 화가 '세바스티안 스티프'가 4번지로 이사를 오기도 했다.

● Mozart Platz 🏠 250번 버스 타고 Rathaus 정류장 하차

광장의 모습

광장의 중앙에는 독일의 조각가 루드비히 슈반탈러에 의해 제작된 모차르트의 동상이 서 있다. 동상은 오페라〈피가로의 결혼〉,〈마술피리〉를 비롯한 수많은 고전을 남긴 모차르트가 작고한 지 50년이 지난 1842년에 공개되었다. 잘츠부르크 최고의 명소인 모차르트 광장을 시작으로 올드 타운을 둘러보는 관광객이 많다.

광장에는 모차르트의 생애와 관련된 여러 기념물을 볼 수 있다. 모차르트의 부인 콘스탄체 폰 니센을 기리는 명판을 광장 8번지를 찾아보자. 그녀는 동상이 공개되기 얼마 전 세상을 떠났다. 4번지에는 잘츠부르크 대학 산하 음악원이 자리하고 있다. 음악원은 모차르트의 가까운 친구 안트레터 가문의 이름을 따 '안트레터 하우스'라고 부른다.

비교하자!
모차르트 생가 VS 모차르트 하우스

모차르트 생가(Mozart Geburtshaus)

1756년 1월 27일 음악의 신동 모차르트가 태어나서 17세 때까지 살았던 집이다. 모차르트가 어린 시절 사용하던 바이올린, 피아노, 악보, 침대와 그의 아버지 레오폴트 모차르트와 주고받던 편지 등이 전시되어 있다.
전형적인 오스트리아 중, 상류층 저택으로 음악에 문외한이었다고 한다. 구시가지의 중심지로 각종 상점이 밀집되어 있는 게트라이데거리 Getreidegrasse 한복판에 있다. 노란색 건물에 'Mozart Geburtshaus'라고 쓰여 있어서 쉽게 찾을 수 있다.

🌐 www.mozarteum.at 🏠 Getreidegasse 9, 250번 버스 타고 Rathaus 정류장 하차
🕘 9~17시(7~8월에는 19시까지) € 11€(학생 9€)

모차르트 하우스 (Mort's Wohnhaus)

모차르트가 1773~1780년에 살았던 집이다. 제2차 세계대전 때인 1944년에 폭격을 받아 파괴된 것을 1838년에 다시 복원하여 현재 박물관으로 사용 중이다.
미라벨 정원 끝 부분에 조금 걸어가면 나오는 마카르트 광장에 있는 분홍색 건물이다. 모차르트 생가와 다른 곳이다.

🌐 www.mozart.at/museen/mozart-wohnhaus
🏠 Makartplatz 8
🕘 8시 30분~19시(9~다음해 6월까지 9~18시 30분)
€ 11€(15~18세 6€, 6~14세 4€)
📞 662-874-227~40

축제 극장
Festspidhauserh

세계적으로 유명한 잘츠부르크 음악제의 메인 콘서트 홀로 모차르트 생가 뒤쪽에 있다. 2,400명을 수용할 수 있는 대극장과 대주교의 마구간을 개조해서 만든 소극장이다. 그리고 채석장을 개조한 야외극장 Felsenreitschule의 3곳으로 나뉘어 있으며 각종 공연이 펼쳐진다. 음악제가 열리는 7~8월을 제외하고는 극장 내부와 무대, 분장실 등을 돌아보는 가이드 투어가 있다.

묀히스베르크 현대미술관
Museum der Moderne Monchsberg

벽 위에 자리 잡고 서 있는 박물관은 내부에서든 외부에서든 숨 막히는 아름다운 전경을 보여준다. 묀히스베르크 산 위에 자리잡고 있는 묀히스베르크 현대미술관 Museum der Moderne Monchsberg을 방문하여 모더니즘 건축물과 순수 예술 작품을 감상해보자.

1998년, 신규 미술관 설계를 위한 공모전이 진행되었다. 11명으로 구성된 심사위원은 145명의 지원자 가운데 독일의 건축가 프리드리히 호프 츠빙크 팀을 선정했다. 2004년 개관한 미술관은 20~21세기 예술 작품을 전시하고 있다. 별관인 루페르티넘 현대미술관은 잘츠부르크의 올드 타운 중심지에 있다.

4층으로 된 미술관에는 오스트리아를 비롯한 전 세계 화가들의 작품이 전시되어 있다. 크리스티언 헛징어, 이미 크뇌벨, 토므스 라인홀드, 게르발드 로켄슈라우브, 레오 조그마이어의 추상 작품이 인상적이다.

미술관 건물 또한 하나의 예술 작품이다. 건물의 외관은 잘츠부르크 인근의 운터스베르크 산에서 채석한 대리석으로 이루어져 있다. 커다란 창문을 통해 도시의 풍경을 감상할 수 있다. 미술관에는 세련된 레스토랑이 있어 연인과 함께 우아하게 식사를 즐길 수도 있다. 도시의 아름다운 전경을 감상하며 가벼운 간식과 칵테일을 즐기는 것도 좋다.

🌐 museumdermodernemonchsberg.at 🏠 Monchsberg 32 🕙 10~18시(월요일 휴관)
€ 8€(6~15세의 학생 4€, 가이드 투어 목요일 저녁 무료) 📞 662-842-220

잘츠부르크 박물관
Salzburg Museum

종탑이 있는 궁전에 자리한 박물관에는 잘츠부르크의 다양한 역사적, 문화적 유산이 고스란히 남아 있다. 1834년에 잘츠부르크 박물관Salzburg Museum의 시작은 초라했지만 위대한 잘츠부르크의 예술적, 문화적 유산을 이룩했다.

풍부한 역사적 유산을 가진 잘츠부르크 박물관은 2009년 올해의 유럽 박물관으로 선정되기도 했다. 고고학과 중세 역사, 건축을 시대별로 조명하는 화려한 전시회를 관람하고 예술, 과학, 정치적 업적에 대해 알 수 있다.

박물관의 원형은 제2차 세계대전 당시 심하게 파괴되어 수십 년간 임시 거처로 있다가 잘츠부르크 한복판에 있는 모짜르트 광장의 노이에 레지덴츠에 터전을 잡았다. 웅장한 궁전에는 잘츠부르크의 대주교들이 거주했다. 17세기 제작된 35개의 종이 있는 카리용인 글로켄슈필은 도시의 명물이다.

🌐 www.salzburgmuseum.at 🏠 Mozartplatz 1 🕘 9~17시(월요일 휴관, 11월 1일, 공휴일 휴관)
€ 10€(6~15세의 학생 6€ / 가이드 투어 목요일 저녁 무료) 📞 662-6208-08700

전시관 모습

박물관에 들어서면 잘츠부르크의 화려한 유산을 보여주는 3층 전시관이 있다. 1층 전시관에는 잘츠부르크의 역사 속 인물들을 조명하는 전시물과 멀티미디어 프레젠테이션이 있고, 2층 전시관에서는 잘츠부르크의 현대 예술사를 조명하고 있다. 낭만주의 시대의 예술품과 현지 예술가가 그린 멋진 풍경화가 전시되어 있다. 2층 전시관에서 켈트족의 물병과 고딕 양식의 날개 달린 제단 등 중세 고고학 유물들을 볼 수 있다.

박물관과 파노라마 박물관을 이어주는 지하 통로인 파노라마 통로에는 J. M. 새틀러가 19세기 도시 풍경을 그린 26m 높이의 설치물이 있다. 정원 안쪽의 지하실에는 1년에 3차례의 전시회를 개최하는 다목적 특별 전시 공간인 미술관 쿤스트할레가 있다.

헬부른 궁전
Hellbrunn Palace

1615년에 만들어진 잘츠부르크 대주교의 여름궁전이다. 바로크 양식의 정원은 '물의 정원'으로 잘 알려져 있다. 주변 경치가 아름답고 인근에 동물원도 있으니 같이 둘러볼 수 있다. 시내에서 남쪽으로 10㎞ 정도 떨어진 지점에 있다.

투어 순서

대주교의 식탁(Fürstentisch)부터 궁전을 둘러보는 데, 대리석 식탁은 귀빈들이 대주교와 함께 둘러앉았던 곳이다. 평범해 보이지만 대주교가 신호를 보내면 숨은 분수 기능이 작동하도록 되어 손님들은 물세례를 받도록 고안되었다. 가이드가 투어참가자 중 한 명에게 식탁에 앉으라고 한 후에 재현을 한다.

넵툰의 동굴(Neptungrotte) 안에 있는 분수는 초록색의 눈에 큰 귀를 가진 도깨비 분수로 콧구멍에서 물줄기가 나오고 혀를 길게 내밀면서 눈동자를 굴리도록 디자인되었다. 주로 분수가 모양도 다르고 조각에서 뿜어져 나오는 것이 다르기 때문에 관광객의 흥미를 당긴다.

🌐 www.hellbrunn.at 🏠 Fuerstenweg 37 €13€(가이드 투어) 📞 662-820-3720

카푸지너베르크 산
Kapuzinerberg

높이 636m의 카푸지너베르크 산 정상은 잘츠부르크 시에서 가장 높은 곳이다. 산에 오르면 잘자흐 강과 올드 타운의 전경이 한눈에 들어온다. 날씨가 좋은 때에는 독일의 바이에른 주까지 볼 수 있다. 아름다운 전경과 하이킹 트랙, 유서 깊은 기념물을 자랑하는 카푸지너베르크 산에 올라 여름날의 소풍을 즐겨보자.

선사 시대부터 사람이 살기 시작한 카푸지너베르크 산은 유구한 역사를 자랑한다. 산의 랜드마크인 카푸지너베르크 수도원은 과거 '트롬피터슐레슬'이라는 이름의 성이 서 있던 부지에 자리하고 있다.

린처 거리나 임베르크스티그를 통과해 수도원과 중세 정착지에 이를 수 있다. 린처 거리를 이용하면 그리스도의 수난을 상징하는 십자가의 길 6곳을 지나게 된다. 모차르트가 오페라 〈마술피리〉를 작곡한 곳이라고 알려진 지점에서 모차르트 기념물이 있다. 펠릭스 게이트에 이르면 잘츠부르크의 멋진 전경이 눈앞에 펼쳐진다.

스타인 거리에서 출발하는 좁은 계단길인 임베르크스티그는 잘츠부르크의 유서 깊은 무역로이다. 수도원 건너편에는 오스트리아의 작가 슈테판 츠바이크의 저택인 파싱어 슐레슬이 나무에 둘러싸여 있다. 이곳에서 멀지 않은 곳에 도시를 조망하기에 좋은 전망대가 2곳 있다. 걸어서 20분 거리에 바이에른 전망대가, 10분 거리에 오베레 슈타타우시트가 있다.

산정상의 펠릭스 게이트에서 성벽을 따라 걸으면 프란치스킬뢰슬이 나온다. 1629년 조성되어 흉벽으로 사용되던 이곳은 1849년에 선술집으로 개조되었다. 선술집은 수요일부터 일요일까지 오후에 문을 연다.(여름 축제 21시까지 / 휴무 1월)

스타츠부르크 다리나 모차르트 다리를 건너면 올드 타운이 나온다. 산 정상까지 걸어서 갈 거라면 하루 종일 일정을 비우는 것이 좋다.

Innsbruck
인스부르크

인스부르크
INNSBRUCK

스위스의 베른에서 오스트리아의 인스부르크로 향하는 차창 밖 풍경은 그대로 그림엽서가 된다. 차창 밖으로 펼쳐지는 산과 호수, 들판 위의 한가로운 양떼들, 목가적 풍경의 아름다움은 인스부르크에 도착할 때까지 이어진다. 도시를 가로지르는 '인 강(Inn River)의 다리(Bruge)'라는 뜻에서 온 인스부르크는 오스트리아의 알프스 자락 마을, 티롤의 중심 도시이다.

인스부르크 IN

오스트리아와 독일의 국경에 있는 인스부르크는 기차를 타면 독일 뮌헨 중앙역에서 약 1시간 50분 정도 지나면 도착한다. 잘츠부르크는 2시간, 비엔나에서 5시간이 걸린다. 인스브루크는 오히려 독일에서 가는 것이 더 편하다.

시내버스

버스와 트램이 시내와 외곽을 연결하는 교통수단이다. 버스는 중앙역을 중심으로 운행을 하므로 시내를 둘러보는 데에는 버스가 제격이지만 도시가 작으므로 버스를 탈일은 많지 않다. 역에서 볼거리가 몰려 있는 올드 타운까지 트램을 이용해 출퇴근을 하는 시민들은 1일 패스를 사용한다.

> **인스부르크 카드(Innsbruck Card)**
> 인스부르크 여행에서 관광객을 위해 시내교통부터 관광지의 입장까지 한 장으로 저렴하게 해결해 주는 카드이다. 황금지붕, 왕궁, 암브라스 성 등 인스부르크의 관광지를 입장할 수 있다. 산행열차와 케이블카를 타는 노르트케테반의 왕복 이용과 시티투어 버스까지 이용이 가능하다.

간략한
역사 파악하기

인스부르크는 인^{Inn} 강 골짜기에 위치한 곳으로 북쪽으로는 알프스와 남쪽으로는 툭세르 ^{Tuxer} 산이 어우러져 아름다운 경치를 만들어 낸다. 도시 주변에는 다양한 산악 교통수단들이 마련되어 있다.

인스부르크는 12세기 이해 유럽 남부와의 통로인 브레너 패스$^{Brenner\ Pass}$ 덕분에 중요한 무역 중심지가 되어왔다. 이 도시가 합스부르크가문의 총애를 받으면서 성장했는데, 마리아 테레지아와 막시밀리안 황제가 지었던 중요 건물들이 아직도 시내에 잘 보전되어 있는 것을 보면 알 수 있다.

무터스(Mutters)
동화 속의 새빨간 전차를 타고 티롤 마을로 떠나보자. 인스브루크 역 앞 STB(Stub Aital Bahn)에서 무터스(Mutters) 행 전차를 타면 된다.
무터스까지 약 30여 분정도 걸리는데 이곳에서 다시 케이블카를 타고 무터 에임(Mutter Aim(1,611m))까지 올라가면 더욱 더 티롤 분위기를 느껴 볼 수 있다.

이글스(Lgls)
인스브루크에서 5km정도 떨어진 해발 900m의 고지대 마을이다. 중앙역에서 6번 트램을 타면 45정도 지나 도착한다. 로프웨이와 리프트를 타고 정상(2,247m)까지 올라가 장대한 파노라마를 느낄 수 있다.

민스부르크 중앙역

빌텐 바실라쿤 성당   그리스마이어 종 박물관   암브라스 성

한눈에
인스부르크 파악하기

인스부르크는 특별한 역사적인 건축물이 있는 도시가 아닌 알프스의 작고 아름다운 도시이다. 도시를 병풍처럼 둘러싼 알프스와 유유히 흐르는 옥색의 인^{Inn} 강이 아름답다. 중앙역에서 내려 걸어 다니면서 인스부르크의 예쁜 시가지를 둘러보는 것도 좋다. 유럽인들은 등산이나 스키를 즐기려고 방문하는 경우가 대부분이다.

스위스의 잘 정돈된 알프스 풍경과는 또 다른 느낌이 드는 이곳은 푸른 초목과 호수가 펼쳐진 알프스 산 아래에서 산양과 젖소를 키우며 젖을 짜고, 산비탈 통나무집에서 자연과 더불어 사는 티롤 사람들을 만날 수 있다.

역 인포메이션 센터에서 얻을 수 있는 마을 소개 팜플렛에는 마을에서 벌어지는 작은 음악회나 행사를 소개해 놓고 있어 재수가 좋으면 공원 등지에서 열리는 포크댄스, 브라스 밴드, 요들송 등 전통 음악회나 민속 공연을 공짜로 즐길 수 있다. 인스브루크의 중심인 마리아 테레지아 거리를 중심으로 마리아 테레지아가 둘째 황태자 레오폴트와 스페인 왕녀의 결혼을 축하하기 위해 지은 개선문이 보이고, 구시가지로 들어가면 중세풍의 작은 골목에서 인스브루크의 상징인 황금 지붕과도 만나게 된다. 골목길이 참 예쁜 도시이다.

집중탐구
티롤(Tirol)

오스트리아와 독일, 이탈리아의 국경에 인접한 티롤Tirol지방은 오스트리아의 알프스 지대로 천혜의 자연 경관과 함께 요들송의 본고장으로 유명하기도 하다.
1세기부터 로마의 통치를 받았지만 서로마가 멸망하면서 독립된 형태로 살아가면서 13세기에는 독립 제국이 되었다.

티롤은 하나의 나라처럼 인정하고 살아왔지만 합스부르크와 바이에른의 영토싸움 끝에 합스부르크의 영토로 편입된다.
그 이후 19세기 말, 다시 독일이 중부유럽에서 새로운 강자로 부상하면서 오스트리아-헝가리 제국과 국경문제로 내분이 발생했다. 1차 세계대전이 끝나고 오스트리아-헝가리 제국이 사라지고 독일이 강력한 국가가 되면서 분리가 되고 말았다.

요들송의 본고장이기도 한 티롤은 오스트리아와 독일 국경에 인접한 오스트리아에서 가장 알프스와 가까운 지방이다. 티롤주의 주도인 인스부르크는 1964, 1976년에 동계올림픽 개최지로 유명하여 1년 내내 스키와 하이킹, 등산을 즐기기 위해 관광객이 몰려든다.
공원을 산책하는 것도 즐겁고 티롤 지방의 전통 문화를 볼 수 있는 티롤 민속 예술 박물관을 찾아가 보거나 인 강을 따라 펼쳐지는 경치를 즐기며 천천히 산책을 즐겨 보기는 것도 좋다. 인스브루크에서 사철을 타고 좀 더 산속으로 들어가면 보다 알프스적인 마을 정취가 물씬 풍기는 티롤 마을을 만나게 된다.

예전보다 많이 변했지만 알프스 산중 마을 티롤 지방의 모습에서 더욱 더 오스트리아의 전통적인 냄새를 맡을 수 있을 것이다. 티롤 마을을 향하는 기차는 유레일패스가 적용이 안 되는 곳이라 부담스러울 수 있다. 하지만 전통적인 오스트리아 알프스의 분위기를 느끼고자 하는 여행자라면 인스브루크에 숙소를 잡고 인근 알프스 자락 티롤 마을로 떠나고 싶을 것이다. 2,000m이상의 산들로 둘러싸인 티롤에는 독특한 전통 가옥과 풍습들이 남아 있다.

전통의상

거리에 보면 전통의상을 입은 주민들을 볼 수 있다. 트라호트(Tracht)라고 부르는 남성의 전통 복장은 가족 바지에 여름에는 반바지이지만 겨울에는 무릎 아래부터 발목까지 꽉 끼도록 만든 긴 바지이다. 동물의 뼈로 만든 재킷과 동물 털로 만든 모자가 인상적이다. 여성은 디른들(Dirndl)이라고 부르는데, 주름이 있는 하얀색 원피스에 소매 블라우스를 입는다.

티롤 민족 예술 박물관(Tiroler Volkskunst Museum)

오스트리아에서 가장 인상적인 향토 박물관으로 독특한 민속적 의상과 악기, 농가, 가구, 놀이기구 등의 티롤 지방에서만 볼 수 있는 문화와 민속적 특징을 알 수 있는 흥미로운 전시물이 있다. 괴테의 동상과 성단의 장식 등과 지하에는 양각으로 새겨진 티롤의 지도도 있다.

- 🌐 www.tiroler-landesmuseum.at 🏠 Universitätsstraße 12 (궁정 교회 오른쪽에 있다)
- 🕐 0~18시(5~9월까지 / 월요일 휴관, 10~다음해 4월까지 : 10~12시 30분, 14~17시)
- € 13€ (궁전교회와 통합입장권 / 어린이 9€) 📞 512-594-89

인 강
Inn River

알프스 산맥에서 빙하가 녹아 흘러내리는 옥색의 빙하수가 흐르는 인 강Inn River은 인스부르크를 돌아 흐르고 있다. 북쪽에 보이는 노르트케테 산맥이 있고 남쪽으로 올드 타운이 있다.

마치 대한민국에서 보이는 풍수지리에 맞는 작은 도시를 만들고 있다. 강가를 따라 형형색색의 집들 뒤에 산들이 병풍처럼 휘감아 한 폭의 그림처럼 보이기도 하다. 봄이나 가을에는 강에서 피어오르는 물안개가 더욱 아름답다.

마리아 테레지아 거리
Maria Theresiwn Strasse

전쟁과 외교정책을 조화롭게 사용해 합스부르크 가문의 위상을 드높인 군주인 마리아 테레지아 여제의 이름을 딴 중심 가이다. 티롤을 침공한 남부 독일의 바이에른과 프랑스 연합군을 물리치고 1703년 시민들이 성금을 걷어 건립했다.

안나 기념탑Annasaule을 중심으로 시청Rathaus, 다양한 상점과 레스토랑이 번화가라는 사실을 알게 된다. 특히 기념탑과 정면의 알프스의 설경이 한눈에 보여 더욱 아름답다.

🏠 Maria Theresiwn Strasse, innsbruck (트램 1번 탑승)

개선문
Triumphpforte

마리아 테레지아 거리^{Maria-Theresien Strasse}에서 1765년 마리아 테레지아가 둘째 황태자 레오폴트와 스페인 왕실과의 결혼을 축하하기 위해 만든 개선문^{Triumphforte}이 보이고, 중앙역 정면에 있는 Salumer Strabe를 따라 5~10분이면 보이는 인스부르크의 상징 같은 문이다.

눈 덮인 알프스를 배경으로 서 있는 웅장한 석조 문으로 1765년 마리아 테레지아 여제가 차남인 레오폴트 대공과 스페인 왕녀 마리아 루도비카의 결혼식을 축하하기 위해 세운 것이다. 하지만 같은 해에 마리아 테레지아 여제의 남편인 프란츠 1세가 죽는 바람에 문의 남쪽에는 기쁨을 표시하고 북쪽에는 슬픔을 주제로 조각을 새겨 넣었다.

🏠 Triumphpforte, innsbruck

시의 탑
Stadttum

황금 지붕 건너편에 있는 독특한 모습을 하고 있는 높이 56m의 탑은 14세기에 화재를 감시하는 망루로 세워졌지만 1602년에 시간을 알려주는 종이 설치되었다. 도시 전체를 보려면 헤르초크 프리드리히거리 Herzog Friedrich Strasse에 있는 14세기의 첨탑 Stadttum에 올라가 보자. 33m 높이에 있는 전망대에 오르면 구시가지와 알프스의 전경이 한눈에 펼쳐진다.

🏠 Herzog Friedrich Strasse 21 ⏰ 10~17시
€ 5€(성인 / 17세 이하와 60세 이상 3€)
📞 512-587-113

황금 지붕
Golden Dachi

인스부르크의 상징 같은 건물로 15세기 초 프리드리히 4세가 건축한 것을 1494~1496년에 막시밀리안 1세가 광장에서 열리는 행사를 관람하기 위해 개축한 것이다. 광장 건너에 금비 지붕이 있는데 지붕의 2,657장의 도금 구리기와는 16세기의 것으로 금박동판을 입혀서 '황금지붕'이라는 이름이 붙여졌다.
지붕의 장식이 매력적인 고딕 양식으로 발코니에는 각 지방의 문장과 황제, 왕비상이 조각되어 있다. 안의 박물관은 막스밀리언 1세를 위한 것이다. 막시밀리안 1세의 보물과 각종 자료, 동계 올림픽 관련 자료가 전시되어 있다. 황금 지붕 뒤로 있는 성당은 전형적인 바로크스타일 내부로 되어 있다.

🏠 Herzog Friedrich Strasse 15 ⏰ 10~20시(5~9월, 10~다음해 4월 17시까지 / 11월 휴관)
€ 5€ 📞 512-5360-1441

왕궁
Hofburg

15세기 지그문트 대공에 의해 세워졌다가 여러번 개축을 거쳐 18세기에 마리아 테레지아에 의해 로코코 양식의 궁전으로 바뀌었다.
내부에는 아름다운 그림과 가구로 장식되어 있으며, 중앙 홀에는 마리아 테레지아와 그의 가족들이 그려져 있다. 빈^{Wien}의 왕궁과는 상대하기 힘들 정도로 작은 규모이므로 너무 실망할 필요는 없다.

🌐 www.hofburg-innsbruck.at　🏠 Rennweg 1　🕘 9~17시(11월 휴관)　€ 10€(학생 7€)　📞 512-587-186

궁정 교회
Hofkirch

왕궁 옆에 있는 하얀색 교회로 16세기 르네상스 양식의 정수를 보여주는 교회이다. 내부에는 막시밀리안 1세의 텅빈 대리석 석관이 있는데 측면에는 그의 일화를 소개한 부조가 있고, 그 둘레에 28개의 큰 청동이 서 있어서 대조를 이룬다.
오른쪽 계단으로 올라간 곳에 있는 예배당에는 16세기에 만든 나무로 된 파이프 오르간이 있다. 7~8월 여름 성수기에는 오르간 콘서트가 열리는데, 많은 관광객들이 몰려들기도 한다.

🌐 Universitäts Strasse 2　🏠 9~17시(일요일은 12시 30분부터 시작)　€ 12€(어린이 8€)　📞 512-584-302

암브라스 성
Scholoss Ambras

인스부르크 서쪽에 위치한 성곽은 쉰부른 궁전과 함께 오스트리아에서 아름다운 성으로 알려져 있다. 11세기에 건축된 것이지만 16세기 때, 페르디난드 2세에 의해 박물관을 갖춘 르네상스 양식의 성으로 개축되었다.
아름다운 스페인 홀과 정원이 있고 합스부르크 가문의 초상화와 다양한 공예품, 무기, 다양한 물건들이 전시되어 있다.

🌐 www.scholossambras-innsbruck.at 🏠 Schloss Strasse(3, 6번 트램이나 K번 버스타고 이동)
€ 12€(12~다음해 3월까지 9€ / 19세 이하 무료 / 오디오 가이드 4€) 🕐 10~17시(11월 휴관) 📞 525-244-802

Austria north
오스트리아 북부

엽서 속 그림처럼 아름다운 북부 오스트리아에서 여러 성들과 스키 리조트, 하이킹 코스를 가진 중세 마을을 둘러보면 진정한 오스트리아를 경험할 수 있다. 오스트리아 최북단에 위치한 북부 오스트리아는 장대한 다뉴브 강이 지나는 곳이기도 하다. 몇 백 년의 역사를 지닌 성과 박물관, 여름이면 훌륭한 콘서트홀에서 오스트리아의 문화를 경험하는 것도 좋다.

울창한 숲이 사방으로 펼쳐진 북부 오스트리아의 곳곳에는 아기자기한 마을과 활기찬 도시가 자리하고 있다. 북부 오스트리아 지역은 오스트리아의 참모습을 만날 수 있을 것이다. 높이 솟은 산의 정상에는 세계 최정상급 스키 리조트와 눈부시게 아름다운 호수, 어디로도 갈 수 있는 자전거 코스와 걸으면서 자연을 느낄 수 있는 트레킹 코스에서 다양한 즐거움을 누릴 수 있다.

브루크너하우스와 란데스테아터 린츠 콘서트 홀, 맛있는 린처 토르테 디저트가 유명하다.

덕분에 린츠는 덩달아 유명해졌다. 신 대성당, 성 박물관, 렌토스 현대 미술관, 오르스 일렉트로니카 센터에서 문화 체험을 즐길 수 있다. 하우프트 광장에서 길거리 공연을 관람하고 란트슈트라세에서 쇼핑을 하는 것도 좋은 경험이다. 차를 타고 조금만 이동하면 매력적인 바로크 시대의 수도원인 장크트 플로리안과 크렘스뮌스터에도 갈 수 있다.

다뉴브 강을 따라 아름다운 북부 오스트리아를 따라가면 신비로운 성과 수도원, 잊지 못할 풍경이 기다리고 있다. '슐뢰게너 슐링게^{Schologener}'라고 하는 강물이 구불구불한 모양을 이루는 장면도 볼 수 있다. 도나우 스타이그는 강변에 위치한 하이킹 코스로 길이가 450㎞에 달한다. 독일 국경 마을 파사우^{Pasawoo}에서 시작해 오스트리아를 지나 흑해까지 이어져 있다. 다뉴브 강 자전거 도로를 따라 자전거를 타고 트라피스트 엥엘스첼 수도원, 로코코 양식의 빌헤링 시토파 수도원, 12세기 노이 하우스 성도 구경할 수 있다. 캠핑을 즐기며 여행을 하는 가족들도 쉽게 볼 수 있다.

Linz
린츠

린츠Linz는 오스트리아에서 3번째로 큰 도시임에도 우리에게는 아직 생소한 도시이다. 잘츠부르크의 동쪽, 빈Wien의 서쪽에 자리한 린츠는 버스나 차를 이용하면 잘츠부르크에서 1시간, 빈Wien에서 2시간 거리에 있다. 유명한 브루크너 오케스트라와 현대적인 오페라 하우스를 갖추고 있는 오스트리아에서는 큰 도시이자 공업 도시이다. 과거 신성 로마 제국의 지방 정부가 있던 린츠Linz는 도나우 강을 가로지르는 인근 수로를 통한 무역으로 막대한 부를 축적했다.

밤이 되면 제법 규모가 큰 대학가로 나가 밤의 여흥을 즐기고, 낮에는 도나우 강변의 도심 공원에서 생동감 넘치는 분위기에 빠져 보는 것도 추천한다. 자전거를 대여하여 강변을 따라 달리며 아름다운 경치를 감상하는 것도 좋다.

도나우 공원
Donau Park

모차르트의 교향곡 제36번의 제목이기도 한 도나우 강 유역의 린츠Linz에는 오늘날에도 음악과 문화 애호가들의 발길이 끊이지 않는다. 전자 예술 전시를 관람하고 저명한 음악 축제에 참여하거나 도시의 아름다운 강변 공원을 산책해보자.

성 마르틴 교회
Martinskirche

개성이 강한 도심에는 유서 깊은 건물들과 바로크 양식으로 지어진 교회의 첨탑을 볼 수 있다. 오스트리아에서 가장 오래된 교회인 성 마르틴 교회에는 고대 로마인들이 '렌티아Lentia'라 부르던 린츠Linz가 게르만 족에 맞서 로마 제국의 국경을 수호하던 시대의 잔해 위에 교회가 건립되었다.

주립 극장
Linzer Landhaus

브루크너하우스를 근거지로 하는 브루크너 오케스트라는 최근에 세계적인 명성을 얻고 있다. 도나우 강변을 따라 자리 잡은 극장은 미래파적 분위기의 여러 구조물을 하나로 잇고 있다.

린츠 주립극장에는 뛰어난 음향 시설을 갖춘 현대식 오페라하우스가 있다. 린츠를 방문하는 때에 오케스트라의 공연이 있는지 확인하여 관람하는 것도 좋다. 이곳은 다양한 축제가 개최되기도 한다. 해마다 열리는 클랑볼케 축제 때는 강변이 하나의 커다란 공연장이 된다.

렌토스 현대 미술관
Lentos Kunstmuseum

20세기 초반부터 오늘날에 이르는 오스트리아와 각국의 예술 작품을 감상할 수 있다. 온통 LED 불빛으로 치장한 파사드를 멀리에서도 볼 수 있도록 설계하였다.

오르스 일렉트로니카 센터에서는 멀티미디어로 작품으로 꾸며진 미래파 가상 세계를 경험할 수 있고 과학 전시관에는 최신 유전 공학, 로봇 공학, 생명 공학 기술도 확인할 수 있다.

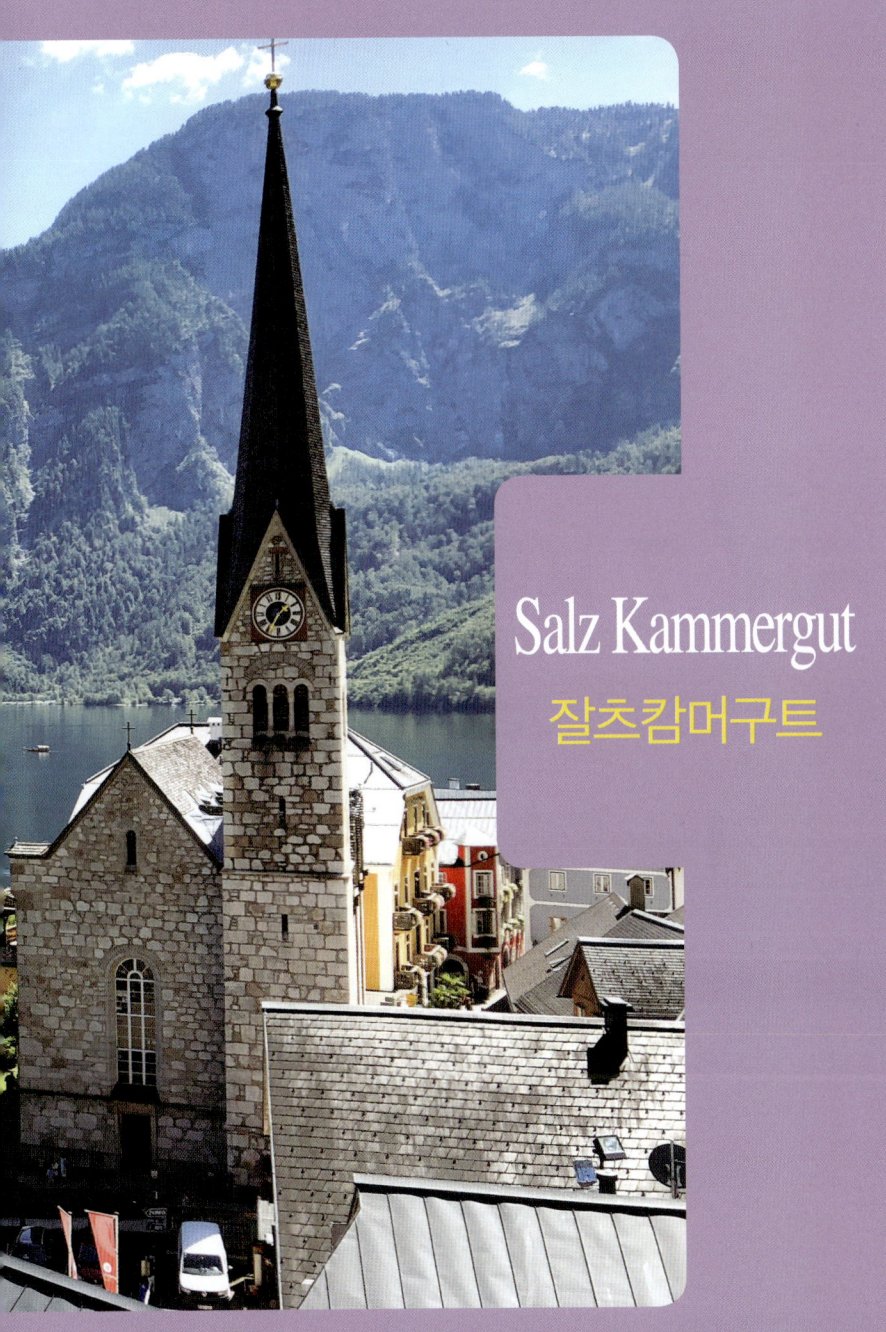

Salz Kammergut

잘츠캄머구트

잘츠캄머구트
SALZ KAMMERGUT

잘츠캄머구트(Salz Kammergut)는 도시가 아니고 지역의 이름이다. 많은 관광객이 가고 싶은 할슈타트는 잘츠캄머구트(Salz Kammergut) 지역에 있는 작은 마을이다. 그러므로 잘츠캄머구트(Salz Kammergut)에서 쉽게 할슈타트나 장크트 길겐(St. Gilgen)에 갈 수 없다. 걸어서 갈 수 있는 거리도 아니다. 가장 쉽게 도착하는 방법은 투어를 신청하는 것이다.
잘츠부르크(Salzburg)에서 투어로 잘츠캄머구트(Salz Kammergut)로 사운드 오브 뮤직 투어를 신청하면 할슈타트(Hallstatt)를 비롯해 잘츠캄머구트(Salz Kammergut)에 있는 대부분의 마을을 둘러볼 수 있다.

사운드 오브 뮤직 투어(Sound of Music Tour)

▶시간_ 9시 30분~14시(4시간 소요) / 50€
▶일정
미라벨 정원(Mirabellplatz) → 본트랩 정원 저택 (Leopoldskron Castle) → 헬브룬 궁전(Hellbruen Castle) → 논베르크 수녀원(Nonnberg Abbey) → 장크트 길겐 (St. Gilgen), 장크트 볼프강(St. Wolfgang) → 몬트제 교회(Mondsee) – 미라벨 정원(Mirabellplatz)

잘츠캄머구트 & 호수투어 (Salz Kammergut & Lake district)

▶시간_ 9시 30분~14시(4~5시간 소요) / 50€
▶일정
미라벨 정원(Mirabellplatz) → 푸슐호(Fuschlsse) → 장크트 볼프강(St. Wolfgang) → 장크트 길겐(St. Gilgen) → 크로텐제(Krottensee) – 몬트제교회(Monesee) → 미라벨 정원(Mirabellplatz)

추천 코스

잘츠부르크(Salzburg) 중앙역 → 장크트 길겐(St. Gilgen) → 장크트 볼프강(St. Wolfgang) → 샤프베르크

잘츠부르크 중앙역　　　　장크트 길겐　　　　장크트 볼프강　　　　샤프베르

1. 잘츠부르크 중앙역 → 장크트 길겐 (포스트 버스 / 45~50분 소요)

잘츠부르크 중앙역에서 장크트 길겐으로 이동하는 방법에는 2가지가 있다. 잘츠부르크 중앙역 앞에서 바트 이슐로 가는 포스트 버스 150번을 타고 장크트 길겐에서 내린 후에 장크트 볼프강까지 가는 유람선을 타는 방법과 150번 버스를 타고 스트로블(1시간 10분 정도 소요)에서 내려 546번 버스로 갈아타고 장크트 볼프강(20분 소요)으로 가는 방법이 있다. 버스 티켓은 탑승 하여 버스기사에게 직접 구입이 가능하며 중간에 버스를 갈아타더라도 최종 목적지까지 한 번에 버스티켓을 구입할 수 있다.

▶포스트버스 : www.postbus.at

2. 장크트 길겐 → 장크트 볼프강

① 바트 이슐로 가는 포스트 버스 150번을 타고 장크트 길겐에서 내린 후에 장크트 볼프강까지 가는 유람선을 타는 방법

장크트 길겐St. Gilgen에 도착하여 근처의 볼프강 호수 증기선을 타고 장크트 볼프강St. Wolfgang으로 이동하면 된다. 다만 증기선은 4월 말에서 10월 말까지만 운행하므로 시기를 확인하여야 한다. 시간이 부족하다면 스트로블 버스터미널에서 장크트 볼프강St. Wolfgang으로 가는 버스로 갈아타는 코스를 이용하여 유람선을 이용하면 된다.

② 150번 버스를 타고 스트로블(1시간 10분 정도 소요)에서 내려 546번 버스로 갈아타고 장크트 볼프강(20분 소요)으로 가는 방법

스트로블 터미널에 도착하였다면 546번 포스트 버스를 3번 승차장에서 타고 이동한다. 미리 버스 시간을 확인하여야 나중에 돌아오는 버스를 놓치지 않는다. 미리 장크트 볼프강 St. Wolfgang까지의 버스 티켓을 구입했다면 버스기사에게 티켓을 보여주고 탑승하면 된다.

3. 장크트 볼프강 → 샤프베르크 (등산 열차로 40분 소요)

장크트 볼프강에서 등산열차를 타고 샤프베르크 정상으로 올라가 장츠캄머구트의 아름다운 호수를 한눈에 볼 수 있다.

①잘츠부르크(Salzburg) 중앙역 → 바트 이슐(Bad Ischl) → 할슈타트(Hallstatt)

잘츠부르크 중앙역에서 150번 버스를 타고 1시간 30분 정도 지나 바트이슐 버스터미널로 이동한다. 바트이슐 역에서 다시 할슈타트로 가는 지역 열차인 R(REX)를 타고 이동한다.
▶ OBB(www.oebb.at)

②잘츠부르크(Salzburg) 중앙역 → 할슈타트(Hallstatt) (유레일패스 소지자)

잘츠부르크 중앙역에서 아트낭 푸흐하임 역(45분 소요)을 거쳐 할슈타트로 이동하는 열차를 타고 이동한다.

잘츠캄머구트(Salz Kammergut) 지역은 아터제, 할슈타트 호수, 몬드시, 트라운 호, 볼프강제 등 76개나 되는 호수에서 배를 타거나 수영, 낚시를 하면서 쉴 수 있다. 끝없이 이어지는 알프스의 자그마한 언덕 위를 걷는 것은 그 자체로 마음의 안식이 다가온다. 다흐슈타인 베스트는 스키를 타기에 좋고, 포이어코겔은 가족들과 겨울 스포츠를 즐기기 좋다. 다흐슈타인 크리펜슈타인에는 오프 피스트 슬로프에서의 스키를 체험할 수 있다.

한눈에
잘츠캄머구트 파악하기

잘츠캄머구트 Salz Kammergut는 잘츠부르크 동쪽에 있으며 산과 호수로 둘러싸여 언제나 인기있는 휴양지로 유명하다. 이곳에서는 편안히 휴식을 취하며 여름에는 풍경을 구경하고 다양한 레포츠를, 겨울에는 스키를 즐길 수도 있다.

가장 큰 호수는 북쪽의 아터제 Attersee로 알려져 있다. 아터제 서쪽으로 몬트제 Mondsee가 있는데, 호수가 따뜻해 수영을 할 수 있는 장소이고 영화, 사운드 오브 뮤직의 결혼식 장면이 나오는 성 미하헬 성당을 볼 수 있다. 아터제 동쪽에는 그문덴 Gmunden과 바트 이슐 Bad Ischl이 있는데, 지리적으로 잘츠캄머구트 Salz Kammergut의 중심에 있다.

바트 이슐 Bad Ischl은 1828년 소피 공주가 이곳에서 불임을 고친 후 온천이 유명해졌다. 이곳에서 휴양을 한 후 2년이 안 되어 그녀는 프란츠 요제프 황제를 낳고, 이후 두 아들을 더 낳았다. 프라츠 요제프 황제가 바트 이슐 Bad Ischl 온천에서 여름휴가를 보내기 시작하면서 발전하기 시작했다.

바트 이슐 Bad Ischl 서쪽에 있는 볼프강 호수 Wolfgangsee은 그림 같은 마을에 둘러싸인 호수와 교회가 유명하다. 북쪽 호수가 리조트 지역인 장크트 볼프강 St. Wolfgang이다.
할슈타트 Halstatt는 산과 호수 사이에 그림엽서 같은 풍경 사이로 들어선 전원 마을로, 소금 광산이 유네스코 세계 문화유산으로 등록되어 있다. 로마시대에는 풍부한 소금이 로마인들을 이곳으로 오게 했지만 현재는 멋진 경치로 관광객들을 이끌고 있다. 낮에는 관광객들로 항상 붐비지만 저녁이면 다시 고요를 되찾는 마을이다.

Hallstatt
할슈타트

할슈타트
HALLSTATT

잘츠캄머구트(Salz Kammergut)의 진주라고 불릴 정도로 아름다운 경치를 자랑하는 할슈타트Hallstatt는 1997년 세계자연문화유산으로 지정된 호숫가 마을이다. 잘츠캄머구트 관광도시 중 가장 아름다운 경치를 자랑하기 때문에 항상 붐빈다. 대한항공CF에 나오면서 할슈타트에 대한 관심은 증가하였고 "할슈타트에는 중국인과 한국인만 있다"라고 할 정도이다.

고대 켈트어로 소금이라는 뜻의 'Hall'은 선사시대부터 바위소금을 채굴해 온 오랜 역사를 갖고 있는 할슈타트를 의미한다. 선사시대부터 중요한 소금을 통해 풍요를 누렸고 그 사실은 마을의 선사 박물관에서 2,500년 전의 소금 채굴도구와 출토품이 전시된 현장에서 느낄 수 있다.

할슈타트 IN

잘츠부르크 중앙역에서 출발하기 때문에 미리 가는 방법을 결정하고 티켓을 구입해 놓아야 한다. 특히 여름에는 거의 매진이 되기 때문에 사전에 티켓이 구입되지 않으면 가기는 힘들 것이다.

① 아트낭 푸흐하임^{Attnag-Puchheim}행 열차R3418, REX3420로 환승
② 포스트 150번 버스로 바트 이슐까지 이동해 할슈타트행 열차인 R3414 또는 REX3416으로 환승
③ 포스트 150번 버스로 바트 이슐까지 이동 → 할슈타트 고사무흘^{Hallstatt Gosaumhle}(542번 버스) → 할슈타트 버스터미널(바트 이슐^{Bad Ischl}에서 버스로 35분 소요)

주의!!!
버스에서 내리면 할슈타트에 바로 내려 이동하는 데 문제가 없지만 열차는 내려 역에서 페리를 타고 호수를 건너야 한다는 것을 알고 이동하자.
▶페리 요금 : 3.2€ ▶열차 OBB : www.oebb.at ▶포스트 버스+R / REX 이용
▶홈페이지 : www.postbus.at

소금광산 투어

할슈타트Hallstatt에는 아직도 소금광산이 있어서 광석차를 타고 들어가 견학을 할 수 있다. 등산 열차를 타고 올라가 광부 옷을 입고 가이드의 안내를 받아 광산 내부로 들어간다. 광산의 내부 온도가 여름에도 7°C로 낮아서 긴 옷을 입고 등산화를 신고 가는 것이 좋다.

길이가 10㎞에 달하는 거대한 규모의 광산 벽에는 아직도 소금이 붙어 있는 모습을 볼 수 있다. 조명등의 불빛을 받아 빛나는 모습이 마치 수정 같다. 소금광산 투어에 참가하면 설명을 들으며 살펴볼 수 있지만 아쉽게 한국어 설명은 없다.

투어는 약 1시간 30분 정도 이루어진다. 케이블카를 타고 올라가면 10~20분 정도 걸어가서 입구에 도착한다. 성수기인 여름에는 특히 케이블카를 타는 데 기다리는 시간이 길어서 왕복 케이블카를 타고 투어를 하고 나면 4시간은 족히 필요하다. 트레킹 코스로 내려오는 길을 따라 가면 약 45분 정도 소요된다.

🌐 www.salzwelten.at 🏠 34€(광산+케이블카 왕복)
🕐 9~18시(4월 중순~9월 중순 / 9~16시 30분 : 9/21~11/1 / 9시 30분~15시 : 11/2~4/24)

마르크트 광장
Marktplatz

할슈타트의 중심지이지만 광장은 크지 않다. 더욱이 성수기에 몰려드는 관광객으로 광장은 이내 사람들로 북적이게 된다.

14세기부터 생겨난 광장은 16세기에 대부분의 나무로 이루어진 집들이 생겨났다. 18세기에 화재로 소실되기도 했지만 복구가 18세기 중반에는 성 삼위일체 상까지 세워지면서 지금의 형태가 되었다.

🏠 Markplatz Hallstatt

할슈타트 호수
Hallstatt See

다흐슈타인 남서쪽에 위치한 할슈타트 호수는 오스트리아 알프스를 대표하는 관광지의 핵심 볼거리이다. 하늘이 맑으면 언제나 호수에 비치는 산들과 언덕 위의 집들이 보여주는 풍경은 장관이다. 마르크트 선착장에서 유람선 (4~5회 / 50분 소요)을 타고 호수 위를 유유히 떠다니며 보는 풍경은 5~10월까지만 가능하다.

🏠 Markplatz Hallstatt

유람선 (4~5회 / 50분 소요)
기차역에서 페리를 타고 마르크트Markplatz 선착장에서 내리면 된다.
▶ 7~8월(11, 13, 14, 15, 16시) / 5~6, 9~10월(11, 13, 14, 15시)
▶ www.hallstattshiffahart.at

할슈타트 박물관
Hallstatt Museum

석기 시대에 할슈타트로 초기 정착민들을 불러들인 것이 바로 풍부한 소금이었을 것이다. 청동기 시대에 형성된 갱도들은 세계에서 가장 오래된 것이라고 알려져 있다. 갱도를 탐험하며 고대로부터 내려온 채굴 기법에 대해 알아보게 된다.

할슈타트 인근의 묘지가 발굴되면서 기원전 800년에서 600년까지의 유물이 많이 출토되었는데, 이 시기의 켈트 문화를 가리켜 '할슈타트 문명'이라고 부른다. 사슴뿔 곡괭이, 암영 채굴 도구 등 할슈타트 곳곳에서 발굴된 유물들과 고증으로 만들어진 옛 켈트인들의 미니어처도 볼만하다.

🌐 www.museum-hallstatt.at 🏠 See Strasse 56 🕙 10~18시(5~9월 / 4, 10월 16시까지 / 11~다음해 3월 11~15시)
€ 11€(어린이 8€ / 유람선 + 박물관 콤비 티켓 19€, 어린이 15€) 📞 6134-828-0015

가톨릭 교회
Maria am Berg

숨어있는 것처럼 할슈타트의 가톨릭 교구 교회가 네오고딕 양식으로 19세기에 지어져 산에 자리 잡고 있다. 세계적으로 유명한 납골당과 산 묘지와 함께 역사적인 순례 교회는 할슈타트 호수를 방문하는 사람들이 반드시 찾는 곳이다. 오스트리아 국경 너머로 잘 알려진 것은 광부의 기초로 여겨지고 예술 역사적 특성을 나타내는 장인이었던 레온하트 아슐 Leonhard Astl의 후기 고딕 양식의 날개 달린 제단이 유명해지면서 부터이다.

최근에는 묘지와 납골당이 있어 더욱 운치가 있다. 묘지는 항상 부족하여 10년이 지나면 구개골에 그림을 그려 납골당에 안치한 것이 예술로 승화되었다고 한다. 2002년에 가톨릭 교구 교회가 완전히 복구 작업을 하였다.

🌐 www.kath.hallstatt.net 🏠 Kirchenweg 40 🕙 10~17시(납골당) € 2€(납골당 / 교회는 무료)

공동묘지
본당 교회의 암석 부지는 할슈타트 공동묘지가 되었다. 앞면은 전도자 기독교인으로 지정된다. 묘지의 규칙에 따라 가족 무덤이 없고, 무덤은 10년 후에 다시 사용할 수 있다. 무덤 위에는 나무나 단철로 만든 십자가 그리스도의 표시가 있다.

개신 교회
Hallstatt Lutheran Church

할슈타트에서 호수와 함께 사진을 찍으면 나오는 고딕 첨탑의 교회가 개신교회이다. 1427년, 독일에서 종교개혁을 하면서 세워진 루터파 교회이다. 사진과는 다르게 소박하고 작은 회관에 내부는 단순하게 꾸며져 있다.

주소_ Landungsplatz 101 전화_ 699-1887-8496

다흐슈타인
Dachstein

북부 석회암 알프스 에서 두 번째로 높은 산인 다흐슈타인Dachstein은 산의 일부는 잘츠부르크 주에 있으며 산은 드레이 랜더르 베르크Drei-Länder-Berg로 불린다. 2,500m 이상의 수십 개의 봉우리가 있으며, 그중 가장 높은 곳은 남부와 남서부 지역에 있다. 북쪽에서 바라본 다흐슈타인 산맥의 모습은 너머로 솟아 오른 바위 정상에 빙하가 있다.

다흐슈타인Dachstein은 1년 내내 눈으로 덮여 있는 인기 있는 스키장이다. 하강은 2,700m에서 2,264m 사이이며, 3개의 드래그 리프트와 1개의 2인승 체어리프트, 사람들을 빙하까지 데려다 주는 케이블카가 있다.
슈타인 빙하는 빙하의 마을 위에 있다. 눈은 1년 내내 빙하가 있지만 여름에는 눈이 상당히 부드러워진다. 기차는 슈라트밍Schladming에서 정차하며 거기에서 다흐슈타인Dachstein 산맥 아래 마을로 가는 버스가 있다.

고도 2,700m에 위치한 높은 산은 멋진 자연 배경과 탁 트인 전망을 자랑한다. 다흐슈타인Dachstein 현수교, 스카이 워크Sky Walk, 아이스 팔라스트Ice Palast와 같은 명소는 잊을 수 없는 경험을 만들어준다. 곤돌라 발코니를 포함하여 다흐슈타인 빙하 레일웨이Dachstein Glacier Railway로 오르는 것은 그 자체로 잊을 수 없는 추억이 된다.

- 🌐 www.dachstein-salzkammergut.com
- 🏠 winki 34, Obertraun(할슈타트 란(Lahn) 정거장에서 542, 543번 탑승하여 오베르트라운 다흐슈타인자일반(Obertraun Dachstinseilbahn)에서 하차)
- 🕐 8시 40분~17시 40분(섹션 1 / 17시30분까지 섹션 2 / 17시20분까지 섹션 3), 9시20분~15시30분(얼음동굴) 10시30분~14시(맘모스 동굴)
- 36€ (파노라마 티켓 섹션 1 / 섹션 2 : 32.8€ / 섹션 3 : 24€)
- 📞 +43-50-140

할슈타트 즐기는 방법

오스트리아 잘츠캄머구트(호수 지구)에 위치한 할슈타트Hallstatt는 잘츠부르크 동쪽으로 차로 한 시간 거리에 있다. 오스트리아의 호수 지역Lake District에 위치한 아담한 마을인 할슈타트Hallstatt는 4,000년의 역사를 간직한 소금 광산과 유서 깊은 마을 광장 등이 있다.

오스트리아의 아름다운 자연, 수많은 호수와 마을 중에서도 가장 아름답고 개성 강한 곳을 꼽으라면 할슈타트가 단연 으뜸일 것이다. 7천 년에 가까운 역사를 지니고 있는 할슈타트Hallstatt는 고고학자들의 보물 창고이자 세계문화유산이기도 하다.

1. 레포츠

대부분의 여행객이 즐겨 찾는 여름에도 무척 아름답지만, 가을이 되면 더욱 신비로운 분위기를 자아내기 때문에 많은 여행자들이 하이킹을 즐기며 사진을 찍기에 최상의 조건이다. 겨울이 되면 여정을 풀고 인근 크리펜슈타인 스키 리조트를 방문해도 좋다.

2. 호수

할슈타트 호수에서 나무로 된 배를 타고 노를 저으며 마을을 바라보면 오스트리아에서 가장 아름다운 경관이 펼쳐진다. 카메라를 준비하는 것을 잊지 말자. 깎아지른 듯한 다흐슈타인 마시프 산과 호숫가 사이에 자리 잡고 있는 작은 마을은 집과 집 사이의 간격이 어찌나 좁은지 흡사 건물들이 포개어져 있는 것 같다. 어떤 집은 호수를 통해서만 도달할 수 있을 정도이다. 반대편 호숫가의 기차역에 내려 연락선을 타고 마을로 다가가면 화려한 색깔의 가옥들이 관광객을 맞아준다.

3. 축제

할슈타트 주민들은 지금도 오랜 전통을 소중히 여긴다. 매년 할슈타트 호수에서 열리는 성체 축일 행사가 그 중 하나이다. '던들 투고'에서는 오스트리아 전통 의상인 던들을 입어 보거나 대여할 수 있다.

4. 소금 광산

할슈타트는 15세기에 지어진 교구 교회와 교회 옆의 납골당뿐 아니라 마을보다 500m 더 높은 지대에 위치한 소금 광산으로도 유명하다. 석기 시대에 할슈타트로 초기 정착민들을 불러들인 것이 바로 이 풍부한 소금이었을 것이다. 청동기 시대에 형성된 갱도들은 세계에서 가장 오래된 것이라 일컬어진다.

5. 켈트 문화

할슈타트 인근의 묘지가 발굴되면서 기원전 800년에서 600년까지의 유물이 얼마나 많이 출토됐던지, 이 시기의 켈트 문화를 가리켜 '할슈타트 문명'이라 부른다. 출토된 유물은 세계문화유산 박물관에 전시되어 있다.

Bad Ischl
바트 이슐

St. Wolfgang
장크트 볼프강

St. Gilgen
장크트 길겐

바트 이슐
BAD ISCHL

바트 이슐에는 대략 14,000명이 거주하고 있다. 인근 도시인 바드 고이세른에서 북쪽 방향으로 8km 정도 거리에 있으며, 수도인 빈^{Wien}에서는 서쪽 방향으로 약 210km 떨어져 있다. 밖에 나가 신선한 공기를 마시면서 머리를 식히고 조용한 그늘 밑 벤치를 찾아보는 것도 좋은 선택이다.

트링크할레 관광안내소에 들르면 정보를 편하게 얻을 수 있다. 독특한 문화를 확인하고 싶다면 박물관 관람도 잊지 말자. 바트 이슐 박물관, 레하르 빌라 박물관에는 다양하고 독특한 전시물이 전시되어 있다.

지리적 & 역사적 의미

잘츠캄머구트$^{Salz\ Kammergut}$의 중심지에 있는 교통의 중심지로 주변 호수나 다른 마을로 갈 때 시작점이자 거점이 되는 마을이다. '바트^{Bad}'란 온천을 뜻하는 단어로 바트 이슐$^{Bad\ Ischl}$은 예로부터 귀족들의 온천 휴양지로 번영을 누리던 곳이다. 특히 합스부르크 왕가의 사랑을 받아 당시에 지어진 웅장한 건축물이 많이 있다. 프란츠 요제프 황제가 첫눈에 반한 엘리자베트(Sisi)와 약혼을 한 장소로 알려져 있다. 프란츠 요제프 황제의 여름 별장인 카이저 빌라와 시립박물관이 유명하다.

바트 이슐Bad Ischl의 온천은 유럽에서 염분 함량이 가장 많아서 예부터 병을 치유한다는 온천의 탁월한 효능으로 많은 음악가들이 즐겨 찾았다. 아들을 낳게 한다는 소문이 널리 알려지면서 '왕자의 소금'이라는 별명도 있을 정도이다.

합스부르크 시대 왕궁을 둘러보고 바트 이슐Bad Ischl에서 따뜻한 스파를 즐기며 휴식을 취하는 것도 좋다. 슈타이어에는 다양한 건축 양식이 조화를 이룬 모습을 볼 수 있다. 과거 비텔스바흐 왕가가 거하던 셰르딩의 분위기 넘치는 거리도 인상적이다.

🌐 www.badischl.at
🏠 잘츠부르크 중앙역에서 기차 이동(약 2시간 소요) / 150번 버스로 이동(1시간 30분 소요)

장크트 볼프강
ST. WOLFGANG

바트 이슐Bad Ischl의 북서쪽 장크트 볼프강St. Wolfgang 호수에 위치한 작은 마을로 호수에 비치는 파블로스 교회의 모습이 아름답다. 호수를 따라서 산책로가 있으니 천천히 걸어보는 것도 좋은 방법이다. 장크트 볼프강 여행의 하이라이트는 높이 1,783m의 샤프베르크 산Schafbergspitze에 오르는 것이다.
정상까지는 등산열차인 샤프베르크반Schafbergbahn를 타고 약 40분 정도 올라간다. 정상의 전

🌐 www.wolfgangsee.at
🏠 잘츠부르크 중앙역(포스트 150번 버스) → Stöbl(546번 버스) / 장크트 길겐 유람선 타고 이동(59분 소요)

샤프베르크 등산열차(Schafbergbahn)
장크트 볼프강 포스트 버스 정류장에서 내려 열차 매표소로 이동한다. 등산 열차는 1,783m의 정상에 올라 알프스 산에 둘러싸인 잘츠캄머구트 전망과 주변의 호수까지 같이 볼 수 있다.
등산열차와 유람선의 할인된 통합티켓이 유리하다.
▶ www.wolfgangseeschifffahrt.at (편도 17.5€ / 왕복 29€)

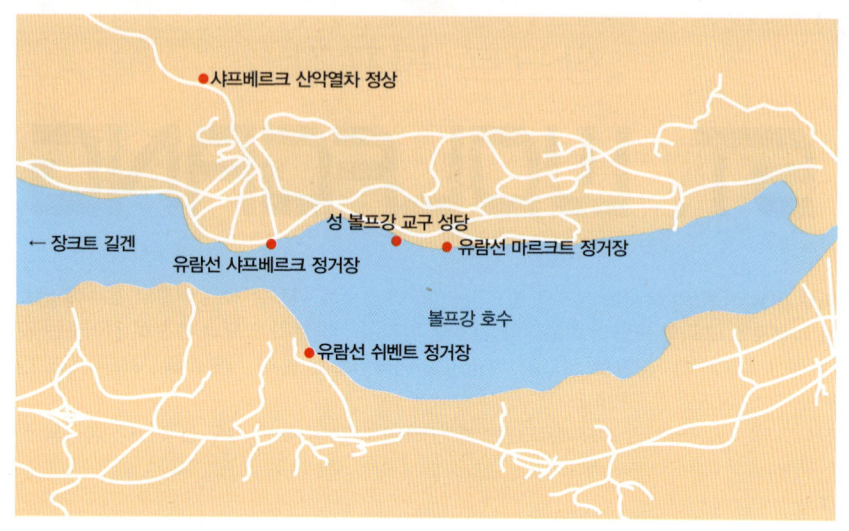

망대에서는 잘츠캄머구트$^{Salz\ Kammergut}$ 볼프강 마을 부근 산 중턱에 펼쳐진 넓은 목장지대는 '사운드 오브 뮤직'의 무대가 됐던 곳으로 마리아의 결혼식이 열린 몬트제 교회^{Mondsee}를 볼 수 있다. 장크트 볼프강$^{St.\ Wolfgang}$에는 대략 3,000명이 살고 있다. 이곳은 수도인 빈^{Wien}에서 서쪽 방향으로 약 220㎞ 떨어져 있으며, 인근 도시인 슈웬트^{Schuwent}에서는 북동쪽 방향으로 약 6㎞ 떨어져 있다.

가장 매력적인 유적지인 샤프베르크 철도를 타면서 장크트 볼프강 지역의 풍경을 바라만 봐도 좋을 것이다. 관광지인 성 미카엘 교회, 장크트 볼프강 순례 교회를 보고 몬드제 헤리티지 박물관 또는 장크트 볼프강 인형 박물관이 유명한데, 작은 박물관이므로 여유롭게 둘러봐도 좋다.

장크트 길겐
ST. GILGEN

잘츠부르크Salzburg에서 35㎞ 떨어져 있는 모차르트의 어머니인 안나 마리아가 태어난 곳이다. 지금도 그가 살던 집이 남아 있다. 로프웨이를 타고 높이 1,522m의 볼퍼호른Zwolferhorn에 오르면 마을과 잘츠캄머구트Salz Kammergut의 전망을 잘 볼 수 있다. 장크트 볼프강에서 샤프베르크 산에 올라갈 시간이 없는 사람들은 이곳에서 전망을 즐긴다. 내려올 때는 트레킹 코스를 따라 걸어오는 것도 좋을 것이다.

잘츠부르크 역에서 장크트 길겐St. Gilgen 행 버스를 타고 50분 정도 걸린다. 잘츠부르크에서 장크트 길겐St. Gilgen으로 가는 도중에 보게 되는 푸슐호Fuschlsse 역시 규모는 작지만 아름다운 곳이다. 특히 단풍으로 물드는 가을의 모습은 절경이다.

버스
잘츠부르크 중앙역에서 150번 버스를 타고 50분 정도 이동하면 장크트 길겐에 도착한다. 바트 이슐에서는 기차역 앞에 있는 작은 버스터미널에서 150번 버스를 타고 40분 정도를 이동하면 된다. 장크트 길겐의 버스정류장은 없다. 단지 도로에 역을 표시하는 글자, 장크트 길겐 부스 반호프St. Gilgen Bus Bahnhof를 확인해야 한다.

유람선
· 운영기간 : Wolfgangsee-Schifffahrt
　　　　　　(4월말~10월말)
· 소요시간 : 장크트 길겐St. Gilgen
　　　　　　→ 장크트 볼프강St. Wolfgang
　　　　　　(45~50분 소요)

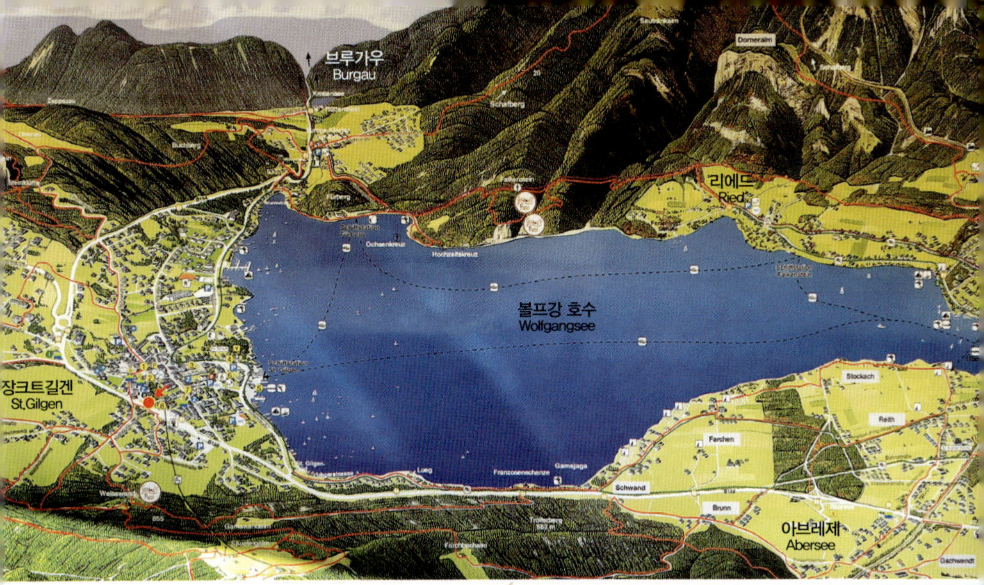
브루가우
Burgau
리에드
Ried
볼프강 호수
Wolfgangsee
장크트길겐
St.Gilgen
아브레제
Abersee

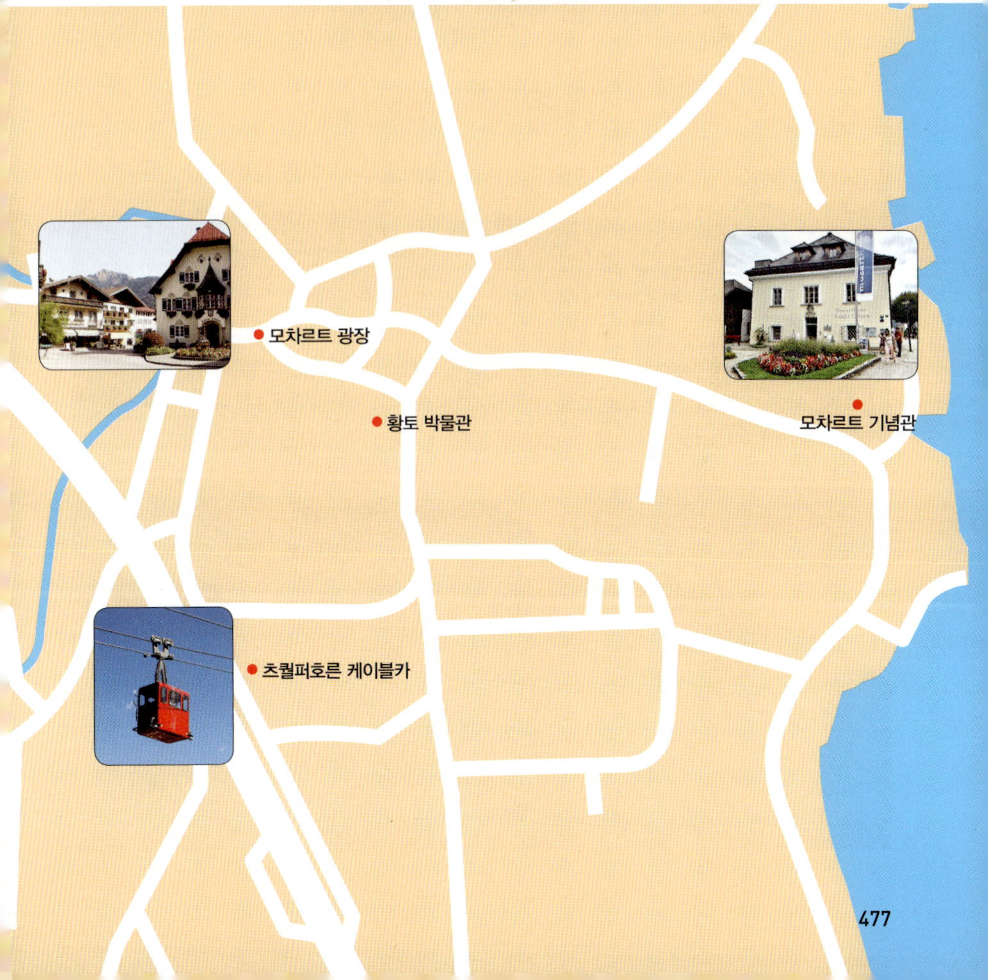
모차르트 광장
황토 박물관
모차르트 기념관
츠뵐퍼호른 케이블카

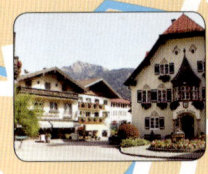

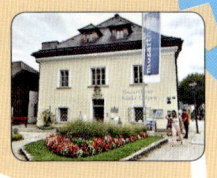

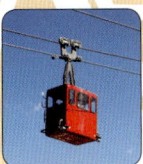

츠뵐퍼호른 케이블카
Zwolferhorn Seilbahn

할슈타트에서만 아름다운 호수를 볼 수 있는 것은 아니다. 12개의 봉우리를 뜻하는 '츠뵐퍼호른Zwolferhorn'이라는 이름의 츠뵐퍼호른Zwolferhorn 케이블카를 타고 1,552m를 올라가면 환상적인 볼프강 호수를 볼 수 있다.
4인용 케이블카는 60년이 넘는 세월동안 무사고로 운행하면서 안전한 케이블카로 알려져 있는데, 한여름에는 하이킹이나 캠핑, 겨울에는 스키를 타기 위해 많은 관광객이 찾는다.

🌐 www.12erhorn.at 🏠 Konrad-Lesiak-Platz 3 🕘 9~16시 15분 📞 +43-6227-2350

모차르트 광장 & 기념관
Mozartplatz & Moarthaus

장크트 길겐의 시청 앞 광장의 이름이다. 모차르트의 어머니가 태어난 앞마당이 지금은 광장으로 조성되어 있다. 모차르트의 누나인 난네Nannel가 이어서 17년 동안 살았다. 그래서인지 이름만 모차르트 기념관이고 주 전시는 누나를 조명한 전시관이다.

난네Nannel는 모차르트가 빈Wien으로 떠난 후에 부모님을 모시고 살았다. 33살에 홀아비 남작과 결혼해 아이 8명을 낳고 17년을 살았다. 남편이 세상을 떠나면서 잘츠부르크로 이사해 모차르트에 대한 자료를 정리하면서 말년을 보냈다. 그녀의 자료가 잘츠부르크에 전시되어 있다.

붉은 색 지붕에 크림색의 정면 벽이 눈길이 가는 건물이 시청이다. 이 앞에는 바이올린을 연주하는 모차르트의 동상과 새들이 분수대로 세워져 있다.

🌐 www.mozarthaus.info 🏠 Mozartplatz 5340 € 5€ (주말에만 10~12시) 📞 +43-6227-20-242

몬드제
Mondsee

오버외스터라이히 주의 몬드제 호수 북쪽 유역에 자리 잡고 있는 몬트제^{Mondsee}는 호수에서 알프스가 한 눈에 들어오는 아름다운 풍경과 하이킹 코스가 유명하다. 잘츠캄머구트^{Salz Kammergut}의 진주라고 불리기도 하는 아름다운 몬드제^{Mondsee}는 초승달처럼 생긴 호수에서 이름을 따 왔다.

신석기 시대까지 5천 년을 거슬러 올라가는 몬트제^{Mondsee}의 수상 가옥들은 유네스코 세계 문화유산에 등재되기도 했다. 오스트리아를 배경으로 1965년에 제작된 '사운드 오브 뮤직'

의 결혼식 촬영 장소로 유명한 성 미하엘 성당도 유명하다.
많은 관광객은 도심에서 보트 투어를 예약하여 잔잔하고 아름다운 호수 위를 유람하고, 모래사장이 펼쳐진 알파인 비치에서 다이빙대와 워터 슬라이드, 수영장에서 즐긴다. 호수 남쪽에는 위용을 드리우고 있는 드라헨반트^{Drahenband} 산에서 가족과 함께 즐기기 좋은 하이킹이나 자전거를 타고 그림 같은 호수를 둘러볼 수 있다. 단거리 산책에서부터 하이커 숙소가 마련된 3박4일짜리 코스까지 다양하게 즐길 수 있다.

성 미하엘 성당(St. Michahel)

사운드 오브 뮤직 영화는 실화를 바탕으로 만들어진 이야기로 영화의 결혼식 장면은 몬트제의 성 미하엘 성당에서 촬영되었다. 성당 안은 볼 수 없지만 성당 앞에서 사진을 찍고, 길을 거닐다가 옆의 카페나 레스토랑에서 쉬면서 영화의 한 장면을 직접 느껴볼 수 있다.

조대현

현재 스페인에 거주하면서 63개국, 198개 도시 이상을 여행하면서 강의와 여행 컨설팅, 잡지 등의 칼럼을 쓰고 있다. MBC TV특강 2회 출연(새로운 나를 찾아가는 여행, 자녀와 함께 하는 여행)과 꽃보다 청춘 아이슬란드에 아이슬란드 링로드가 나오면서 인기를 얻었고, 다양한 강의로 인기를 높이고 있으며 "해시태그" 여행시리즈를 집필하고 있다.

저서로 아이슬란드, 모로코, 가고시마, 발트 3국, 블라디보스토크, 조지아, 폴란드 등이 출간되었고 이탈리아, 오스트리아, 프랑스, 스페인 북부 등이 발간될 예정이다.

폴라 http://naver.me/xPEdID2t

알프스 5개국 자동차 여행

인쇄 | 2024년 10월 21일
발행 | 2024년 11월 8일

글 | 조대현
사진 | 조대현
펴낸곳 | 해시태그출판사
편집 · 교정 | 박수미
디자인 | 서희정

주소 | 서울시 강서구 허준로 175
이메일 | mlove9@naver.com

979-11-93839-65-2(03910)

- 가격은 뒤표지에 있습니다.
- 이 저작물의 무단전재와 무단복제를 금합니다.
- 파본은 구입하신 서점에서 교환해드립니다.

※ 일러두기 : 본 도서의 지명은 현지인의 발음에 의거하여 표기하였습니다.